U0567324

法学文库 主编 何勤华

法律文化理论

刘作翔 著

商务印书馆
2013年·北京

图书在版编目(CIP)数据

法律文化理论/刘作翔著.—北京:商务印书馆,
1999(2013.12重印)
(法学文库)
ISBN 978-7-100-02827-1

I.法… II.刘… III.法律-文化理论-研究
IV.D90

中国版本图书馆 CIP 数据核字(1999)第 05398 号

所有权利保留。
未经许可,不得以任何方式使用。

法学文库
FĂLÙ WÉNHUÀ LǏLÙN
法律文化理论
刘作翔 著

商 务 印 书 馆 出 版
(北京王府井大街36号 邮政编码100710)
商 务 印 书 馆 发 行
北京民族印务有限责任公司印刷
ISBN 978-7-100-02827-1

| 1999年5月第1版 | 开本 880×1230 1/32 |
| 2013年12月北京第7次印刷 | 印张 10 5/8 |

定价:23.00元

总　序

商务印书馆与法律著作的出版有着非常深的渊源,学界对此尽人皆知。民国时期的法律著作和教材,除少量为上海法学编译社、上海大东书局等出版之外,绝大多数是由商务印书馆出版的。尤其是一些经典法律作品,如《法律进化论》、《英宪精义》、《公法与私法》、《法律发达史》、《宪法学原理》、《欧陆法律发达史》、《民法与社会主义》等,几乎无一例外地皆由商务印书馆出版。

目下,商务印书馆领导高瞻远瞩,加强法律图书出版的力度和规模,期望以更好、更多的法律学术著作,为法学的繁荣和法治的推进做出更大的贡献。其举措之一,就是策划出版一套"法学文库"。

在当前国内已出版多种法学"文库"的情况下,如何体现商务版"法学文库"的特色?我不禁想起程树德在《九朝律考》中所引明末清初大儒顾炎武(1613—1682)的一句名言。顾氏曾将著书之价值界定在:"古人所未及就,后世所不可无者。"并以此为宗旨,终于创作了一代名著《日知录》。

顾氏此言,实际上包含了两层意思:一是研究成果必须具有填补学术空白之价值;二是研究对象必须是后人所无法绕开的社会或学术上之重大问题,即使我们现在不去触碰,后人也必须要去研究。这两层意思总的表达了学术研究的根本追求——原创性,这也是我们编辑这套"法学文库"的立意和目标。

具体落实到选题上,我的理解是:一、本"文库"的各个选题,应是国内学术界还没有涉及的课题,具有填补法学研究空白的特点;二、各个选题,是国内外法学界都很感兴趣,但还没有比较系统、集中的成果;三、各选题中的子课题,或阶段性成果已在国内外高质量的刊物上发表,在学术界产生了重要的影响;四、具有比较高的文献史料价值,能为学术界的进一步研究提供基础性材料。

法律是人类之心灵的透视,意志的体现,智慧的结晶,行为的准则。在西方,因法治传统的长期浸染,法律,作为调整人们生活的首要规范,其位亦尊,其学亦盛。而在中国,由于两千年法律虚无主义的肆虐,法律之位亦卑,其学亦微。至目前,法律的春天才可以算是刚刚来临。但正因为是春天,所以也是一个播种的季节,希望的季节。

春天的嫩芽,总会结出累累的果实;涓涓之细流,必将汇成浩瀚之大海。希望"法学文库"能够以"原创性"之特色为中国法学领域的学术积累做贡献;也真切地期盼"法学文库"的编辑和出版能够得到各位法学界同仁的参与和关爱,使之成为展示理论法学研究前沿成果的一个窗口。

我们虽然还不够成熟,
但我们一直在努力探索……

何 勤 华
于上海·华东政法大学
法律史研究中心
2004 年 5 月 1 日

General Preface

It's well known in the academic community that the Commercial Press has a long tradition of publishing books on Legal science. During the period of Republic of China (1912—1949), most of the works and text books on legal science were published by the Commercial Press, only a few of them were published by Shanghai Edition and Translation Agency of Legal Science or Shanghai Dadong Publishing House. Especially the publishing of some classical works, such as *on Evolution of Laws*, *Introduction to the Study of the Law of the Constitution*, *Public Laws and Private Laws*, *the History of Laws*, *Theory of Constitution*, *History of the Laws in European Continents*, *Civil Law and Socialism* were all undertaken by the Commercial Press.

Now, the executors of Commercial Press, with great foresight, are seeking to strengthen the publishing of the works on the study of laws, and trying to devote more to the prosperity of legal science and the progress of the career of ruling of law by more and better academic works. One of their measures is to publish a set of books named "Jurisprudential Library".

Actually, several sets of "library" on legal science have been published in our country, what should be unique to this set of "Jurisprudential Library"? It reminded me of Gu Yanwu's(1613—1682) famous saying which has been quoted by Cheng Shude(1876—1944) in *Jiu Chao Lv Cao* (*Collection and Complication of the Laws in the Nine Dynasties*). Gu Yanwu was the great scholar of Confucianism in late Ming and early Qing Dynasties. He defined the value of a book like this: "the subject covered by the book has not been studied by our predecessors, and it is necessary to our descendents". According to this principal, he created the famous work *Ri Zhi Lu* (*Notes on Knowledge Accumulated Day by Day*).

Mr. Gu's words includes the following two points: the fruit of study must have the value of fulfilling the academic blanks; the object of research must be the significant question that our descendants cannot detour or omit, that means even if we didn't touch them, the descendants have to face them sooner or later. The two levels of the meaning expressed the fundamental pursuit of academy: originality, and this is the conception and purpose of our compiling this set of "Jurisprudential Library".

As for the requirement of choosing subjects, my opinion can be articulated like this: I . All the subjects in this library have not been touched in our country, so they have the value of fulfilling the academic blanks; II . The scholars, no matter at home and or abroad are interested in these subjects, but they have not published systematic and concentrated results; III. All the sub-subjects included in the subjects chosen or the initial results have been published in the publication which is of high quality at home or abroad; IV. The subjects chosen should have comparatively high value of historical data, they can provide basic materials for the further research.

The law is the perspective of human hearts, reflection of their will, crystallization of their wisdom and the norms of their action. In western countries, because of the long tradition of ruling of law, law, the primary standard regulating people's conducts, is in a high position, and the study of law is also prosperous. But,in China, the rampancy of legal nihilism had been lasting for 2000 years, consequently,law is in a low position, and the study of law is also weak. Until now, the spring of legal science has just arrived. However, spring is a sowing season, and a season full of hopes and wishes.

The fresh bud in spring will surely be thickly hung with fruits; the little creeks will coverage into endless sea. I hope "Jurisprudential Library" can make great contribution to the academic accumulation of the area of Chinese legal science by it's originality; I also heartily hope the colleagues in the area of legal study can award their participation and love to the complication and publication of "Jurisprudential Library" and make it a wonderful window showing the theoretical frontier results in the area of legal research.

We are not mature enough
We are keeping on exploring and seeking

He Qinhua
In the Research Center of Legal History
East China University of Politics and Law, Shanghai,P. R. C.
May 1st,2004

自序　思想的价值和法治的理念

人世间最宝贵的是什么？对这一老生常谈的问题会有许多不同的答案。有人会说生命是最宝贵的，这回答不错。没有了生命，世间的一切无论对个体还是对群体都将失去意义；有人会说爱情是最宝贵的，这也没错。如果世间没有爱情，人类犹如生活在干涸的沙漠中，渐渐枯竭；有人会说亲情和友谊是最宝贵的，这也没错。世间如果没有亲情和友谊，人们就像生活在冰凉的荒岛上，没有温暖；也有人会说世间最宝贵的是物质和财富，这也没错。如果世间没有物质和财富，人类和人生将失去生存的基础。但我要说，人世间最宝贵的是思想。思想是人世间最宝贵的东西，是人世间"最美丽的花朵"。思想具有涵盖人类一切价值的含量和特性。

唯物主义理论和学说认为，人类历史是一个自然发展演进的历史。但人类的历史也是一个思想发展的历史。思想在人类历史上产生过巨大的作用，推动着人类社会发生历史性变化和转型。思想是人类知识的结晶，是人类智慧的体现，是人类发现世界、解释世界、说明世界的产物，是一代代人类思想家的文化积累的结果。思想是人类行动的指南，是社会转型的先声，是制度创新的先导。唯物主义哲学家提出了一个"物质不灭"的哲学定理。其实，思想也是不灭的。只有思想,才能真正地长存人间,给人类以启迪,给后来者以借鉴,给行动者以志铭。在人类即将告别20世纪、跨入21世纪的历史交汇之际,思想的这些巨大作用和功能将日显突出和强大。

美国法学家弗里德曼有句名言:"法典背后有强大的思想运动"(《法律制度》中译本第241页)。这句名言非常精辟地道出了思想对于法律制度的产生、创制及实现的巨大价值和功能。中国正处在法律变迁和法制转型的历史进程之中,其目标便是中国在经历了近一个世纪的曲折之后提出的建设"社会主义法治国家"。这是一个几代中国人为之奋斗的宏伟目标。要实现"法治国家"这一宏伟目标,我们首先要确立一些关于法治的新的思想和新的理念。

我认为,法治是一个包含着多重内涵的概念。

首先,法治是一种观念,一种意识,一种视法为最高权威的理念和文化。这种观念、意识、理念和文化尊崇以社会集体成员的意志为内容而形成的规则体系。它重视个人在社会中的价值和尊严,但排斥个人在社会运行机制中的权威地位。

其次,法治是一种价值的体现。法治不但要求一个社会的成员遵从具有普遍性特征的法,而且还要求这种被普遍遵从的法必须是好法、良法、善法。也即法治之法包含着民主、自由、人权、平等、公平、正义等等人类价值要素。因此,法治之法使人类对法律提出了更高的要求,它使立法者在法律制定之后必须接受价值的评判和检验。

再次,法治是一种以"法的统治"为特征的社会统治方式和治理方式,它并不排斥社会道德等对人们内心的影响和外在行为的自我约束,但它排斥以个人为轴心的统治方式。它奉行"人变道不变"的政治哲学原则。法治社会中评判人们外在行为的标准是法律。表面看它似乎低于道德标准,但它更有利于社会文明的进展,从最终目标上是向道德准则的接近和迈进。

总之,法治是一个能够统摄社会全部法律价值和政治价值的综合性概念。实现法治,也即实现这些价值;法治的实现,也标志着这些价值的实现。

实现法治是几代中国人的理想。当代中国人有责任使这一理想变为现实。让我们期盼并迎接21世纪中国民主与法治时代的到来!

刘 作 翔

1998年11月29日于西安

目 录

导言　法律文化：一个宏观的法学新思维 …………………… 1
第一章　文化概念与法律文化概念 ………………………………… 8
　第一节　从文化概念到法律文化概念 ………………………… 9
　　一、文化概念的多义性 ……………………………………… 10
　　二、几个"经典性"的文化概念 …………………………… 14
　　三、归纳：三种文化观以及法律文化研究应对文化概念的定位 …… 19
　　四、文化能否有附加词——法律文化的概念能否成立？ ……… 28
　　五、法律文化概念研究的意义 …………………………… 32
　第二节　国外学者关于法律文化概念的观点 ………………… 34
　　一、美国学者对法律文化概念的理解 …………………… 36
　　二、苏联学者对法律文化概念的理解 …………………… 45
　　三、日本学者对法律文化概念的理解 …………………… 51
　第三节　我国学者关于法律文化概念的观点 ………………… 57
第二章　法律文化的释义：作为方法论意义的法律文化和
　　　　作为对象化的法律文化 ……………………………… 66
　第一节　作为方法论意义的法律文化 ………………………… 68
　　一、梁治平先生的"方法论法律文化观"介评 ………… 69
　　二、作为方法论意义的法律文化的研究范例——严景耀先生的
　　　　"犯罪文化"研究 ……………………………………… 73
　第二节　作为对象化的法律文化 ……………………………… 80
　　一、"法律是一种文化"——法律与文化关系的法理学阐释 …… 81

1

二、法律文化在整体文化中的地位和作用 ·················· 92
　三、法律文化发展的"三步曲" ························· 93
　四、法律文化与法律传统 ···························· 96
　五、法律文化的实体内容界定——法律文化的对象化 ·········· 98
　六、法律文化的参照系 ····························· 104

第三章　法律文化的结构 ······························· 106
　第一节　结构与结构主义 ···························· 106
　　一、结构的意义 ·································· 106
　　二、作为一种方法论的结构主义 ······················· 108
　第二节　文化结构与法律文化结构诸说 ··················· 112
　　一、文化结构 ··································· 112
　　二、法律文化结构诸说 ····························· 114
　第三节　法律文化结构的构造 ························· 117
　　一、法律文化的深层结构 ··························· 118
　　二、法律文化的表层结构 ··························· 135
　　三、法律技术的属性分析 ··························· 150

第四章　法律文化的基本特征和类型 ······················· 155
　第一节　法律文化的基本特征 ························· 156
　　一、文化特征 ··································· 156
　　二、法律文化的基本特征 ··························· 157
　第二节　法律文化的类型 ···························· 170
　　一、法律文化分类理论 ····························· 170
　　二、法律文化的类型 ······························ 175

第五章　法律文化的社会化 ···························· 179
　第一节　法律文化社会化释义 ························· 179
　第二节　法律文化社会化的途径 ······················· 183
　　一、大众传播 ··································· 184

  二、正规的法律教育 ……………………………………… 188
  三、非正规的法律教育 …………………………………… 195
  四、高层次的法律理论研究 ……………………………… 202
  五、法律实践活动中的信息传播和反馈 ………………… 203
 第三节 法律文化社会化的效果分析 ……………………… 204

第六章 法律文化的冲突 …………………………………… 210
 第一节 法律文化冲突的一般理论分析 …………………… 210
  一、法律文化冲突的原因 ………………………………… 211
  二、法律文化冲突的表现方式 …………………………… 218
  三、法律文化冲突的价值功用分析 ……………………… 236
 第二节 当代中国的社会秩序结构 ………………………… 238
  一、"礼治秩序"——传统中国社会秩序结构的主要特征 …… 239
  二、"多元混合秩序"——转型时期中国社会秩序结构的
    主要特征 ……………………………………………… 243
 第三节 当代中国法律文化的冲突与选择 ………………… 262
  一、当代中国法律文化现状的理论概括:二元结构 …… 263
  二、当代中国法律文化二元结构的现实表现 …………… 265
  三、当代中国法律文化的出路与选择 …………………… 274

第七章 法律文化的现代化 ………………………………… 280
 第一节 法律文化现代化之特质 …………………………… 280
  一、法律文化现代化的静态分析 ………………………… 281
  二、法律文化现代化的动态分析 ………………………… 285
 第二节 法律文化现代化的实现途径 ……………………… 290
  一、法律文化的矛盾与冲突 ……………………………… 290
  二、法律文化的选择与整合 ……………………………… 293
  三、法律文化的进步与发展 ……………………………… 294
 第三节 中国法律文化的现代化 …………………………… 295

一、20世纪中国法律文化现代化的历史回顾和历史动力 ………… 296
二、中国法律文化现代化与中国传统法律文化 …………………… 303
三、中国法律文化与西方法律文化 ………………………………… 307

结语 迈向21世纪的中国法律文化 ………………………………… 311

参考书目 ………………………………………………………………… 315

后　记 ………………………………………………………………… 322

导言 法律文化:一个宏观的法学新思维

20世纪80年代中期在中国法学界兴起的法律文化研究,至今已有十多年历史。十多年来,中国法学界对此投入了一定的精力和热情,进行了全方位研究,发表和出版了相当数量的研究论文和著作。这些论文和著作丰富了我国的法律文化理论,并将我国法律文化研究逐步引向深入。

相比较而言,在各种关于法律文化的研究中,法律文化基本理论的研究仍是一个比较薄弱的环节。这一方面可能由于法律文化基本理论的抽象、宽泛和不易把握,另一方面也可能由于从事基本理论研究的艰涩。但这是一个绕不过去的研究课题。所有的关于法律文化的研究,如果没有基本理论研究作铺垫,将最后可能失去根基。

鉴于此,本书作者选择了"法律文化理论"作为研究主题。当然,就此主题而言,它涉及的范围相当广泛,远不是本书所能胜任和完成的。但我将择其我认为比较重要的几个法律文化基本理论问题进行分析和研究。这几个基本理论问题是:法律文化的概念、释义,法律文化的结构,法律文化的基本特征和类型,法律文化的社会化,法律文化的冲突,法律文化的现代化。以上七个问题的研究,都是以当代中国为分析重点,兼及了国外的有关理论和实践。

本书的主题思想是:法律文化是一个宏观的法学新思维,它渗透在人类的法律实践活动之中。法律文化既体现在作为隐性的法律意识形态之中,也体现在作为显性的法律制度性结构之中;法律文化既是历史文化的遗留,也是现实的人类创造。过去人们创造了法律文化,今天人们仍在发展着法律文化。法律文化是一种集历史与现实、宏观与微观、静态与动态、观念与制度在内的宏观的整体性文化。正是在这一主题思想的指导下,本书展开了全方位的分析,并将这一主题思想贯穿在有关法律文化的概念、释义、结构、特征、类型和法律文化的社会化、现代化及法律文化的冲突等分析和研究之中。

本书七章的主要内容简介如下:

第一章是"文化概念与法律文化概念"。此章共有三节。第一节是"从文化概念到法律文化概念"。此节中,作者用较多的笔墨分析了文化概念,指出文化概念是一个多义性的概念,并剖析了几个"经典性"的文化概念,最后从哲学抽象的角度,将多样化的文化概念归纳为三种文化观,并谈及了作者选取"中义文化观"作为法律文化研究对文化概念的取舍和定位的主要理由。接着作者提出一个对于法律文化研究非常实质性的问题,即文化能否有附加词?提出此问题实际上是要回答法律文化这个概念能否成立。最后,作者从法律文化研究的现状出发,谈及了法律文化概念研究的意义,认为法律文化的概念是所有法律文化研究都无法回避的问题,它是法律文化研究的核心概念,是法律文化理论研究最重要的问题。第二节是"国外学者关于法律文化概念的观点"。在此节中,作者选择了对我国法律文化研究产生较大影响的美国、苏联、日本学者关于法律文化概念的各种观点,并进行了简要的述评,为我们了解国外学者关于法律文化概念的理解、观点、学说提供了较为系统、详细、丰富的材料,也为进一步研究法律文化概念提供了可供借鉴的思想积累。第三节是"我国学者关于法律文化概念的观点"。在此节中,作者对自80年代中期以来我国学者关于法律文化概念的一些主要观点进行了介绍,以使我们了解法律文化这一概念在我国学者视野中是如何理解、界定及在何种意义上使用这一概念的。

第二章是"法律文化的释义:作为方法论意义的法律文化和作为对象化的法律文化"。此章中,作者从两个不同的角度,对"法律文化"这一概念作出解释。本章共分两节。第一节是"作为方法论意义的法律文化"。在此节中,作者选取了对法律文化的方法论意义作了大力倡导的梁治平先生的"方法论法律文化观"进行了评介,肯定了其视角的意义,同时也指出其不足。随后,作者着重介绍了作为方法论意义的法律文化的研究范例——严景耀先生的"犯罪文化"理论及其观点。第二节是"作为对象化的法律文化"。这是本书对法律文化概念进行释义的核心部分,也是本书主题思想的阐发和论证部分。在此节中,作者分别从以下几个方面对"法律文化"这一概念所包含的涵义进行了分析:提出了"法律是一种文化"的观点,分析了法律文化在整体文化中的地位和作用,法律文化发展的"三步曲",分析了法律文化与法律传统的联系与区别,给出了法律文化的实体内容界定——即法律文化对象化的内容,最后提出了考察一个国家或社会法律文化发达与否的评价体系等。

第三章是"法律文化的结构"。此章可看作是对法律文化概念释义的展开和具体化过程。本章共有三节。第一节是"结构与结构主义",作者介绍了有关结构和结构主义的理论,为研究法律文化的结构进行理论和方法论铺垫。第二节是"文化结构与法律文化结构诸说",介绍了一些学者关于文化结构和法律文化结构的观点。第三节是"法律文化结构的构造"。作者从"法律文化的深层结构"和"法律文化的表层结构"提出并论证了本书关于法律文化结构的建构理论。最后对法律文化的一个重要元素"法律技术"为什么不能作为法律文化的结构内容发表了作者的独特观点。

第四章是"法律文化的基本特征和类型"。本章共分两节。第一节是"法律文化的基本特征"。作者首先对有关文化特征的理论作了简介,然后提出了本书关于法律文化的七个基本特征的概括和分析,即:法律文化具有物质依附性;法律文化具有政治功能;法律文化具有普遍适用性;法律文化具有实践性、实用性;法律文化具有历史连续性;法律文化具有民族性;法律文化具有互融性。第二节是"法律文化的类型"。此节中,作者首先介绍了有关法律文化的分类理论,然后提出了作者关于法律文化的十大分类,并谈及了作者关于分类的一些认识。

第五章是"法律文化的社会化"。本章共有三节。第一节是"法律文化社会化释义",阐发了作者关于"法律文化社会化"这一命题的看法。第二节是"法律文化社会化的途径",这是此章的重点。作者分别从大众传播、正规与非正规的法律教育、高层次的法律理论研究、法律实践活动中的信息传播和反馈等几个方面对法律文化社会化的途径进行了探讨。第三节是"法律文化社会化的效果分析",主要论述了如何正确而不是错误地向社会公众传播法律文化信息和知识,避免法律文化传播过程中对公众的误导。

第六章是"法律文化的冲突"。此章共分三节。第一节是"法律文化冲突的一般理论分析"。此节中,作者从一般理论的角度,共探讨了三个问题,即法律文化冲突的原因,法律文化冲突的表现方式,法律文化冲突的价值功用分析。作者认为,引起法律文化发生冲突的原因主要有:社会物质生产方式的变化;社会的变革;各种异质文化的影响和冲击;法律文化的适应性。与此相应,法律文化冲突的表现方式主要有:法律文化与社会的冲突;特定社会、民族的法律文化同外来法律文化的冲突;法律文化与其他调整文化的冲突(如风俗习惯、社会道德、政策等);制度性文化与观念性文化的冲突。最后,作者从正反两个方面对法律文化冲突的价值功用进行了分析。指出:动态地看,法律文化冲突可能是法律文化发展和进步的一个动力;但静态地看,冲突意味着矛盾、对立和斗争,它同社会和谐、社会稳定等法律价值目标是相悖的,可能破坏既有的法律秩序。第二节是"当代中国的社会秩序结构"。此节是为了分析当代中国法律文化的冲突而设置的一个章节。此节中,作者首先对传统中国社会秩序结构作了分析,主要介绍了费孝通先生本世纪40年代将传统中国社会秩序结构概括为"礼治秩序"的观点,然后分析了转型时期的中国社会秩序结构。作者将转型时期的中国社会秩序结构概括为由"法治秩序"、"礼治秩序"、"德治秩序"、"人治秩序"、"宗法秩序"等组合而成的"多元混合秩序"结构,并指出这是当代中国的一种"实然社会秩序"结构,而不是一种"应然社会秩序"结构。与此相关联,作者重点介绍和评价了在国家提出"依法治国,建设社会主义法治国家"的治国方略和战略目标后,国内学术界对"法治国家"、"法治理论"所提出的一些质疑和不同学术观点,指出这种学术争论的实质是中国究竟应该采取何种治理国家的方式及建立何种社会秩序结构的问题。第三节是"当代中国法律文化的冲突与选择"。此节中,作者从法律文化结构的角度,分析了当代中国法律文化的现状,将这种现状概括为"法律文化的二元结构",即较为现代的先进的制度性法律文化与较为传统的落后的观念性法律文化二元并存。随后作者对这种"法律文化二元结构"的现实表现进行了一些分析,最后提出了当代中国法律文化的出路和选择应该是逐步打破二元结构,实现文化整合。

第七章是"法律文化的现代化"。此章共有三节。第一节是"法律文化现代化之特质"。作者从静态与动态两个方面,对法律文化现代化进行了分析,实质是提出了法律文化现代化的标准问题。第二节是"法律文化现代化的实现途径"。在此节中,作者并没有局限于法律文化的静态视角,而是从法律文化运动的过程,动态地考察了法律文化现代化的实现途径,认为法律文化现代化存在于法律文化的矛盾与冲突,法律文化的选择与整合,法律文化的进步与发展的过程之中。第三节是"中国法律文化的现代化"。作者首先简要回顾了20世纪中国法律文化现代化的历史与发展动力。然后主要分析了中国法律文化现代化进程中涉及到的两个重要问题,即中国法律文化现代化与中国传统法律文化的关系和中国法律文化与西方法律文化的关系。作者认为,要实现中国法律文化现代化,就要对中国传统法律文化进行创造性转换,而主要途径是制度创新和观念变革,并大胆借鉴和吸收西方法律文化中的优秀成果,兼容并蓄,开创一条有中国自己特色的法律文化现代化道路。

最后是结语"迈向21世纪的中国法律文化"。在此部分中,作者对 21 世纪中国法律文化的发展前景、世界意义和地位进行了简要分析。

第一章　文化概念与
　　　　法律文化概念

　　科学研究的首要任务,便是对概念进行分析。"概念……是我们认识事物的工具"①。当代美国人类学家 E.霍贝尔教授在其代表著作《原始人的法》一书中,对概念的重要性作了如下的一段说明:"一个探索者在任何领域中的工作总是从创造该领域中有用的语言和概念开始。'语言和我们的思想是不可分割地交织在一起,在某种意义上,二者是同一的'。开始工作时,人们总是企图把新思想装入原有的语言框架中。但当他扩大了知识领域或加深了某一观点时,他必然发现旧词的意义实际已经变更,或者新词已从新现象中被锤炼出来。而这些概念同旧概念所包含的意义是大不一样的。新的事实和新的思想总是在召唤着新的词汇。实际上科学工作者也是一个教师,他们总是以熟悉的措词以似乎更好的方式在表达着自己的思想,假如这不影响事实及其意义的真实性的话。因此,在任何法律的研究中,理想的情况是法理学在尽可能的限度内同时创造词汇和概念。"②霍贝尔教授的上述论述告诉我们,

---

　　① 费孝通著:《乡土中国》,三联书店1985年版,"重刊序言",第3页。
　　② [美]E.霍贝尔著:《原始人的法》,严存生等译,贵州人民出版社1992年版,第17页。

概念是重要的。概念如同语言一样,是思想表达不可缺少的工具。

毛泽东同志曾从认识论的角度,对概念的性质作了如下的界定:"概念这种东西已经不是事物的现象,不是事物的各个片面,不是它的外部联系,而是抓着了事物的本质,事物的全体,事物的内部联系了。概念同感觉,不但是数量上的差别,而且有了性质上的差别。"[①] 毛泽东将"概念"看作是跨越了实践感性阶段的理性认识阶段,并且认为概念是进行进一步判断和推理以得出论理认识和结论的前提和基础。

当人们对一个新的问题进行研究时,首先碰到的便是概念。概念是科学研究的起点。科学地认识和界定一事物的概念,是科学地认识该事物的前提。一个概念包含着一定的内涵和外延,一定的内涵和外延实际上是一个事物的质的规定性。这种质的规定性实际上指明了它所包含的特定范畴和研究对象。因此,对概念的研究与对新问题的研究同等重要,具有同等重要的理论价值。

第一节 从文化概念到法律文化概念

法律文化的概念是法律文化基本理论中一个很重要的问题。自80年代中期以来,我国法学界对法律文化的研究,已有十多年的研究历史,其间发表和出版了许多有关法律文化的论著。这些

---

① 毛泽东著:《实践论》,《毛泽东选集》第1卷,人民出版社1991年版,第285页。

论著无论是从哪个角度入手,都离不开"法律文化"这一最重要、最核心的概念。虽然每个研究者在使用这一概念时,都有其所指,即有其研究者对这一概念的自身理解,但分歧也是很大的。仔细察究,引起争议的主要原因不在于法律文化概念本身,而在于对文化概念的理解。由于对文化概念的理解不同,对法律文化概念的理解也就会产生较大差异和分歧。同时,关于法律文化概念所引起的一些学术分歧,从另一方面恰好说明了它是一个很重要的概念,是一个值得我们重视的理论问题。

要研究法律文化的概念,首先要了解文化的概念。只有在了解了文化的概念之后,我们才能对法律文化的概念有所了解,有所认识。文化概念是法律文化概念的源头和基础;并且,在所有的法律文化的基本理论问题研究中所出现的争议和歧义,始终是同对文化的了解相纠缠着,相联系着。因此,理解和认识文化的概念,是理解和认识法律文化概念及其理论问题的钥匙。正是从这一认识出发,本节着重于对文化概念的分析和"法律文化"研究应对文化概念如何定位,最后,分析一下如何由文化概念引出和演化出"法律文化"这一新的文化概念的。

一、文化概念的多义性

文化是一个多义性的概念。这种多义性已被中外许多文化学研究者所认识。一位专门研究文化概念的法国学者维克多·埃尔在《文化概念》一书中研究了文化概念的产生和起源,他指出:"关于文化概念的探讨是在17世纪和18世纪以来随着政治思想一起发展起来的;因此,文化与政治的关系是一种原始的和基本的关系。"①值得我们重视的是,这位学者的研究认为,法学家穆萨埃尔·普芬道夫(1632—1694)关于文化概念的观点是最有代表性的观点之一。"其主要理由是:法学家兼外交家普芬道夫是最早不带限定词使用文化这个词的思想家;他的著作确定了政治思想和文化概念的关系。"②普芬道夫认为:"文化生活和精神生活基本上是同义词。"③这位作者还援引了另外一位学者雷蒙德·威廉斯在他的《文化与社会,1780—1950》一书中所阐发的观点,威廉斯认为:在18世纪后期和19世纪上半叶,有五个单词在英语中变成了常用词:工业、民主、阶级、艺术和文化,其中最重要的是文化概念;文化概念具有多方面的含义,最能表达这一时代所特有的知识和社会变化的复杂性。其他一些基本词汇也都和文化概念的产生有关,如:自然法、宪法、自由、公民和人,等等。正是这些词汇标志着18世纪政治思想的演变④。维克多·埃尔则进一步指出:"各国的百科全书告诉我们,文化这一概念作为术语是在19世纪中叶形成的。"他的依据是《美利坚百科全书》,该书讲道:"文化作为专门术语,于19世纪中叶出现在人类学家的著述中。"⑤

另一位法国著名历史学家费尔南·布罗代尔在研究文明史问题时,也对"文化"这个词进行了研究。他认为"文化一词在1800年以前还很少见到。"⑥"文化一词由来已久(西塞罗已经谈到'精神文化'),只是到了18世纪中叶才真正具有知识的特殊含义。"⑦

---

①②③④⑤ [法]维克多·埃尔著:《文化概念》,康新文等译,上海人民出版社1988年版,第18、29、17、18、5页。

⑥⑦ [法]费尔南·布罗代尔著:《资本主义论丛》,顾良等译,中央编译出版社1997年版,第124、125页。

1980年5月底至6月初,罗马教皇保罗二世访问了法国。访问期间,他在联合国教科文组织的代表大会上发表了关于文化的演说。这次演说被认为是"长期以来一直蛮横地反对与文化概念不可分割的思想运动"的"罗马教廷的演变。"① 他讲道:"正因为有了文化,人类才真正过上了人的生活。文化是人类'生活'和'生存'的一种特有方式。人类总是根据自己特有的文化生活着;反过来,文化又在人类中间创造了一种同样是人类特有的联系,决定了人类生活的人际特点和社会特点。在文化作为人类生存的特有方式的统一性中,同时又存在着文化的多样性,而人类就生活在这种多样性之中……,文化是人类之所以成为人类的基础,它使人类更加完美或日趋完美。"②

文化概念的多义性既表现在人类文化生活的实践中,也表现在文化学者对文化概念的阐释中。有位中国学者指出:"文化作为一个科学术语,1920年以前只有六个不同的定义,而在1952年便已增加到一百六十多个"③。而有位日本学者则认为:"文化的定义从来就众说纷纭,据说有关文化的定义多达260种。"④ 不同的学者对于"什么是文化?"有不同的解说。每个人从各自的立场和理解出发,给文化概念赋予不同的内涵。我国文化学者司马云杰先生指出:"文化作为一种复杂的社会现象,要认识它,自然应该有科学的理论和方法。但由于方法论的不科学、不统一,对文化概念

---

① ② 转引自[法]维克多·埃尔著:《文化概念》一书,第9页。
③ 田汝康:《序》,第1页。载庄锡昌等编:《多维视野中的文化理论》,浙江人民出版社1987年版。
④ [日]名和太郎著:《经济与文化》,高增杰等译,中国经济出版社1987年版,第41页。文化的定义到底有多少个,这是个谁也无法说清楚的数字。

所引起的纷争也是令人难以想象的。历史学派常常把文化看作是社会的遗产,或者传统的行为方式的全部丛结;心理学派则往往把文化视为主体心理在历史银幕上的总映象,或者是满足个人心理动机所选择的行为模式;结构功能主义者强调文化是由各种要素或文化特征构成的稳定体系;而发生论者则分辩说文化是社会互动及不同个人交互影响的产品;有的人偏重文化观念的作用,把文化定义为观念之流,或观念联结丛;有的人则倾向文化的社会规范的价值,把文化界定为不同人类群体的生活方式,或者共同遵守的行为模式。如此等等,不同的角度,有不同的文化定义。"[1] 总之,林林总总的不计其数的文化概念可以说包含了人类生活的各个方面。难怪乎苏联政治学家尼·米·凯泽罗夫认为:"文化是一个最一般的、包括一切的概念,而且具有独一无二的容量"[2]。当代美国文化人类学家本尼迪克特也讲道:"各种文化的多样性可以无限止地记述下去。"[3] 她对这种多样性的原因作了如下的解释:"文化的多样性,不仅仅是由于各个社会随意地精构细琢或竭力弃绝生存的各个潜在方面所造成的,而且更多地则是由于各种文化特质错综复杂地相互交织在一起的缘故。"[4] 在我看来,文化概念的多义性从表面上看来源于文化概念所具有的广泛的包容性,而从实质上看,则源于人类生活的多样性。

---

[1] 司马云杰著:《文化社会学》,山东人民出版社1987年版,第3页。
[2] 转引自井勤荪:《"社会主义社会的政治文化"内容简介》,《政治学参考资料》1983年第2期,第51页。
[3][4] [美]本尼迪克特著:《文化模式》,孙燕、傅铿译,浙江人民出版社1987年版,第44、36页。

二、几个"经典性"的文化概念

在文化理论研究中,有几个被称为是"经典性"的文化概念。其首推的便是当代英国文化人类学家泰勒(1832—1917)在其1871年写的著作《原始文化》一书中对文化所下的定义,泰勒将文化与文明两个概念共用。他阐述道:"所谓文化或文明乃是包括知识、信仰、艺术、道德、法律、习惯以及其他人类作为社会成员而获得的种种能力、习性在内的一种复合整体。"[①] 文化学研究者将泰勒的这一定义看作是最早对文化进行界定的一个经典性定义,并且对其后文化概念的研究产生了长远的影响。由于泰勒的文化定义缺少"物质文化"的内容,后来美国一些社会学家、文化人类学家对泰勒的定义进行了修正,补充进了"实物"的文化现象。泰勒的定义是描述性的,但却第一次给文化一个整体性概念。后来的文化定义,都没有超出泰勒把文化看成是一个复杂的整体的基本观念[②]。

当代美国文化人类学家克鲁克洪(1905—1960)曾在《文化概念:一个重要概念的回顾》(载1951年第41期哈佛大学《小人物陈列馆论文集》)一文中,对161种文化的定义进行了归纳和总结,认为这些概念基本上都接近,所不同的只是方法而已。他认为:"文化存在于思想、情感和起反应的各种业已模式化了的方式当中,通过各种符号可以获得并传播它,另外,文化构成了人类群体各有特

[①] [英]泰勒:《文化之定义》,顾晓鸣译,载《多维视野中的文化理论》,浙江人民出版社1987年版,第98页。

[②] 参见司马云杰著:《文化社会学》,山东人民出版社1987年版,第9页。

色的成就,这些成就包括他们制造物的各种具体形式;文化基本核心由二部分组成,一是传统(即从历史上得到并选择)的思想,一是与他们有关的价值。"① 克鲁克洪在《文化的研究》一文中讲到:"美国人类学家所用的文化一词,当然是一个术语,绝不能与普通语言以及历史和文学上比较有限的概念相混淆。这一人类学术语所确定的涵义,是指整个人类环境中由人所创造的那些方面,既包含有形的也包含无形的。所谓'一种文化',它指的是某个人类群体独特的生活方式,他们整套的'生存式样'。"② 他对文化概念作了如下的定义:"文化是历史上所创造的生存式样的系统,既包括显型式样也包含隐型式样;它具有为整个群体共享的倾向,或是在一定时期中为群体的特定部分所共享。"③ 在文化史的研究中,克鲁克洪提出的"对文化作分析必然包括显露方面的分析也包括隐含方面的分析"④具有划时代的意义。这一思想对于我们研究法律文化的概念和结构,也具有极大的启示作用。

英国文化人类学家马林诺夫斯基(1884—1942)是一位文化功能学派的创始人。他从"满足人类的需要"的角度来阐释文化概念。他说,"文化,文化,言之固易,要正确地加以定义及完备地加以叙述,则并不是容易的事。"⑤ "文化是包括一套工具及一套风俗——人体的或心灵的特性,它们都是直接的或间接地满足人类的需要。"⑥ 他认为,一切文化要素,都是在活动着,发生作用,而且是有效的。文化要素的动态性质指示了人类学的重要工作就在研

---

① ② ③ ④ [美]克鲁克洪等著:《文化与个人》,高佳等译,浙江人民出版社1986年版,第5页注③、4、6、8页。

⑤ ⑥ [英]马林诺夫斯基著:《文化论》,费孝通等译,中国民间文艺出版社1987年版,第2、14页。

究文化的功能。因此,"功能"的概念是文化学的主要概念。"文化是指那一种传统的器物,货品,技术,思想,习惯价值而言的,这概念包容着及调节着一切社会科学。……社会组织除非视作文化的一部分,实是无法了解的;"①马林诺夫斯基认为,"文化是一个组织严密的体系,同时它可以分成基本的两方面,器物和风俗,由此可进而再分成较细的部分或单位。"②马林诺夫斯基将"文化的各方面"(即文化的组成要素)分解为如下几点:

甲．物质设备,也即物质文化。他说,人的物质设备,举凡器物,房屋,船只,工具,以及武器,都是文化中最易明白,最易捉摸的一方面。它们决定了文化的水准,决定了工作的效率。在一切关于民族"优劣"的争执中,最后的断语就在武器,它是最后的一着。在一个博物院中的学者,或在一个喜讲"进步"的政客心目中,物质文化是最先被注意的。他认为,社会学中的唯物史观,想把人类进步的全部原动力、全部意义及全部价值,都归之于物质文化。他说这是一种"带着哲学外表的偏见"③。

乙．精神文化之方面。他针对"物质文化是人类进步的全部原动力"这样一个在他看来是一种带有"偏见"的学说指出:若我们稍加思索,就可以明了文化的物质设备本身并不是一种动力。单单物质设备,没有我们可称作精神的相对部分,是死的,是没用的。最好的工具亦要手工的技术来制造,制造就需要知识。在生产,经营及应用器物,工具,武器及其他人工的构造,都不能没有知识,而知识是关连于智力及道德上的训练,这训练正是宗教,法律,及伦

---

① ② [英]马林诺夫斯基著:《文化论》,费孝通等译,中国民间文艺出版社1987年版,第2、11页。

③ 同上书,第4页。

理规则的最后源泉。因此,物质文化需要一相配部分,这部分是比较复杂,比较难于类别或分析,但是很明显的是不能缺少的。这部分是包括着种种知识,包括着道德上、精神上及经济上的价值体系,包括着社会组织的方式,及最后,并非最次要的,包括着我们可以总称作精神方面的文化。器物和习惯形成了文化的两个方面——物质的和精神的。器物和习惯是不能缺一,它们是互相形成及相互决定的。

丙．语言。马林诺夫斯基不同意那种将语言视作是人类特具的机能以及认为语言是和人的物质设备及其他的风俗体系相分开的观点。他认为,事实上,字词的应用是和人类一切动作相关连而为一切身体上的行为所不能缺少的配合物。说话是一种人体的习惯,是精神文化的一部分,和其他风俗的方式在性质上是相同的。因此,语言是文化整体中的一部分,但是它并不是一个工具的体系,而是一套发音的风俗及精神文化的一部分。

丁．社会组织。马林诺夫斯基不同意一些社会学者常将社会组织放在文化之外以及认为它是一门独立科学——社会学——的独立题材的观点。他认为,我们所谓社会集团的组织却是物质设备及人体习惯的混合物,不能和它的物质或精神基础相分离的。社会组织是集团行动的标准规矩。在任何人类社会中,社会生活是系于地域上的集居,好像市镇、乡村及邻舍。社会生活有它的地方性,有一定的界限,这界限联系着种种经济、政治及宗教性质的公私活动。在一切有组织的动作中,我们可以见到人类集团的结合是由于他们共同关连于一定范围的环境,由于他们住在共同的居处,及由于他们进行着共同的事务。他们行为上的协力性质是出于社会规则或习惯的结果,这些规则或有明文规定,或是自动运行的。一切规则、法律、习惯及规矩都明显是属于学习得来的人体习惯的一类,或就是属于我们所谓精神文化①。

在马林诺夫斯基的功能学派文化学理论中,最著名的是他的如下一句断语:"社会制度是构成文化的真正要素"。他说,文化的真正要素有它相当的永久性,普遍性,及独立性的,是人类活动有组织的体系,就是我们所谓"社会制度"。任何社会制度都针对一根本的需要;在一合作的事务上,和永久地团集着一群人中,有它特有的一套规律及技术。任何社会制度亦都是建筑在一套物质的基础上,包括环境的一部分及种种文化的设备。用来称呼这种人类活动有组织的体系最适合的名词莫若"社会制度"。在这定义下的社会制度是构成文化的真正组成部分②。马林诺夫斯基的这一思想对于我们研究法律制度的文化属性极具帮助意义。

"五四"运动之后,我国的文化学家对文化的定义也展开了热烈的讨论。对"文化"一词的界定影响最大的,当首推梁漱溟先生1920年出版的《东西文化及其哲学》一书对文化所下的定义。梁漱溟认为,文化乃是"人类生活的样法。"梁漱溟把人类生活的样法分为精神生活、物质生活和社会生活三大内容,文化的涵义是很广泛的。1920年蔡元培在湖南演讲《何谓文化?》,提出"文化是人生发展的状况",并列举衣食住行、医疗卫生、政治、经济、道德、教育、科学等事。1922年梁启超在《什么是文化?》一书中,谓"文化者,人类心能所开释出来有价值的共业也。"在梁启超的《中国文化史目录》中,文化包括朝代、种族、政治、法律、教育、交通、国际关

---

① [英]马林诺夫斯基著:《文化论》,费孝通等译,中国民间文艺出版社1987年版,第5—7页。
② 同上书,第18页。

系、饮食、服饰、宅居、考工、农事等,足见他心目中的文化是一个极为广泛的概念。胡适则于1926年在《我们对于西洋近代文化的态度》一文中,指出"文化是文明社会形成的生活的方式。"唯有陈独秀对这种宽泛的文化定义提出了反驳,他在《文化运动与社会运动》一文中曾批评道:"有一班人并且把政治、实业、交通都拉到文化里面了,我不知道他们因为何种心理看到文化如此广泛,以至于无所不包?"他力主文化"是文学、美术、音乐、哲学、科学这一类的事"①。而文化学家司马云杰先生则给文化下了一个简要定义:"文化乃是人类创造的不同形态的特质所构成的复合体。"他对这个定义作了如下四点解释:1.是人类创造的。2.是人类创造的特质。特质指二:一是指人类创造物的最小独立单位;二是指人类创造物的新的内容和独特形式。3.特质所构成的复合体。4.不同形态的特质②。

三、归纳:三种文化观③ 以及法律文化 研究应对文化概念的定位

文化概念的多义性、歧义性和不确定性,使得人们很难对文化下一个确切的定义。以致许多历史学家、文化学家都不得不被迫放弃了对文化下定义的企图。文化概念简直像一座学术迷宫,进去后却出不来。80年代初,庞朴先生去问钱钟书先生,文化如何

---

① ② 以上资料参见司马云杰著:《文化社会学》,山东人民出版社1987年版,第4—6、11—13、5页。

③ "三种文化观"不同于"三种文化"。前者属于文化概念和文化观,后者属于文化的结构层次分类。如80年代我国历史学家庞朴先生把文化分为三大结构,即物质层,心物结合层,心理层。见庞朴:《文化结构与近代中国》,载《东西文化与中国现代化讲演集》,浙江人民出版社1986年(临)第17号,第9页。

定义,钱钟书说,文化这个东西,你不问嘛,我倒还清楚;你这一问,我倒糊涂起来了[①]。80年代初中国的文化讨论中,有的学者建议说,文化的概念就像"模糊逻辑"、"模糊数学"一样,它的界域本来是不可能确定的,只要确定它到底包含哪些范围,也就没有必要追求简单而确定的定义了[②]。司马云杰先生也说到,文化的定义已如此之多,分歧如此之大,如果想回避矛盾,少惹是非,"最聪明的办法是列举文化的几条基本特征而不给它下定义。"那位专门研究文化概念的法国学者维克多·埃尔,在对文化概念的发展历史和各种关于文化的概念进行比较之后甚至认为:"企图或者声称给文化概念确定范围是徒劳的。"[③] 但是,这位学者也认为,我们还是应该在不企图用同一个概念概括所有一切(宗教、神话、政治、经济、文化艺术生活、科学、工艺、技术等等)的情况下,尽量给它下个定义。

在我们给文化概念试图确定一个范围时,我们发现,各种关于文化概念的解释,包括一些经典性的解释,大都是用现象描述的方法,指出"文化是什么",或者"文化包括什么"等等。这种描述方法在论述某一具体问题时可能是有效的和有用的。维克多·埃尔也指出:在早期,"文化概念不是一个抽象的概念;在某些时代,它具体体现在有代表性的成就之中。这些成就揭示了文化概念的某些理论的和实际的问题,指导人们思考那些具有现实

---

① 庞朴:《文化结构与近代中国》,载《东西文化与中国现代化讲演集》,浙江人民出版社1986年(临)第17号,第8页。

② 参见司马云杰著:《文化社会学》,山东人民出版社1987年版,第10页。

③ [法]维克多·埃尔著:《文化概念》,康新文等译,上海人民出版社1988年版,第8页。

意义的问题。"①但对于"文化"这样一个内容极为丰富,极为复杂的概念来讲,任何一种现象描述法都可能是不全面和不准确的,都可能挂一漏万,不能准确地反映它的内涵。因此,要给文化概念确定一个大致的范围,我认为最好用哲学抽象法,即从众多现象中抽象出一种概括。

通过对各种文化概念的分析,我们可以大致归纳出内涵不同的三种文化观:即广义文化观,中义文化观和狭义文化观。下面对这三种文化观的内容论述如下:

(一)广义文化观

这种文化观的完整表述,见之于我国出版的《辞海》中。《辞海》讲道:"文化,从广义来说,指人类社会历史实践过程中所创造的物质财富和精神财富的总和。"② 用文化学术语来讲,就是物质文化与精神文化的总和。当代美国社会学家戴维·波普诺也认为:"文化是一个群体或社会所共同具有的价值观和意义体系,它包括这些价值和意义在物质形态上的具体化。……文化由三个重要因素组成:①符号、意义和价值观;②规范;③物质文化。"③ 这种文化观,也见之于英国人类学家马林诺夫斯基的文化定义之中(马氏认为文化分为器物和风俗,即物质文化和精神文化),和苏联④ 学

---

① [法]维克多·埃尔著:《文化概念》,康新文等译,上海人民出版社1988年版,第35页。
② 《辞海》(缩印本),上海辞书出版社1979年版,第1533页。
③ [美]戴维·波普诺著:《社会学》(上),刘云德等译,辽宁人民出版社1987年版,第137页。
④ 本文采用"苏联"概念,而没用"前苏联"概念,因为"苏联"是一个特指特定时间内的国家形态。

者的文化定义之中。苏联文化学者、历史学者从本世纪50年代到70年代,对文化概念进行了较长时间的讨论,主要有以下几种定义:1956年出版的《现代俄语标准辞典》(多卷本)对文化概念所下的定义是:"文化是人类社会生产中、社会生活和精神生活中所取得的成就的总和。物质文化和精神文化。"1956年出版的《苏联小百科全书》称:"文化是人类创造的物质和精神的有价值的珍品的总和。"到了1973年出版的《苏联百科全书》没有正面对文化概念下定义,而是对文化的解释作了两点说明:"1. 文化的概念可用来说明一定的社会经济物质和精神生活发展水平的特征;2. 狭义来讲,'文化'这一术语属于人类精神生活的范畴。"在苏联学者中,尽管对什么是文化众说不一,但大体上可归纳为三大类型:一类是指人类活动的结果、成就。如苏联学者萨哈罗夫指出:"文化从广义上讲,就是人类创造的结果总和……";兹沃雷金称:"文化是人类所创造的一切,与自然界所赋予的一切是不同的。"谢班斯基称:"文化是人类活动的全部物质和精神成果、价值以及受到承认的行为方式"等等。这类定义的共同点是强调文化是人类活动的结果。另一类则把文化定义为活动,如马尔卡良认为:"文化是人类活动的手段,生存的手段。"这一观点也得到了苏联一些学者的支持。第三类是兼具上述两类的特点,称之为"活动——结果"型或"结果——活动"型。如冈察列科说:"文化是人类在物质和精神生产中创造性活动的总和,是这种活动的结果,是扩大和运用物质和精神财富的手段,是人类在建立相互的社会关系,以促进自身进步所取得的成就。"索科洛夫指出:"从现代意义上讲,应把文化理解是人类活动的物质和精神成果的总和,是服务于社会的组织形式的总和,是人的思维过程和状态及活动的企图的总和。"① 当然，对上述一系列文化定义，苏联学者也提出了许多不同的意见。

(二)中义文化观

这种文化观的完整表述也同样见之于我国出版的《辞海》中。这种观点认为，文化是指人类在长期的历史实践过程中所创造的精神财富的总和。具体讲，就是"指社会的意识形态，以及与之相适应的制度和组织机构。"② 这种中义文化观注重的是人类创造的精神财富，或曰精神文化，剔除了物质文化作为文化的构成成份和要素。而对精神文化的内涵又分解为两大块，即(1)社会的意识形态，以及(2)与社会意识形态相适应的制度和组织机构。这一中义文化观，见之于英国文化人类学家泰勒的文化定义中(西方许多学者认为泰勒的文化定义注重精神文化之内容)，见之于美国文化人类学家克鲁克洪的文化定义之中(克鲁克洪的显型文化和隐型文化分类就表达了这一内涵)，也见之于苏联一些学者把文化只看作是人类社会精神生活的范畴的观点。

(三)狭义文化观

这种文化观认为，文化就是指社会的意识形态，或社会的观念形态。这一观点的最经典的表述者是毛泽东同志。毛泽东在

---

① 以上资料参见鲍良骏：《苏联文化研究的过去和现在》，转引自《多维视野中的文化理论》，浙江人民出版社1987年版，第376—379页。
② 《辞海》(缩印本)，上海辞书出版社1979年版，第1533页。这里需要指明的是，在《辞海》中，将此定义解释为文化的"狭义"定义。但笔者认为这一定义应是一种"中义"定义，还有一种比此内涵更狭义的文化定义，即笔者在后面将要论述的"观念形态的文化"定义。

1940年2月15日延安出版的《中国文化》创刊号上发表的《新民主主义论》这部经典性的著作中，提出了"观念形态的文化"这一完整表述的概念，并对这一概念进行了阐释："一定的文化（当作观念形态的文化①）是一定社会的政治和经济的反映，又给予伟大影响和作用于一定社会的政治和经济；而经济是基础，政治则是经济的集中表现。这是我们对于文化和政治、经济的关系及政治和经济的关系的基本观点。"②在"新民主主义文化"一节中，毛泽东又进一步阐发了这一观点："一定的文化是一定社会的政治和经济在观念形态上的反映。"③"至于新文化，则是在观念形态上反映新政治和新经济的东西，是替新政治新经济服务的。"④毛泽东同志认为，这一观点坚持了马克思关于"人们的社会存在决定人们的社会意识"以及列宁关于"能动的革命的反映论"之基本观点，并指出"我们讨论中国文化问题，不能忘记这个基本观点。"毛泽东同志的这一文化观念影响了整整几代中国人的思想，以至于成为今日中国社会占主导地位的文化观念⑤。当人们谈起"文化"这一概念时，很容易认为就是指的思想观念等与人的思维相关的东西。

以上三种文化观的归纳，从哲学抽象的层面上大体可以反映中外学者、思想家关于文化概念的不同理解。这三种文化观，从文

---

① 我们应该注意到：此括号内的文字是毛泽东同志原文中就有的，我们可以看作是毛泽东同志在此处对"文化"概念所作的限定。那么，由此，我们也不排除在毛泽东同志的思想中，还存在着"当作其他形态的文化"的思想。

②③④ 毛泽东著：《新民主主义论》，载《毛泽东选集》第2卷，人民出版社1991年版，第663—664、694、695、664页。

⑤ 中国共产党第十五次代表大会基本上继承了毛泽东同志在《新民主主义论》中的思想观点，提出了有中国特色社会主义的经济、政治和文化纲领。

化发生学的原理看,都有其阐释的理由。如果我们先粗线条地把文化看作一种区别于自然界所赋予的一切事物的"人类的创造物"的话,广义文化观包容了人类创造的一切事物,即物质文化和精神文化之总和。从这一文化观出发,我们便可以理解现代社会被人们所贬抑的"文化大泛滥"、"文化大爆炸"等难以理解的文化词汇和用语,诸如半坡文化、仰韶文化、建筑文化、雕塑文化、饮食文化、服饰文化、酒文化、茶文化等等林林总总的文化之称谓和现象,因为这些文化类型是以物质为载体,但其中又包含了人类精神文化之底蕴;中义文化观则将文化的焦点集中在人类精神之创造方面,突显了人类精神的创造物,将人类的思维和与这种思维相联系的制度、组织机构等浑然为一体,有助于我们深刻认识人类的思想以及思想的外化物——制度这样一种既非心态又非物态之文化的本质属性及其相互联系;而狭义文化观即观念形态文化观则将文化的中心放置于人类的思维层面,即同人类的大脑相关的事物上面,如知识、思想、价值、心理等等隐型文化形态之上,加深对人类内在理念及自我意识之认识。

同时,我们还会发现,三种文化观各有其自身不同于其他种类文化的对应物,也即不同的分类标准。广义文化观的对应物是自然界(或自然物),即凡那些不属于人类创造之事物,不属于文化,这样一个文化的概念之包容是极其广泛的,可以说它包容了除自然界以外的所有人类之创造物、行为、思想等等;中义文化观的核心概念是"精神文化",它的对应物是广义文化观中所包含的"物质文化",即中义文化观不承认"物质文化"是文化,而只承认与人的精神相关之创造物及其表现形态(制度、组织等);狭义文化观的核心概念是"观念形态"或"意识形态",它与人类的大脑——即思想、意识相关连,它的对应物既不是物质文化,也不是精神文化,而是与社会意识形态相对应的"社会存在",这种"社会存在"具体化为社会经济、社会政治,而后者(社会政治)则又是前者(社会经济)的反映。

针对上述三种文化观,我们法律文化的研究对文化概念如何取舍,也即如何定位？任何一个研究者在使用和界定一个概念时,都是和他的研究对象分不开的。对于一个研究建筑文化的人来讲,他可能会认同广义文化观,因为他首先得面对各种各样形形色色的建筑物这一物质形态。建筑物是一种物质形态,但在这种物质形态之中,却包含着人类从古至今无数精神之创造、智慧、经验、知识等等,如法国的卢浮宫、埃菲尔铁塔；中国的长城、故宫、天坛等等。我们现在研究的是被谓之为"法律文化"的研究对象,这就决定了中义文化观将成为我们选取的文化定义。之所以选取中义文化观,主要基于以下几点理由：

第一,在我们对中义文化观进行描述时,我们会发现,中义文化观所涵盖的文化内容同马克思关于上层建筑的内容是完全一致的。马克思在《〈政治经济学批判〉序言》一文中指出："人们在自己生活的社会生产中发生一定的、必然的、不以他们的意志为转移的关系,即同他们的物质生产力的一定发展阶段相适合的生产关系。这些生产关系的总和构成社会的经济结构,即有法律的和政治的上层建筑竖立其上并有一定的社会意识形式与之相适应的现实基础。"[①] 马克思将社会结构分为两大块,即经济基础(也叫经济结构)和上层建筑。而上层建筑包括所有的制度形态和观念形态。

---

① 《马克思恩格斯全集》第13卷,第8页。

当代日本社会学家横山乔夫在研究文化概念时,涉及了马克思的经济基础和上层建筑理论以及与文化的关系。他说:"众所周知,马克思对社会结构看成是经济基础和上层建筑,经济基础即意味着进行生产的所有制关系和经济秩序的基础;在经济基础上形成的一切世界观、法律、政治、宗教、艺术的等理念形态就是上层建筑,而上层建筑中的一切理念性的文化都可以广义地理解为经济基础的意识形态。"①"意识形态(Ideology)也译作观念形态。"②当代美国文化学家罗伯特·达密柯在《马克思与文化哲学》著作中也专门研究了马克思关于文化和上层建筑的关系。他讲道:"我们所获得的关于马克思的知识应当用来理解马克思关于文化和上层建筑的关系的论述,这是合情合理的。"③ "马克思把文化比喻为经济基础之上的上层建筑"④,"马克思所说的上层建筑的意思以及这一比喻是如何包容一个社会的文化的,就必须先搞清楚劳动这个概念。"⑤把"文化"概念同马克思的上层建筑概念联系起来,绝不是一种牵强附会,而是一种必然的逻辑关联。理解马克思的文化理论,就必须从理解马克思关于经济基础与上层建筑的辩证唯物主义理论入手。在某种意义上,文化就是指上层建筑,文化包括了上层建筑的全部领域。无论是法律的、政治的、宗教的、道德的、哲学的、艺术的等上层建筑范畴的事物,都属于文化领域的范畴。

第二,中义文化观所涵括的社会意识形态和与之相适应的社会制度、社会组织机构之间存在的一种天然的、难以分割的内在关

---

① ② [日]横山乔夫著:《社会学概论》,毛良鸿等译,上海译文出版社,第174、173页。

③ ④ ⑤ [美]罗伯特·达密柯著:《马克思与文化哲学》,顾晓鸣等译,转引自《多维视野中的文化理论》,第92—93、94、80页。

联。他们两者都属于人类精神之产物。只不过两者的表现形式有所不同,而其本质上却是相同的,即都同人类的大脑思维相关联,都属于人类精神、思维之派生物,只不过一则表现为社会意识形态,一则表现为社会意识形态的外化物——社会制度和社会组织等形态。如果割断了这两者之间的联系,仅从"观念形态"上把握和定义文化概念,那就等于割断了他们之间的内在联系,将一个完整的体系分割为支离破碎的单元,无助于对人类精神现象之认识。

第三,我们研究的是法律文化。法律文化的研究对象主要是法律现象,而法律现象主要表现为法律意识形态和法律制度、组织机构及其派生物(历史、行为、活动等等)。这样一个对于法律文化的认识,决定了我们选取中义文化观。因为法律文化的构成内容同中义文化观的构成内容相吻合。

四、文化能否有附加词——法律文化的概念能否成立?

当今,人们已经很习惯的在各种意义上大量的使用文化概念,并给文化概念加诸许多前置附加词或后缀附加词等"意群",前置附加词如法律文化、政治文化、伦理文化、宗教文化、哲学文化、科技文化等等,后缀附加词如文化事业、文化产业、文化工业、文化法规、文化宪章、文化活动等等,这已成为社会生活和学术研究中的惯用术语,已成为人们习以为常能够接受顺手拈来的概念。但是,在文化学的研究中和文化概念的演进中,这一问题并不是一番风顺的,至今仍引起一些学者的争议。

法国文化学家维克多·埃尔是反对将文化概念和任何专业化概念混为一谈的一位学者,他说:"文化不应该和任何专业化概念混为一谈,不管它被称为医学文化、文学文化、哲学文化,还是科学文化或其他什么文化。所谓文化概念,就是按其本来面目对文化进行思考,而不加任何限定词。"① 同时,埃尔也指出,"不加限定词,并不等于和其他方面无关,比如政治。"②埃尔还较详尽地分析了产生这一现象的原因,他说,文化是一个时髦的术语,它在不断地产生新词,产生奇特的意群和乍一看令人难以理解的词组。这种简单词和复合词的大量增加,使本身已经十分复杂的语义范围无限扩展。埃尔指出:"它显然不单单是一种时髦的表现;各种迹象表明,它实际上表达了各种深刻的需要和忧虑。许多人甚至似乎把过去对政治问题的关心转向了所谓的文化现象。"③"这种词汇的大量增加所表达的愿望和需要的多样性,使'什么是文化?'这个无法回避的问题具有很大的现实意义。对此,只靠查词典是不够的。尽管词典是我们必不可少的宝贵工具,但靠它来给纷纭复杂的人类现实下定义还远远不够。"④

当代法国著名历史学家费尔南·布罗代尔在分析文化和文明的词语变化时,也讲道:"所有的词在使用中都有变化,而且必定会发生变化。这既由于科学术语的需要,也由于文化的潜在进步,还因为所有人文科学都面临思想和方法的危机。"⑤"活词汇不受任何框框的约束,每个人几乎都能随意去使用它。……就是眼下,这

---

① ② ③ ④ [法]维克多·埃尔著:《文化概念》,康新文等译,上海人民出版社1988年版,第15、15、1、3页。
⑤ [法]费尔南·布罗代尔著:《资本主义论丛》,顾良等译,中央编译出版社1997年版,第129、130页。

两个词(指文明和文化——作者)还在演变,原因十分简单:我们往往在模棱两可的名词后面加上含义比较明确的修饰词,例如说物质文明,精神文明,科学文明,技术文明(文化亦然),甚至说到经济文明。"①

按照埃尔的观点,文化就是文化。文化虽然同许多事物如政治、法律、宗教、道德等相关,但不应给文化附加上任何限定词。当然,他同时也稍带妥协地承认给文化附加上许多限定词"显然不单单是一种时髦的表现","它实际上表达了各种深刻的需要和忧虑"。而布罗代尔则充分肯定了这样一种现象,认为给文化概念加上修饰词,可以使含义变得比较明确。

文化的研究如同任何问题的研究一样,都有一个不断演进、发展、变化的过程。文化概念的演进,反映了文化本身的演进,反映了人们对文化现象的认识的深化。早期的文化研究,学者们将注意力放置于说明文化是什么,以及文化包括哪些内容,文化史的研究也是以此为线索而逐步展开。于是,语言、艺术、文学、诗歌、绘画、政治制度、法律、宗教、哲学、数学、道德等等都成为文化史研究的对象和内容。随着科学的发展和人类认识的进一步深化,人们感到需要寻求一种新的思维和方法,需要寻求一些新的概念、术语、词汇来表达自己的思想,也即埃尔所说的一种"深刻的需要"。于是,各种各样的文化附加词便出现了。

新的带有附加词的文化概念的出现并不同原有的文化概念解释相矛盾,相冲突。譬如,在被视为"经典性""权威性"的泰勒的文

---

① [法]费尔南·布罗代尔著:《资本主义论丛》,顾良等译,中央编译出版社1997年版,第129、130页。

化定义中,"文化是包括知识、信仰、艺术、道德、法律、习惯……在内的复合整体。"泰勒的定义中,强调了文化是一种"复合整体",那么,如果我们把这个"复合整体"予以分解,那就成为文化中有知识、信仰、艺术,文化中有法律、道德、习惯等等,因为它们都是组成文化复合整体的单元、要素、分子。用现代系统论的说法,是"文化子系统"。这样一种分解并非毫无意义的,也并非破坏了文化的整体性原则。分解是为了更深入地认识文化的整体性。只有在对文化的组成单元有了更好地认识之后,我们才能更好地认识文化的整体。梁治平先生把这叫做"循环解释"。他说:"事实上,我们通常并不是一般地谈论文化及其特征,而更多地是讨论它的某些方面:文学、艺术、宗教、哲学、法律、建筑、医学、语言等,毫无疑问,离开这些具体有形的领域即无所谓文化,但在另一方面,除非我们对于作为整体的文化有所了解,文化的这些部分也都无从认识。这是因为,在每一文化内部,不同的部分和方面不但彼此关联和互相渗透,而且共享和体现着文化的一般精神。所谓文化就是这样一个层层叠架而又互相包容的复杂和庞大的系统,其真实意义只能在不断地从整体到部分,再从部分到整体的循环往复中得到说明。"[①]

于是,当我们说"文化包括法律"或"文化中有法律"时,我们等于说出了一个新的文化概念,这个新的概念是这样演化而来的:由①"文化包括法律"→②"文化中有法律"→③"文化中的法律"→④"法律是一种文化"→⑤"法律文化"。其实,各种各样的文化新概念的出现都是沿着这样一个过程而出现的,只不过不同的"子文

[①] 梁治平编:《法律的文化解释》,三联书店1994年版,第32页。

化"概念出现的时间不同罢了。这些各种各样的"子文化"是构成文化整体或整体文化的基本单元,是整体文化不可缺少的组成部分。

"法律文化"作为一个新的文化概念,相对于其他子文化概念(如政治文化、宗教文化等)的出现,是稍晚时代的事情。据研究者的研究,在世界范围内此概念的出现,大约是20世纪60年代的事情。在美国,这一概念最早始于1969年[1],在苏联,最早始于1962年[2],在日本,最早始于60年代[3]。而在中国,将法律文化作为一个新的概念和问题进行研究,最早则始于20世纪80年代中期[4]。经过近十多年的研究,这一概念基本得到中国学术界的认可,获得了作为一个新文化概念的"合法性"地位。

五、法律文化概念研究的意义

法律文化既是一门新的法学理论,同时也是一个新的法学概念。当人们初次接触这个问题时,首先碰到的便是如何理解这个概念。不但是法学院的学生和法律职业工作者,就连长期从事法学教育的教师和法学研究人员,也都经常询问"法律文化是什么?"这个问题。尤其是在中国,法律文化的研究虽有十多年的历史,但至今这一问题还未得到很好解决和取得共识。

---

[1] 见[美]Susan Finder:《美国的法律文化观点》,《中外法学》1989年第1期,第63页。

[2] 见[美]范思深:《苏联的法律文化观点》,《中外法学》1989年第2期,第63页。

[3] 见何勤华:《日本法律文化研究的历史与现状》,《中外法学》1989年第5期,第53页。

[4] 见刘作翔著:《法律文化论》,陕西人民出版社1992年版,第30页。

从我们所接触到的美国、苏联、日本学者及我国学者的论述看,尽管他们对法律文化的研究方向各不一致,各有侧重,但所有的研究论著都不约而同地涉及了如何理解、界定法律文化概念、含义的问题。因为这实在是一个首要的问题。如果一个研究者对法律文化的基本含义没有自己的理解,那他对法律文化的研究不论从何种方向开展都无从入手或自我矛盾。概念是重要的。对法律文化概念的研究实属法律文化理论研究的首要任务和前提。美国法学家亨利·埃尔曼在研究比较法律文化问题时,就明确指出要"将法律文化的概念作为法律文化比较的焦点来研究,必须首先阐明该概念的含义。"[①]从国内近十多年的研究情况看,法学家们以认真、严肃的态度,以不同的理解,从各自不同的角度来力图科学的探求法律文化概念的含义。

要理解法律文化概念研究的意义,就应了解我国法律文化研究的大致方向,因为这一概念是贯通所有研究方向之中的。在我看来,我国法律文化的研究从一开始,便沿着大致五个方向展开:(1)法律文化基本理论的研究。此研究方向着重于说明法律文化的概念、内容、结构、类型、特征、研究价值等基本理论问题,以法理学界为主要研究力量;(2)法律文化比较研究。此研究方向运用文化比较的研究方法,侧重于对中外法律观念或东西方法律观念的比较分析,当然也有对法律制度的比较分析;(3)中国传统法律文化史的研究。这种研究的着重点是探讨中国传统法律文化的发展变化历史以及对现代中国法律文化的影响;(4)法律文化的社会实

---

① [美]Henry W. Ehrmann:Comparative Legal Cultures, Prentice－Hall, Inc. Englewood Cliffs, New Jersey, 1976, p. 6.

证研究。这种研究运用法社会学的研究方法以及其他方法,对当今中国各种社会问题或法律问题,从法律文化的角度进行分析和透视;(5)法律文化的部门法研究。即宪政文化、刑法文化、民法文化、犯罪文化、法官文化、狱文化等研究。以上五个方面的研究,对于说明法律文化问题,丰富法律文化的理论研究,都有其重要的作用和价值。其中,相对而言,法律文化基本理论对概念的研究和分析较多一些,这是由研究方向的学科属性所决定的。诚如霍贝尔教授所说:"在任何法律的研究中,理想的情况是法理学在尽可能的限度内同时创造词汇和概念。"[①] 法理学创造了新的词汇和概念,就理应对该词汇和概念作出尽可能合理的解释。

因此,对法律文化概念进行研究,不仅仅是法律文化基本理论的研究需要,而且是所有的法律文化研究所需要解决的一个核心问题。

第二节 国外学者关于法律文化概念的观点

武树臣教授在论及我国关于法律文化问题的研究背景时,提出了一个问题:"我们无法估计这一概念和课题(指法律文化——作者)在多大程度上受了国外学者的影响"[②]。的确,要准确地对此做出估计是很困难的。但毫无疑问,这种影响是客观存在着的。

---

① [美]E.霍贝尔著:《原始人的法》,严存生等译,贵州人民出版社 1992 年版,第 17 页。

② 武树臣等著:《中国传统法律文化》,北京大学出版社 1994 年版,第 12 页。

仅从时序上来讲,美国、苏联、日本等国家的法学界对法律文化问题的研究都早于我国近 20 年。这就不可能不影响到我国的法学界。尤其是自 70 年代末我国实行改革开放政策以来,那种完全封闭的社会生活状态已被打破,文化的相互交流必然会影响到社会的各个层面,包括法学学术界。对法律文化研究而言,其中影响最明显的一个事例是:我国较早研究法律文化问题的孙国华教授,在其 1985 年为中央电视大学撰写的《法学基础理论》[①] 一教材中,设"法律文化"专节论述了法律文化问题。如果我们仔细比较就会发现,孙国华教授在这本书中关于法律文化问题的论述,深受苏联学者 C.C.阿列克谢耶夫于 1981 年出版的《法的一般理论》一书中有关法律文化论述的影响[②]。此外,美国学者关于法律文化的概念、学说、理论、观点等对我国的法律文化研究也产生了较大的影响。

因此,在我们上一节对文化的概念进行了一些辩析,并对"法律文化"这一新文化概念是如何由文化概念引出和演化而来作了简要的分析之后,我们就应该着力对"法律文化"这一概念进行分析。为了对法律文化概念的讨论能在一个更为广阔的视野和范围内展开,有必要对国外学者关于法律文化概念的理解作一些介绍和评析。诚如上文所言,早于我国法律文化研究近 20 年的国外法

---

① 据作者在该书《序言》中讲,这本书最早是 1984 年下半年在中央政法管理干部学院讲课的讲义。我国法学界一些学者认为,孙国华教授的这本《法学基础理论》(此教材当时未公开出版,但被许多省市的电视大学印发),是我国学者最早研究法律文化问题的著作,"开创了法律文化研究之先河"。见何勤华主编:《当代中国法学新思潮》,上海社会科学出版社 1991 年版,第 90 页。

② 阿列克谢耶夫的这部《法的一般理论》的中译本,由黄良平、丁文琪译,孙国华校,于 1988 年由法律出版社正式出版。

学家关于法律文化的概念、理论、学说、观点对我国的法律文化研究产生了一定的影响。其中影响最大的是美国、苏联和日本。通过这些评介，便于我们了解国外学者是在何种意义上理解和使用"法律文化"这一概念的。同时，也为我们的进一步研究提供参考和借鉴。

一、美国学者对法律文化概念的理解

在美国，关于法律文化的研究约始于20世纪60年代。据美国学者苏姗·丰德尔(Susan Finder)介绍，美国法学界有关"法律文化"概念的出现和使用明显地受美国政治学研究中关于"政治文化"概念的影响。苏姗·丰德尔甚至说，美国学者最初所使用的"法律文化"概念"似乎是从政治学家那里借来的，后者自1956年以来就一直使用'政治文化'一词。"[①] 而梁治平先生在谈到一本被中国法律文化问题研究学者经常引用的美国学者——一位政治学教师——亨利·埃尔曼著并译为中文的《比较法律文化》一书时，也说："他只是把'政治文化'概念推广而用于法律研究"[②]。的确，从"政治文化"和"法律文化"在美国出现的时序上来看，美国学者的"法律文化"概念深受"政治文化"概念影响，并且，正是由于这种影响，美国学者关于法律文化的概念在内容上基本上接近于政治文化概念。美国关于政治文化的定义很多，但较早下定义并影响较

---

① [美]Susan Finder:《美国的法律文化观点》，郭宝平译，《中外法学》1989年第1期，第63页。

② 见梁治平编:《法律文化:方法还是其他》，《法律的文化解释》，三联书店1994年版，第2页。

大的数加布里埃尔·阿尔蒙德的定义:"政治文化是一个民族在特定时期流行的一套政治态度、信仰和感情"①。这个定义将政治文化视为一套有关政治的观念系统。我们在下面所列举的几位主要美国法学家的法律文化定义中,可以看出这种影响的明显痕迹。

1. 劳伦斯·弗里德曼的法律文化观点

据苏姗·丰德尔介绍,美国法学家劳伦斯·弗里德曼是在美国最早使用"法律文化"概念的学者。1969年,弗里德曼在《法律与社会发展》杂志上发表了一篇题为《法律文化与社会发展》的文章,首次提出了"法律文化"的概念,自此,"法律文化"概念开始在美国学者中流传起来。1975年,弗里德曼出版了《法律制度》一书,更加全面深入地讨论了"法律文化"这一概念。他是这一概念的最著名的提出者②。

弗里德曼认为:"法律文化一词泛指一些有关的现象。首先,它是指公众对法律制度的了解、态度和举动模式。人们的感觉和行为是否认为法院是公正的?他们什么时候愿意使用法院?他们认为法律的哪些部分是合法的?他们一般对法律有多少了解?这种态度各人不同,但是我们可以谈一个国家或集团的法律文化,如果有能把它与其他国家或集团的文化区分开的模式。一种特别重要的集团法律文化是法律专业人员的法律文化,即律师、法官和其他在法律制度的神奇圈子里工作者的价值观念、思想意识和

---

① [美]加布里埃尔·A.阿尔蒙德等著:《比较政治学》,曹沛霖等译,上海译文出版社1987年版,第29页。
② [美]Susan Finder:《美国的法律文化观点》,郭宝平译,《中外法学》1989年第1期,第63页。

原则。"①可以看出,弗里德曼将法律文化界定于人的主观意识范畴。他还从"文化独特性"的原理及其法律现象出发,认为各个国家不同的一些法律现象"表明法律文化是与整个文化具有有机联系的有血有肉的习惯,而不是某个社会可以选择或购买因而不具有任何特定社会遗传标志的中性人造品。"②

如果将"法律文化"界定为人们的主观意识范畴和习惯,弗里德曼自然得出如下一个结论:"法律文化的概念表明至少在某种意义上每个国家或社会有其法律文化,没有两种法律文化完全相同,正如没有两个社会政治,社会结构和一般文化完全相同。"③"每个国家有与众不同的法律文化。但是法律文化很难研究,比较文化的系统材料很少。所以,我们只有一些印象。有没有一种专门美国的法律文化,即整个国家共有或合理地共有的态度和价值观念,与其他国家的态度和价值观念不同的?答案并非清楚。国家文化是一种聚集体,很难与其他聚集体比较。"④

在弗里德曼的法律文化定义中,"态度"和"价值观念"是两个核心概念。在某种程度上,他认为"态度"占据了法律文化的很大比例和份量。而且"态度"影响着法律结构的建造。反过来,已建造的法律结构又影响着人们的"态度"。弗里德曼也讲道:"当然,态度只是一部分问题。法律文化是重要的,因为态度帮助制定对法律制度的真实要求,起作用的是产生行动的态度。文化建造结构,结构反过来对态度起作用,因为它规定什么是可能的,确定什么是普通的并形成那种文化中思想转动的圈子。而且,结构是态

---

① ② ③ ④ [美]弗里德曼著:《法律制度》,李琼英等译,中国政法大学出版社1994年版,第227—228、228、223、224页。

度的宝贵证据。始终如一的结构模式透露出根本的态度,犹如衣服显示形体。态度和结构相互作用。例如,遗嘱和继承法中能看出不少社会对财产、家庭和死亡的态度。反过来,继承法的结构规定我们死时如何处理我们的财产,其他方法成了不可设想的。当人们习惯于诉讼的想法时,即把纠纷提交法院,法院将会很忙,有威望。人们看到法院很忙,有威望,这影响他们自己的观点。情况就是如此。"[1] 他想说明一个国家的法律结构是根据这个国家的人们对法律的态度而建造起来的,"结构是态度的宝贵证据","结构模式透露出根本的态度";反过来,法律结构一旦建立,又对人们的"态度"起决定性影响作用。

从这种以"态度"作为法律文化的核心要素出发,弗里德曼描述了美国法律文化的两大特点:一个就是权力的分散。美国1787年的宪法特别关心制衡概念,政府方案是联邦制。各州保留很大权力。他认为,美国宪法是这种态度(即分权制衡——作者)的后果,不是原因,然而美国宪法又可能有助于使它(指分权制衡的态度——作者)保留至今。为了说明美国法律文化的这一特点,他举例说:"我们必须记住,其他国家同样坚持要制衡,但是是在纸上,实践中却不理会这些话。在美国,制衡哲学如此突出,可以称之为法律文化的独特标志。"[2] 另一个特点就是"要求意识"。他说:"要求意识是美国法律文化的又一方面。有些文化对诉讼有顾虑。在敢作敢为地追求合法权利方面,美国人至少在现代国家中是排在前列的。美国人不怕到法庭来争取其权利。至少这是给人的强烈

---

[1][2] [美]弗里德曼著:《法律制度》,李琼英等译,中国政法大学出版社1994年版,第245、246页。

印象。"① 他说,司法审查政府行动的诉讼,虽然绝对数不多,但特别重要。法官能够推翻重大的政治和经济安排。要求意识强烈的诉讼人把案子提交给愿意作出响应、很积极的法官。②

弗里德曼还提出了"外部法律文化"和"内部法律文化"的区分:"外部法律文化是一般人的法律文化,内部法律文化是从事专门法律任务的社会成员的法律文化。每个社会都有法律文化,但只有有法律专家的社会有内部法律文化。启动法律过程的是对制度的要求,利益必须转变成要求。本是外部法律文化一部分的态度和要求必须加工使之符合内部法律文化的必要条件。"③ 弗里德曼认为,法律制度的建立,在很大程度上是由内部法律文化形成的。法律职业圈(如律师、法官)的法律文化对整个社会的法律实践有很大的引导作用。当一个法律程序产生以后,作为外部法律文化的组成部分的看法和行为必须符合内部法律文化的要求。

可以看出,弗里德曼关于法律文化概念的理解,主要是指社会中不同阶层的人们对法律制度的态度、看法和行为方式,是有关法律现象的观念形态。此外,他关于两种法律文化的区分及相互间关系的论述,是从美国社会客观存在着的现状出发的,这一现象在其他国家也是存在着的。法律职业阶层代表的是社会中占主导地位的法律文化,而普通人阶层代表的则是大众社会的法律文化。大众社会的法律文化必须符合法律职业阶层的法律文化的要求。这一分析的结论颇有趣味。这里面的实质是:法律职业阶层的法律文化在一个社会中居于主导的、统治的地位,并且它有可能由观

---

① ② ③ [美]弗里德曼著:《法律制度》,李琼英等译,中国政法大学出版社1994年版,第248、248、223页。

念形态演变为制度形态的法律规范和法律制度,为社会创造出符合法律职业阶层的利益和要求的行为准则。由于弗里德曼是美国学者中关于法律文化理论的最早提出者,他的法律文化理论对其后美国的法律文化观以及世界各国的法律文化观产生较大影响。

2. 埃尔曼和梅里曼的法律文化观点

1976年,美国法学家亨利·埃尔曼(Herry Ehrmann)出版了《比较法律文化》一书。在书中,他专门用了一节讨论了法律文化的概念。埃尔曼首先指出,在比较法律文化中,要将法律文化的概念作为比较的焦点来研究。表达了作者对法律文化概念的充分重视。他认为,对于学习比较政治学的学生来讲,"政治文化"这一概念已经赢得广泛的接受,它可以对政治生活的许多方面提供令人满意的解释。但是他们对法律文化这一概念还较陌生,还不大懂得法律文化与政治文化之间有怎样的联系。因此,必须首先规定法律文化的含义。

埃尔曼将法律文化定义为个体的意愿与如何发挥法律制度功能之间的联系环节。在讨论法律文化概念时,埃尔曼介绍了两位美国学者的法律文化定义。其中一位就是我们前面介绍的弗里德曼的定义,另一位则是斯坦福大学教授约翰·梅里曼的法律文化观点。梅里曼使用的是"法律传统"一词,而在埃尔曼看来,"法律传统"与他所说的"法律文化"概念极其相似。梅里曼认为,法律文化是"关于法律的性质、关于法律在社会与政治体中的地位、关于法律制度的专有组织和应用以及关于法律实际或应该被如何制定、适用、研究、完善及教授的一整套植根深远、并为历史条件所制约的观念。法律传统将法律制度与它只是其中一部分的文化联系起来。"①

在介绍了两个法律文化定义之后,埃尔曼指出,如果这些便是法律文化研究所试图回答的问题,那么,很明显,法律文化与政治文化的概念之间存在着密切的关系。研究政治文化的学者从文化的许多含义中选择了个人或集团的心理倾向作为对象。对政治制度及其机构的态度分为认同的、情感的、评价的或合乎规范的三个层次。它们限定了政治行为发生于其中的种种情况。用政治文化把个人观念中的变化与政治机构发挥其效用的方式联系起来,人们可以弥补对政治环境中个人的研究与整个政治制度的研究之间的裂痕。埃尔曼认为,法律文化也可以发挥这样的纽带作用。法律制度的操纵者与使用者及受害者的情感、信仰、态度与该法律制度发挥作用的方式有很大的关系。大多数公民对于法律制度的具体内容的了解比对于政治的了解更少。一般民众对于法律机构运转的适当方式方面的想法可能是极其模糊的,而且一般说来比起对于政治信条与制度的舆论来要缺乏激情。对于具体法律机构的喜欢或厌恶总是与培育出这种法律制度的传统和文化相联系着②。

从埃尔曼和梅里曼对法律文化的理解看,他们将法律文化看作是一种凝结在法律制度中的文化因素,说明法律制度与该制度产生的社会文化有着密切的关系。他们认为"法律文化是传递行为传统的重要工具",法律文化起着一种将个体的意愿与法律制度联系起来以发挥功用的纽带作用。

---

① ② 转引自[美]埃尔曼著:《比较法律文化》,贺卫方等译,三联书店1990年版,第20、22页。

3.L.S.温伯格与J.W.温伯格的法律文化观点

1980年,美国大学出版社出版了匹兹堡大学两位法学教授L.S.温伯格,J.W.温伯格的《法律与社会》一书。在该书中他们对法律文化的概念作了如下的阐释:"法律文化这个概念包括人们对法律、法律机构和法律判决的制作者,诸如律师、法官和警察等人的知识、价值观念、态度和信仰。"[①] 从这个定义看,法律文化有三个层次的内容:(1)人们对法律的知识、价值观念、态度和信仰;(2)人们对法律机构的知识、价值观念、态度和信仰;(3)人们对于参与法律判决的制作者的知识、价值观念、态度和信仰。关于这一点,他们在该书的另一处讲的更为清楚和明确:"法律文化基本上是指人们对法律、法律机构和对法律裁决的制作者的各种观念、态度和期望。法律文化作为一种观念,可以同法律的实质,也就是说同法律、法律机构即法院、警察部门和上诉管辖等组织方面的现实内容区别开来。"[②] 既然法律文化是一种观念形态,那么,他们就认为,研究美国的法律文化,就应该运用社会学的研究方法,从事广泛的社会调查,搜集有关美国人对于法律的态度和观念以及有关法律的各种现象的情报资料,来构画出一幅美国人对法律文化所持的观念图景。他们还认为,法律文化的重要性在于"人们使用法律的意愿,人们对于法律解决问题的能力所抱有的希望,人们选择法律的解决办法或者非法律的解决办法的意愿,以及人们遵守法律判

[①] [美]L.S.温伯格,J.W.温伯格:《论美国的法律文化》,潘汉典译,《法学译丛》1985年第1期,第1页。

[②] [美]L.S.温伯格,J.W.温伯格:《论法律文化和美国人对法律的依赖性》,潘汉典译,《法学译丛》1987年第1期,第21页。

决的程度,所有这一切都同法律文化紧密地联系着。"① 这实际上是指,法律在整个社会生活中的实际地位和实际作用在很大程度上取决于人们对它的认识和信仰程度,也即法律文化的程度。在这里,我们看到了与前面所述梅里曼、埃尔曼等极其相似的表述。

4. 阿伦·沃森的法律文化观点

1983年,美国比较法学家阿伦·沃森在《宾州大学法学评论》上发表了题为《法律的变迁:法律的渊源与法律文化》的文章。按照他的观点,一种规则如不与法律文化相符就不能变成法律。然而,一种法律的变迁却可以仅仅是法律文化变化的结果。他认为,在法律变迁的过程中,法律文化对于法律变迁的实质、程度和决定时机有着巨大的力量的鉴赏力。许多法律问题的争论和最后的决定,并不一定是出于对于当前实践的关心,而是由现存法律文化的原则所决定的。沃森在他关于法律文化观点的基础上,提出了法律发展的三种特征:第一,即使在自觉的法律改革的时期,法律的渊源常常不被看作是改革的候选者。第二,提出或进行根本的法律改革的,只能是处在法律文化内圈之外的人(这一观点正好与弗里德曼的观点相左)。第三,法律文化可以使我们很好地理解法律变迁的跨国特征,这就是在很大程度上,一个社会的法律制定者与其他社会的法律制定者具有共同的法律文化。最后他强调指出,法律实施作为文化,不仅在实际效果对作为整体的社会的经济、社会、政治无关紧要的情况下而起作用,而且也在实际效果对整个社

---

① [美]L.S.温伯格,J.W.温伯格:《论美国的法律文化》,潘汉典译,《法学译丛》1985年第1期,第1页。

会极其有害的情况下发挥作用①。

沃森研究的主题是关于法律文化在法律变迁过程中的作用。法律变迁是社会变迁的一个十分重要的内容。在这一变迁过程中,他认为法律文化起着巨大的作用。他将这种作用描述为:一种法律的变迁完全是法律文化变化的结果。法律文化对法律乃至整个社会的变迁起着先导作用。从他的整个论述来分析,他所使用的法律文化概念,其指向也是一种观念形态。

分析以上几位美国法学家的法律文化观点,可以明显地看出,他们对于法律文化的概念基本上作以下理解:(1)法律文化是一种法律观念形态。具体指的是社会上人们对于法律及法律现象的一系列认识、信仰、看法、态度等等;(2)法律文化多被用来说明不同社会的法的产生、发展所仰赖的文化传统和文化因素以及由不同法的文化传统而形成的各种不同类型的法系;(3)在不同的法律及法律制度中,凝结着各自所特有的文化因素,这种文化因素对法律及法律制度的产生、发展、变化具有巨大的力量和作用。我们将上述美国法学家所理解的这种法律文化观点称之为"狭义法律文化观"或"观念形态法律文化观"。当然,也有个别美国法学家,如威廉·弗尔丁·沃堡则认为,法律文化除法律观念形态外,法律制度也应包括在其中。

二、苏联学者对法律文化概念的理解

据美国学者范思深(译音)1989年撰文介绍,"法律文化"的概

---

① [美]Susan Finder:《美国的法律文化观点》,郭宝平译,《中外法学》1989年第1期,第64页。

念在苏联已经讨论了大约25年多。由于苏联法律研究学会以政治学的研究为中心,又由于"法律文化"的概念符合马克思主义历史前进性的观点,因此,与西方相比,"法律文化"的概念在苏联更多地受到学术界的注意。下面,我们根据范思深介绍的情况以及其他一些相关资料,对苏联法学家关于法律文化的几种观点作一简要述评。

1. E.A.罗卡斯希娃的法律文化观点

苏联学者中最早讨论法律文化的是E.A.罗卡斯希娃。她在1962年写了一篇名为《共产主义建设时期的法律意识与法律文化》的文章。按照她的观点,法律文化是法律意识发展到高水平的现象。她认为,每个人都有法律意识,这种法律意识指关于法、合法、公正的看法,这些看法有时是自发形成的。她确信,法律文化是指立法知识、对苏联法律的深切关心、正确理解法律的能力以及遵法守法达到的一定水平,按照罗卡斯希娃的观点,法律文化是与苏联的合法性的不断增加密切相联系的[①]。

分析罗卡斯希娃的观点,她对法律文化概念的理解与美国学者的看法大相径庭。在她看来,法律意识与法律文化是两种互相区别又互相联系的法律认识,是法律认识的不同发展阶段。法律文化是法律意识发展到高水平的现象,是一种接受过法律教育之后,剔除了那些自发形成成分的高级形式的法律意识。她认为每个人、每个社会阶层都有自己的法律意识,但并不一定具有法律文

---

① 见[美]范思深:《苏联的法律文化观点》,郭宝平译,《中外法学》1989年第2期,第63页。

化。(而弗里德曼则认为每个社会都有自己的法律文化,只不过分为外部的和内部的法律文化而已)。这同我们所了解的西方早期关于文化概念的发展形成有某种相似之处。西方在关于文化概念的发展中,提出了一个比较含混的"人民文化"的概念,它首先意味着人民阶层也拥有一种文化。它把高级形式的文化与其他形式的文化加以区别。只有那些富有的和受过教育的特权者才能够获得高级形式的文化。而对于其他形式的文化,既不称它是中级的,也不说是低级的,而是称其为"人民的"[①]。后来,这种"人民文化"的概念又演化为"大众文化"的概念。罗卡斯希娃的法律文化观,将"法律意识"看作是一种大众文化形式,而将法律文化则看作是一种高级文化形式。此外,在罗卡斯希娃的观点,还隐含了把法律文化看作是一种作为"正价值"的,对社会发展起促进作用的法律观念形态,剔除了"法律文化"有"负价值"的、对社会发展有害的那些成分。

2.O.S.克拉萨切柯夫的法律文化观点

苏联关于法律文化的另一主要著作是O.S.克拉萨切柯夫在1968年发表的《社会主义法律文化的基本特征及其意义》一文。克拉萨切柯夫批评了罗卡斯希娃关于法律文化的观点并阐明了他自己的观点。他认为,罗卡斯希娃关于法律文化的观点是片面的,她只是把法律文化看作是法律教养(普通人民关于法律和他们应如何依法行动的教育状况)的一部分。在他看来,一个社会的法律教养反映社会的法律文化,但它并不等同于法律文化。克拉萨切

[①] 参见[法]维克多·埃尔著:《文化概念》,第13页。

柯夫认为,每个社会都有其法律文化。他把法律文化定义为社会在历史发展的某一特殊阶段上的观念形态的法律状况。分析他的观点,可以看出,他同罗卡斯希娃的主要分歧在于他将法律文化看作是一种在任何社会及个人当中都存在着的文化。他认为,任何社会都有法律文化,法律文化就是社会在某一特定历史发展阶段上的法律观念状态,并不存在高级(即法律意识发展到高级水平)和初级(即自发形成的法律意识)之分。

3. V. 切克伐兹的法律文化观点

1970年,苏联共产党中央委员会的杂志《共产党人》发表了V. 切克伐兹的《现阶段的法律与法律文化》一文,把法律文化的思想介绍给苏联的广大读者。切克伐兹写道:社会主义法律文化是一个由一定的法律思想、道德规范和其他精神价值构成的体系,它形成法律意识并指导社会团体、集体和个人依据社会主义法律和合法性的要求来行动。由此可以看出,他的观点与克拉萨切柯夫的观点是一致的。

4. V.A. 卡明斯基和 A.R. 拉弟诺夫的法律文化观点

1974年,法律文化成为V.A.卡明斯基和A.R.拉弟诺夫主编的一本论文集的主题。他们为这本论文集写了一篇文章。他们在文章中提出,法律文化应该被理解为那些与法律的作用以及在人民意识中和行动中反映的有关的物质要素和精神要素的体系。它包括如下要素:作为规范体系的法律;法律的各种关系;法律制度;法律意识以及人们与法律有关的行为。卡明斯基与拉弟诺夫关于法律文化的观点,明显地与克拉萨切柯夫、切克伐兹的观点不同。

最大的不同是:他们将法律文化看作是一种与法律及人民意识和行为中反映的有关法律的物质及精神要素的体系。在这个体系中,除了法律意识之外,他们将作为规范体系的法律、法律制度、法律的各种关系以及法律行为等,都作为法律文化的构成要素。他们的观点,无疑扩大了法律文化的范畴和研究对象,使法律文化的研究在一个更广阔的视野中得以展开。

5.N.M.凯西罗夫的法律文化观点

苏联著名学者 N.M.凯西罗夫于 1983 年出版了一部关于法律文化的著作。他在评论其他苏联学者关于法律文化的观点之后,提出他本人关于法律文化的观点。他写道:法律文化是一个极其复杂的现象。与法律规范的知识和意见一样,尤为重要的是,那些帮助保护和实现客观存在的阶级利益的法律规范的实施。他说,社会主义法律文化以全苏维埃的社会政治和意识形态的整体以及社会共同利益的核心为基础①。看来,凯西罗夫的法律文化观注重的是法律规范的实施。

6.C.C.阿列克谢耶夫的法律文化观点

苏联法学家 C.C.阿列克谢耶夫在他 1981 年出版的《法的一般理论》一书中,将"法律文化"置于"法和法律意识"章节之中,并对法律文化作了论述。阿列克谢耶夫认为:"法律文化是一种特殊的精神财富。它表现在法的调整素质,积累起来的法的价值以及

---

① 以上苏联学者的观点见[美]范思深:《苏联的法律文化观点》,郭宝平译,《中外法学》1989 年第 2 期,第 63 页。

法和法律技术中。法律文化属于社会精神文明。它反映了法律进步内容已经达到的发展水平上的那些特点。"① 阿列克谢耶夫的法律文化观较为独特,他并没有对法律文化作具体描述,而只是指出了法律文化是一种表现在与法有关的一系列事物之中的精神财富。阿列克谢耶夫介绍道:近些年,法律文化的问题吸引了苏联学者们越来越多的注意。关于法律文化的定义,如果说最初主要是说明纯主观的因素——对法的了解和理解的水平等,那么,现在,重心则转移到了说明法律文化是某种状态。甚至还有人认为,法律文化是社会的法律——思想状态。在说明法律文化时,主要是把法律文化和对法的价值的描述,和法律价值的存在与发展联系起来②。

7.A.P.西米特柯的法律文化观点

1987年,苏联一位青年教师A.P.西米特柯发表了一篇题为《社会主义社会的法律文化:实质·定义》的文章。文中提出了他本人对法律文化的定义。他认为,法律文化具有系统化的特性,它包括两个方面的发展水平:一是法律生活的发展水平;一是法律生活准则的发展水平。这些准则是建立在与社会经济、政治结构所要求的条件相对应的法律制度的现存条件基础之上的③。

分析苏联法学家对法律文化概念的理解,他们之间存在着一定的差异。在经历了20多年对法律文化理论间断的讨论和研究

---

① ② [苏]C.C.阿列克谢耶夫著:《法的一般理论》上册,黄良平等译,法律出版社1988年版,第220、223页。
③ [美]范思深:《苏联的法律文化观点》,郭宝平译,《中外法学》1989年第2期,第63页。

之后,苏联法学家已不仅仅把法律文化看成一种纯粹主观的、思想意识的观念形态,而是倾向于把法律文化视为一种广泛而复杂的现象,它包括主观和客观两种因素在内的"状态"。当然,他们在对这种"状态"的描述上不尽相同。法律意识虽然是法律文化很重要的因素之一,但并不是法律文化的全部内容。这无疑是法律文化理论上的一个进步。此外,以卡明斯基和拉弟诺夫为代表的法律文化观,是一种值得注意的观点。他们关于法律文化的界说及构成要素的分析,代表了苏联学者的一种新的研究趋向。

三、日本学者对法律文化概念的理解

日本对法律文化的研究已有几十年的历史。据我国学者何勤华教授的考察,日本对于法律文化的研究,早在本世纪20年代就已开始。1923年,日本就出版了由早稻田大学教授中村万吉翻译的,德国著名法学家F.柏劳尔茨哈伊姆写的《法律及经济的文化史考察》一书。该书的翻译表明了日本学者对法律文化研究的兴趣。但从总体上说,当时的法律文化研究尚处在一种萌芽状态。对法律文化进行比较系统的研究是在本世纪60年代。进入80年代后,日本法学界对法律文化的研究热情进一步高涨,出版了一些有影响的著作和论文。其中,日本法文化学者千叶正士教授的《法律多元——从日本法律文化迈向一般理论》一书,对法律文化问题进行了专题研究。他在收入此书的于1996年撰写的《法律文化的操作性定义》一文中指出:在日本,有关"法律文化"的实质性问题,主要是以"法律意识"的用语和观念作一般性研究(例如川岛1967、六本1983等多数学者的论述),此外,还有一些以"法律观念"(例如大木1982),"法律感觉"(例如中川1985)等其他用语对这一问题加以论述的,"法律文化"这一用语,通常作为上述用语的同义语、同类语或总称而加以使用[1]。千叶正士教授同何勤华教授对日本法律文化的考察研究侧重点的分析是一致的。下面,我将根据何勤华先生介绍的情况[2],对日本学者关于法律文化概念的几种主要观点作一简要概述。

1. 川岛武宜和大木雅夫等的法律文化观点

日本著名法社会学者川岛武宜和比较法学者大木雅夫等人认为:法律文化表示的内容虽然主要是法律制度、设施等,但基本精神根植于人们的观念、意识中。东西方法律制度之所以不同,是由于法律所得以产生、发挥社会功能的文化背景不同。而这种文化背景的一个重要的、也可以说是基本的因素,就是人们的法律意识或法律观念。正是在这个意义上,人们理解法律的社会意识背景时,将其称为"法律意识,或者有时就称为法律文化。"因此,在他们看来,法律文化就是法律意识。

2. 田中茂树、石井紫郎、铃木敬夫等的法律文化观点

日本学者田中茂树、东京大学教授石井紫郎、扎晃学院教授铃木敬夫等人认为:所谓法律文化,实际上是指法律所赖以产生和发展的传统的历史文化背景,离开了对传统的、历史的文化的研究,

---

[1] [日]千叶正士著:《法律多元——从日本法律文化迈向一般理论》,强世功等译,中国政法大学出版社1997年版,第229—230页。
[2] 何勤华:《日本法律文化研究的历史与现状》,《中外法学》1989年第5期,第53—56页。

就不可能揭示法律文化这种现象的本质和特征。因此,他们认为,广义的法律文化,不仅包括在法律体系和文化体系交错、重复之领域内生成的、以西方的"法治主义"和东方的"德治主义"相区别为基础的法律的结构和社会功能,还包括了与西方法治国相异的东方传统思想支配之下的人们的风俗、习惯、规范、实践活动等内容。这类观点实际上已将法律文化具象化了,即引入了具体的关于法律文化的内容概括。

3. 矢崎光圀等的法律文化观点

日本法哲学家矢崎光圀等人认为:法律文化应是社会各界人士对法律的态度、价值判断、意见等一切已经形成的,以思想意识形态为特征的文化要素。他们认为:"所谓法律文化,是隐藏在社会上的各种力量,或者说各种利益集团、个人所主张的、对该社会的法律制度提出的各种各样要求背后的一种社会现象或因素。它表现为人们的态度、价值观、行动方式。其表现方式或表现特征可以从各种具体问题中看到。比如:人们对法院和法律工作者所抱有的想法即是其中的一个:审判、法律是否公平?什么时候以什么理由利用法院、律师和诉讼手段为好?法律中有哪些部分是正当的应加以利用?普通公众对法律具有哪些知识?等等。这些就是可以举出的法律文化的具体问题。"我们可以发现,矢崎光圀等人对法律文化的观点与美国法学家弗里德曼的观点极其相似,基本上是来自于弗里德曼的译本。他们还认为:由于法律文化问题涉及面较广,因此,它的学术交叉性不仅仅局限于基础法学(如法哲学、法社会学、法史学、比较法学等)内的各个领域间,还存在于法学和人类学以及与文化的多样性相适应的多种社会科学之间。因此,他们认为,法律文化的概念比法律思想要广泛得多。

4. 北村隆宪等的法律文化观点

东京都立大学法学教授北村隆宪等人认为:法律文化的概念,应该从与法的工具属性(如解决纷争,判断价值,统治社会等)相对应的非工具属性的侧面来认识,即从作为真实反映我们社会形象而创造出来的法这种文化的象征性理论体系来认识,由此来加深、扩大法律文化的概念。这种观点主要强调了对法律文化概念的认识方法,祛除了法的实体内容和价值功能,侧重于从法作为一种文化象征符号的理论体系角度来认识、理解法律文化。

5. 千叶正士的法律文化观点

日本法文化学者千叶正士教授1996年在日本《东海法学》第16号上发表了《法律文化的操作性定义》一文,此文对日本法律文化的研究状况作了一番系统的检视,尤其是对有关日本法律文化的概念进行了分析。他指出:从日本对法律文化一语的实际用法看,其问题意识多有不同,但大体上,都直接或间接地以日本人的法律意识与其他民族、特别是欧美的比较为主要目的。在概念上,或采用弗里德曼的表述,即,法律文化是"有关法的态度、价值观、意见",或对此加以阐释发展(如矢崎1983;池田1991;及其他)。他指出,弗里德曼的概念在国外也是通用的(例如 Hamilton & Sanders,1992)[①]。然而,有些日本学者感到仅此不足以揭示法律文化的实体,试图进一步深入研究,例如宫泽节生"强调根据政治、

---

① 可见弗里德曼的概念流传至深、至远、至广。

经济、及其他结构性变数进行分析的必要性",将法律文化表述为:"在集团内占统治地位的行动样式、社会关系、社会结构等背后潜在的规范、规则和准则。"而千叶正士本人1988年对法律文化定义为:"作为法所表现出来的一个社会所特有的文化形构",他认为,包括他的定义在内,虽然这些表述都揭示了法律文化这一用语所指明的考察对象所具的共通特征,但由于没有作出明确的概念规定,特征的揭示本身还不足以成为客观通用的科学用语。1996年,他又提出了一个"法律文化的操作性定义",该定义将法律文化界定为:"以法的同一性原理加以统合的各种官方法、非官方法、固有法、移植法、法律规则、法律原理等组合的整体,以及国内的各种法、国家法、世界法等的多元结构及其文化特征。"作者对此定义作了许多说明①。

上述日本学者对法律文化概念的理解,虽然在论述上存在着差异,但在总体上比较注重把法律文化理解为法律得以产生、发展、变化的社会历史文化背景和作用以及相互关系。法律文化侧重于对法律意识的研究。

何勤华教授还对日本法律文化研究的特点作了如下介绍:(1)以法律意识作为法律文化研究的核心与出发点。产生这一特点与日本近代历史发展乃至法制史的发展有密切关系。日本从明治维新时期就开始了大量引入西方法制,从而奠定了日本资产阶级法制的基础。到了20世纪,尤其是第二次世界大战后,作为战败国的日本,在经济复苏和起飞过程中,更是大量吸收引入了西方法

---

① 参见[日]千叶正士著:《法律多元——从日本法律文化迈向一般理论》,强世功等译,中国政法大学出版社1997年版,第231、246页。

制。但日本的法律意识由于受日本社会历史的、传统的文化约束，有一种习惯的惰性。日本学者发现，在日本历史上没有权利这个词，原因是日本的封建法制使劳动阶层只有尽义务而形成的义务观念，因此没有使用该词的必要。日本法学家川岛武宜认为，日本固有的缺少权利意识的传统直到目前还影响着日本社会。为改变这种状况，日本学者将法律意识作为法律文化的核心来加以研究。(2)注重比较法律文化的研究。日本学者认为，进行法律文化的研究是为了提高公民的法律素质和完善法制系统，建设一个高度发达的"法治国家"。要完成这一任务，就要注意学习世界各国的法制经验和法律文化。因此，就须十分注重比较法律文化的研究。(3)注重对日本传统法律文化的研究。日本学者认为，日本的法律近代化，是在大量吸收西方法律制度的情况下实现的。因此，搞清日本法律近代化与日本传统社会的意识、文化的关系，对于认识现代日本法律制度就是一个至关重要的问题。他们力图搞清楚日本古代社会的传统法律文化是一种什么状况，它又是如何影响法律制度的形成、发展、变化以及人们法律意识的消长的。(4)注重社会调查，将法律文化的研究与社会现实生活联系起来。他们并不局限于把法律文化作为一种抽象的理论，而是看作对社会实际生活能够进行指导并能作出有用解释的实用型理论。他们围绕社会现实问题展开各种社会调查，以弄清日本各阶层人士的法律意识状况，并进一步推动法律文化的研究，使法律文化理论与社会实际生活相结合。

　　从以上特点可以看出日本学者在研究法律文化理论中的现实主义(或务实主义)的态度。这种现实主义态度将一种理论或学说看作是对社会生活能够发生实际功用的价值应用体系，而不只是把它当作一种书斋中或大学教堂上的抽象理论。此外,他们在研究中的多角度、多方向以及大胆地兼容并蓄的开放姿态,也是服务于该学说的实用性之目的的。

第三节 我国学者关于法律文化概念的观点

20世纪80年代中期,"法律文化"问题引起了我国法律教育工作者和法学研究工作者的兴趣和关注,兴起了对"法律文化"问题的研究。法律文化问题开始成为我国法学研究领域中的一个新的法学研究论题[①]。从我们目前可见的资料看,"法律文化"作为

[①] 同任何一个新的概念和研究论题都有其特定的社会历史文化背景和原因一样,"法律文化"作为一个新的法学概念和研究论题在我国的产生和出现,也有着极其复杂和深厚的社会、历史、文化背景和原因。关于这一背景和原因,我国学者先后进行了一些分析和探讨。如:赵震江教授和武树臣教授以"'法律文化'新课题产生的一般途径"为题,将这种原因归纳为以下三个方面:首先是国外"法律文化"学研究的渗透;其次是理论法学研究的深化;第三是近年来学术界关于中国传统文化和法学界关于法学研究方法的讨论,对"法律文化"学科的出现,起着某种催化的作用。详见赵震江、武树臣:《关于"法律文化"研究的几个问题》,《中外法学》1989年第1期,第53—54页。本书作者将这种历史背景和原因归纳为以下五个方面:一、是中国现代化建设进程和目标的客观需要;二、是对新中国成立以来法制建设历史经验教训的反思和总结的产物;三、是加强社会主义法制建设的客观需要;四、是丰富和发展我国法学理论的客观需要;五、党的"双百"方针和对外开放政策为研究法律文化问题提供了条件。详见刘作翔著:《法律文化论》,陕西人民出版社1992年版,第3—9页。张文显教授则从以下五个方面对"法律文化研究的理论与实践背景"进行了系统的归纳:1.法制观念滞后于法制建设促使法学家把视野扩大到法现象的文化方面;2.国际法律交流显露或引起法律文化冲突迫使我们探寻法律文化调适的途径;3.公民法律社会化教育需要开展法律文化的专门研究;4.国外法学界关于法律文化的研究引起我国法学家对法律文化的兴趣;5.我国的一般文化研究直接引发了法律文化研究的热情。详见张文显著:《法学基本范畴研究》,中国政法大学出版社1993年版,第211—214页。

一个完整的概念和研究课题较早出现在我国大陆中文出版物上是由我国比较法学家潘汉典教授翻译、美国匹兹堡大学两位法学教授李·S.温伯格、朱迪思·W.温伯格所写的《论美国的法律文化》一文,这篇文章刊登在《法学译丛》1985年第1期上。它虽是一篇译作,但表明了我国法学界开始对法律文化问题的关注。在此之后,由青年学者梁治平先生发表于《读书》杂志的有关中西法文化观念比较的系列文章,也引起了较大的反响。但在我国学者中,将"法律文化"作为一个新的法学概念和法学理论问题进行专题阐述的是中国人民大学法律系教授孙国华先生。孙先生在1985年4月为中央电视大学所写的讲义《法学基础理论》一书,首次对"法律文化"问题进行了阐述。自此之后,法律文化问题成为我国法学界重视和关注的一个课题,发表了有上百篇关于法律文化的研究论文和十多部著作。这些论著虽然研究角度和方向不甚相同,但大都谈及了对法律文化概念、含义的理解。下面,我将择其几种主要观点予以介绍,以使我们对80年代中期之后我国法学界关于法律文化的概念的理解有个基本了解。

1. 孙国华教授的法律文化观点

孙国华教授认为:"法律文化属于社会精神文明,它反映了法作为特殊的社会调整器的素质已经达到的水平,反映了历史积累起来的有价值的法律思想、经验和有关法的制定、法的适用等的法律技术,反映了法的进步内容,有很大的实际应用价值。"[①] 可以

[①] 孙国华:《法律文化》,《法学基础理论讲义》,北京电大法律教研室1985年8月编印。

看出,孙国华教授的法律文化观点,明显地受到苏联法学家阿列克谢耶夫的影响,也同日本学者北村隆宪等人关于"从法的非工具属性"来理解法律文化概念有某种相近之处。在孙国华教授后来主编的于1987年出版的《法学基础理论》一书中,对此又做了进一步的说明。孙国华教授认为:在法律意识中,存在着两部分内容。一部分是法律意识形态,这是一个社会法律意识的核心、本质部分,它最能够体现一个社会的经济基础及其决定的政治法律制度的特点,它决定着整个法律上层建筑的方向。另一部分就是法律文化。法律文化是人们调整社会关系的智慧、知识和经验的结晶,反映了历史积累起来的有价值的法律思想和有关法的制定、法的适用等的法律技术,反映了法律调整所达到的水平[1]。孙国华教授还特别指出:"这些法律文化像自然科学、管理科学文化一样,完全可以为不同的阶级所利用。"[2]孙国华教授强调道:"我们不应把法律文化和法律意识形态简单等同起来","应该把法律意识中反映阶级对立、反映经济形态、反映政治制度的部分即意识形态部分同反映法律调整经验和管理社会水平的部分即非意识形态部分区别开来,这也正像我们在分析法的内容时把它区分为阶级意志内容和知识内容一样。法的内容的这两方面恰恰是法律意识的意识形态部分和法律文化部分在法律上的固定化。"[3]

有位学者在分析孙国华教授的法律文化观点时,将此观点谓之为"广义法律文化观",认为孙国华教授的法律文化概念中,既包括法律制度和规范,也包括法律思想和意识等[4]。我认为这种

---

[1][2][3] 参见孙国华主编:《法学基础理论》,中国人民大学出版社1987年版,第306、307、308页。

[4] 参见蒋迅:《法律文化刍议》,《比较法研究》1987年第4期,第22页。

概括不十分准确。在我们上面所引的孙国华教授的法律文化观点中,法律文化只是法律意识中占非主导地位的那部分,即非意识形态部分的内容。具体讲,法律文化是指法的经验、知识、智慧以及技术等的结晶,是法律意识中反映法的非工具属性和非价值属性的那些内容。因此,孙国华教授的观点不但不是"广义法律文化观",就同我们在前面所介绍的美国和日本一些法学家的以法律观念形态为内容的"狭义法律文化观"的范围还要小。这就不难理解孙国华教授将"法律文化"问题置于"法和法律意识"的章节之中。

2. 武树臣教授的法律文化观点

武树臣教授在北京大学1986年纪念"五·四"《法学论文集》上发表了一篇题为《中国法律文化探索》的文章。他在该文中谈及了对法律文化概念的理解:"法律文化是人类文化的组成部分之一,它是社会上层建筑中有关法律、法律思想、法律制度、法律设施等一系列法律活动及其成果的总和。它是以往人类法律活动的凝结物,也是现实法律实践的一种状态和完善程度。"[①]"法律文化由法律思想、法律规范、法律设施和法律艺术组成。"[②]在他1989年发表的另一篇文章中,又对法律文化的概念作了进一步阐释:"法律文化是人类法律实践活动及其成果的总和。它标志着人类实现有利于自身生存发展的特殊秩序的能力,以及对社会生活进行设计与控制的程度或状态。法律文化又是一种综合宏观的研究方法

[①][②] 武树臣:《中国法律文化探索》,载北京大学法律系《法学论文集》,光明日报出版社1987年版,第317页。

的代名词,它把人类的法律实践活动——有形的立法、司法活动和无形的思维认识活动——视为一个整体来把握,目的在于揭示人类法律实践活动的本质特征和内在规律。"①

在武树臣教授于1994年出版的《中国传统法律文化》一书中,他对自己早先的法律文化定义作了一些修正和补充,提出了一个更加周全的法律文化定义。他说:我想这样界定"法律文化":首先,"法律文化"是支配人类法律实践活动的价值基础,和这个价值基础被社会化的运行状态。这一层含义的"法律文化"所涉及的主要内容有两个:一是法律实践活动的精神内核,二是这个内核的"外化"过程或方式。其次,"法律文化"作为客观存在物,表现为法律实践活动所取得的成果。它标志着人类实现有利于自身生存发展的特殊社会秩序的能力和对社会生活进行有目的的设计、控制、引导的水平。这一文化成果可以划为四个主要方面:法律思想,法律规范,法律设施,法律艺术(技术)。第三,"法律文化"作为一种主观的观念形态,是与宏观、综合、系统的研究方法紧密联系的。其主要特点是,把人类的法律实践活动——立法、司法、思维——视为统一的整体或过程来把握和分析的,其目的在于探讨人类法律实践活动的状态、本质特征和发展规律性。"② 他把人类法律实践活动的总体精神称之为"法统",把法律实践活动的宏观样式称之为"法体",用"法统"和"法体"统揽了法律文化的主要内容及其研究视野。

---

① 武树臣:《让历史预言未来》,《法学研究》1989年第2期,第89页。
② 武树臣等著:《中国传统法律文化》,北京大学出版社1994年版,第32—34页。

3. 刘学灵先生的法律文化观点

1987年,青年学者刘学灵先生发表了一篇关于法律文化的文章。他认为:"法律文化是社会观念形态、群体生活模式、社会规范和制度中有关法律的那一部分以及文化总体功能作用于法制活动而产生的内容——法律观念形态、法制协调水平、法律知识积淀、法律文化总功能的总和。"① 他还对上述内容作了具体的解释:法律观念形态包括人们对法律价值的认识,对法的创制实施监督问题的态度,经验化了的法律思想方式和行为方式,对法律的信仰程度、传统法律心理等等。法制协调水平包括法律制度的存在方式,法律规范的取材意向,法制环境的处理手段,对外来法律文化因素的应变能力,立法司法行政三者功能的调节能力,法制过程诸环节的配套能力等等。法律知识积淀包括传统化了的立法司法经验与技术,个人或集体的法律思想体系,法律教育与法学研究的水平等等。法律文化总功能包括借助文化总体功能以显现与自我强化的功能,在传统文化沉淀中自我认识、自我更新的功能,在外来法律文化的冲击下选择与调适的功能等等②。

4. 蒋迅先生的法律文化观点

1987年,青年学者蒋迅先生发表了一篇题为《法律文化刍议》的文章。蒋先生认为:所谓法律文化,概言之是指一种渊源于历史的法律生活结构的体系,由赋予法律过程以秩序、形式和意义的

---

① 刘学灵:《法律文化的概念、结构和研究观念》,《河北法学》1987年第3期,第37页。
② 同上文,第37页。

特殊取向模式所组成。其中蕴含法律价值和法律技术两大系统。法律价值部分至少分为五个方面,也就是人们对法律本质、法律地位、法律作用的认同;对法律规范、法律机构、法律教育的知识、态度和信念;对立法、司法者和其他有关政府官员的了解、评价和信仰;对法院判决所持立场;以及使用法律的意愿,即法律的动员性等。法律技术部分主要包括作为法律观念、思想和信仰的外化物的法学理论和法律规范;法律机器运作程序和方式;及其传统法律心理、行为模式、价值观念和其他文化因素对法制操作的方向渗透和制约关系。上述两大系统组成完整的法律文化结构体,界定法律文化特殊的研究对象、范围和焦点。总之,法律文化侧重探讨活的法律精神,真实的法制运作图象[①]。

5.郑成良教授的法律文化观点

郑成良教授从"生活方式"的角度对法律文化概念进行了阐释,他认为:法律文化一词,指的是社会群体中存在的较为普遍的某些生活方式,它们或者直接构成了法律秩序的一部分,或者与法律秩序的性质和状态有关,它们既可能以实际的行为表现出来,也可能仅仅表达了人们的某种期望[②]。他对此作了如下几点说明:首先,一种生活方式如果被归入法律文化的范围,它就必须具有一定的普遍性。其次,被归入法律文化范畴的生活方式必须与法律有某种相关性。再次,法律文化所指涉的不仅仅是人们的外部行为,也包括人们的心理活动[③]。可见,"生活方式"是郑成良教

[①] 蒋迅:《法律文化刍议》,《比较法研究》1987年第4期,第22页。
[②][③] 郑成良:《论法律文化的要素与结构》,《社会学研究》,1988年第2期,第98页。

授法律文化观的核心概念。

6. 张文显教授的法律文化观点

1992年,张文显教授发表了《法律文化的释义》一文,他在文中首先提出了"法律文化释义应有的认识、理论、价值前提",这些前提有:(1)选取适当的法律文化参照[①]。(2)正确认识与处理法律文化与法理学理论体系的关系。(3)把法律文化与法学的基石范畴联系起来进行释义。(4)确定法律文化研究理论价值指向。从这四个前提出发,他"将法律文化理解为法律现象的精神部分,即由社会的经济基础和政治结构决定的,在历史过程中积累下来并不断创新的有关法和法律生活的群体性认知、评价、心态和行为模式的总汇。"[②]他认为,他的这一释义"既不同于把法律文化定义为法律现象的宏观(广义)解释,也不同于把法律文化局限于法律意识要素或法律思想观念的微观(狭义)解释。"而是包含了以下五个要素:(1)法律文化是法律现象的组成部分。(2)法律文化的主要内容是社会成员对法律的认知、评价、心态和期待的行为模式。(3)法律文化具有历史性。(4)法律文化具有群体性。(5)法律文化是由社会的经济基础和政治结构决定的[③]。

还有一些学者对法律文化的概念作了简要定义。如慕槐先生认为:"法律文化即是法观念、法意识。"[④] 杜万华先生认为:"法律

---

① 张文显教授认为有以下四个可供选择的参照系:(1)法理学或法哲学参照系。(2)文化学参照系。(3)历史学或法史学参照系。(4)人类学参照系。参见张文显:《法律文化的释义》,《法学研究》1992年第5期,第9页。
② 同上文,第9页。
③ 同上文,第10页。
④ 慕槐:《法律文化随感录》,《比较法研究》1989年第2期,第71页。

文化实际上是关于法律产生、发展以及运行机制的各种观念的总和。"[①]等等。

以上几位学者关于法律文化概念的论述,比较集中地代表了我国法学界自20世纪80年代中期以来关于法律文化概念的主要观点。虽然每位学者关于法律文化概念的理解在内容概括、文字表述、范围界定上都有差异,但大体上我们可以将他们归为以下三类:第一类是把法律文化看作是法律现象的综合体现和产物,包括内在和外在、主观和客观、制度和观念等各个方面;第二类是把法律文化视为法律现象的主观方面,主要是法律意识形态和观念形态;第三类是把法律文化看作法律意识中非意识形态的那部分内容,即体现人类智慧、知识、经验等的文化结晶。此外还有一类较为独特的法律文化观点,即"方法论法律文化观",这种观点认为法律文化不是一个具有对象化、实体化内容的概念,而是一种"应用文化解释方法于法律研究"的立场和方法[②]。这些观察视野和思考点,丰富了我们对法律文化现象的认识,对于进一步深入研究法律文化这一复杂的社会现象提供了一些认识参照。

---

① 杜万华:《法律文化在立法中的作用》,《学习与探索》1990年第1期,第53页。
② 梁治平编:《法律的文化解释》,三联书店1994年版,第57页。

第二章　法律文化的释义：作为方法论意义的法律文化和作为对象化的法律文化

法律文化是一种非常复杂的社会文化现象。"法律文化"这一概念本身就蕴含着较为丰富的内容。因此，要对这一概念作出较为精确的表述、限定和解释，是一件比较困难的事情。有位学者在分析产生这一现象的原因时指出："这可能是部分由于'文化'概念本身具有的不确定性，更主要的可能是这些学者没有把注意力放在对概念、原则的探究上，而是集中于对法律文化功能的经验研究上。"[①]

理论概念的产生、形成、发展，从本质上讲无非是对人类社会历史活动和现象做出描述和阐释，它本身就是一部活的历史。何况对于"法律文化"这样一个同"法律"这种不断发展变化着的社会现象有着密切关系的概念更是如此。按照目前学术界对法律文化概念的划分，法学家们可以主张所谓"狭义法律文化观"，也可以主张所谓"广义法律文化观"以及其他法律文化观点。每种观点和主

---

① 刘大力：《法律的文化透视——当代西方法学的一个新视角》，《外国法学研究》1989年第2期，第10页。

张都可以有自己的理论分析、解释和说明。

"法律文化"究竟是什么?学者们众说纷纭,莫衷一是。正如同日本法文化学者千叶正士教授所指出的:如果问到法律文化究竟是指什么,由于精确明了、并为多数人赞成的概念尚未形成,学者们的见解不一而足,例如认为:"其用法大多数情况下是模糊不清的"(池田 1991);还有人认为法律文化的研究"还不能说已经确立了明确的理论"(驹城 1990);因此,法律文化是"既有危险,又是必要和有用的概念"(藤仓、长尾 1989)等等。鉴于此,有的日本学者指出:不能不说,这种状况经过若干年之后依然在继续,时至今日,法律文化理论仍然担负着克服无用论,证明其自身之意义的课题(六本 1995)[①]。人们基于对文化的不同理解,对法律现象的不同理解,对"法律文化"作出不同的界定和概括。我们能不能寻找一种更加客观、更加具有包容性的理解?这种包容性并不是一种"文化杂烩",而是以一种更现实的眼光来看待法律文化——这一本来就十分复杂的文化现象。

基于以上认识,我以为,我们可以从两个角度来认识法律文化,即作为方法论意义的法律文化和作为对象化的法律文化。"法律文化"既是一种用文化的眼光认识法律现象的思维方式和研究方法,也是一种具有实体内容和对象化的文化结构,并且,这两个方面是互相联系着的。下面,我将分别从这两个方面对法律文化进行释义。

[①] [日]千叶正士著:《法律多元——从日本法律文化迈向一般理论》,强世功等译,中国政法大学出版社 1997 年版,第 230 页。

第一节 作为方法论意义的法律文化

20世纪30—40年代的中国学术界,浸透着一种特有的学术传统和学术风格,就是善于"用文化的眼光"研究各类问题。在那个年代,文化以及文化的功用被学界推至巅峰,受到学界的高度重视。被称为一代"国学大师"的钱穆先生,就曾讲过这样一段话:"我认为今天以后,研究学问,都应该拿文化的眼光来研究。每种学问都是文化中间的一部分。在文化体系中,它所占的地位亦就是它的意义和价值。将来多方面的这样研究配合起来,才能成一个文化结构比较论。"[1] 钱穆先生还曾用以下两句警句对文化的价值功用作了至高的评价:"一切问题,由文化问题产生。一切问题,由文化问题解决。"[2] 在钱先生看来,一切问题,都是文化问题,甚至战争都不例外。而解决问题的出路,则应当到整个文化问题中去寻找,非此莫属。虽然我们不会完全同意这种"唯文化论"的观点,但是,对于30—40年代这样一种学术传统和学术精神却由衷地表示钦佩和赞赏。遗憾的是,这样一种重视文化及文化功用的传统未能很好地继承下来。

"用文化的眼光来研究"是一种看问题的方法和思维模式,也体现了对人间大千事物的一种文化关怀。它并不一定具有像钱穆先生所推崇的那种"解决一切问题"的魔力,也并非是世间"一切问题"产生的唯一的和终极的根源,但却是一种对世间事物以较合理

---

[1] 钱穆著:《从中国历史来看中国民族性及其中国文化》,中文大学出版社1979年版,第100页。
[2] 钱穆著:《文化学大义》,台湾中正书局印行,1981年版,第3页。

阐释的有效之方法。

这样一种方法同样可以运用于法律问题的研究之中。在下面的论述中,我将着重介评两位学者的观点和研究:一位是梁治平先生的"方法论法律文化观"[①];一位是作为方法论意义的法律文化的研究范例——严景耀先生的"犯罪文化"研究。

一、梁治平先生的"方法论法律文化观"介评

梁治平先生在80年代中期曾提出过一个原则:"用法律去阐明文化,用文化去阐明法律。"[②] 他说,他的这一原则是由孟德斯鸠的"我们应当用法律去阐明历史,用历史去阐明法律"的原则中改造而成的[③]。到了1994年他出版了《法律的文化解释》一书,在书的"代序"中,他用了这样一个鲜明的题目《法律文化:方法还是其他》,又一次提出了问题。他指出,以往有关"法律文化"的论说和定义都主要是从研究对象或研究范围的方面入手,比如弗里德曼的定义和埃尔曼的定义。他认为,表面上看,这类作法增加了"法律文化"概念的可操作性,但是实际上,它们多少降低了这一概念可能具有的建设性意义。这样被如此限定了的"法律文化"变成了法律研究(或只是法律社会学)领域内的一个小小分支,它要在已经十分拥挤了的学科领域内为自己争得一席合法位置,因此不能不先将自己的手脚束缚起来。更严重的是,对理论和方法的关

---

① 我之所以重点介绍梁治平先生的观点,是因为在所有法律文化研究者中,他是对"法律文化"概念的方法论意义的最鲜明的倡导者。

② ③ 梁治平:《比较法与比较文化》,《读书》杂志1985年第9期。

注为关于对象的思考所取代,在寻找和确定适当范围的过程中,"法律文化"概念可能具有的方法论意义就逐渐被掩盖或者消失了。正是因为这一缘故,他宁愿把"法律文化"首先视为一种立场和方法①。他在1993年发表的《法律的文化解释》一文中讲道:"在中国大陆,'法律文化'的概念只是最近若干年里才流行起来,不幸的是,几乎从一开始它就被滥用和庸俗化了。因此,我尽量避免再使用这个词。本文中两次出现的这一概念都是在我惯常赋予它的比较特别的意义上使用的。"②而这个"惯常赋予它的比较特别的意义"既"立场和方法"的意义。他在此文中,对"法律文化"作了如下解释:"把应用文化解释方法的法律研究叫做'法律文化'"③。

梁治平先生认为,"法律文化"这一概念不应该被认为是具有对象化的实体内容,而首先应该是一种研究立场和方法,即用文化的解释方法来研究法律。他对着眼于立场和方法的"法律文化"概念至少包含的几个含义作了描述:首先,作为一种文化现象,法律被认为是人生活于其中的人造世界的一个部分,它不但能够被用来解决"问题",同时也可以传达意义。由此,把法律简单归结为解决纠纷的手段和技术(即工具主义法律观)就是不可取的了。法律也是符号,它在任何时候都体现价值,都与目的相关。由此出发,法律研究并不能一般地满足于对法律的功能主义解释,而是要透过"功能"去追问法律设置和法律过程后面的"根据"、"意义"。于是,"解释"这个词,也许能很好地标示出"法律文

---

① ② ③ 梁治平编:《法律的文化解释》,三联书店1994年版,"代序"第3—4页、第64页注①、第57页。

化"方法论上的特征和复杂性。"法律文化"上的解释不仅仅是 interpretation,即阐发行为、事件和制度等的意义,它同时也是 explanation,即揭示事物之间的因果联系。"法律文化"立场引出的另一个结论是,对法律的文化诠释必定要超越各种孤立的和机械的法律观,也一定要反对各种狭隘的种族中心主义的法律观。即它一方面要强调法律与其他社会的文化现象之间的关联性,强调这种关联的复杂性和互动关系,另一方面还要求研究者在尽量保持视野开放的同时,对自己所处的"位置"不断进行反省,即不断修正自己的观点[1]。

简括之,在梁治平先生看来,"法律文化"就是对"法律的文化解释",它是一种立场和方法,而不是其他,难怪乎他用《法律的文化解释》来作为文章的篇名和书名,又用《法律文化:方法还是其他》作为此书"代序"的题目。我将他的这一观点称之为"方法论法律文化观"或"解释学法律文化观"。

我认为,从方法论意义上来理解"法律文化"概念,有它自身的内在道理和重要意义(而且在某种意义上,它是促动"法律文化"概念提出的动因之一)。把"法律文化"作为一种方法,从文化的角度看待法律,我们可以对所有的法律现象进行文化审视和文化解释,它有助于我们克服传统的法律观中将法律视为或工具性、或阶级性或规范性等"一属性"的社会现象,而赋予法律以一种内含人类价值符号、价值体现等目的意义在内的"多重性"社会文化产物,有益于深化人类对法律本质属性的认识。把法律作为一种文化,可以拓展人们的观察、思考和研究视野,把与法律相关

---

[1] 梁治平编:《法律的文化解释》,三联书店1994年版,第6页。

的所有因素联系起来,考察法律现象,以求得对法律作出更加科学合理的阐释。

但是,如果我们将"法律文化"概念仅停留在方法论意义上,而不赋予它同时也具有对象化和实体化内容,那是不周全的。其一,"法律文化"这一概念本身就标示着它是一种文化。而作为一种文化,它就应该有其自身的内在结构体系,否则,就可能得出"法律文化不是文化"这样一个荒谬之反命题。其二,在文化学视野中,法律是文化的一个重要组成要素。从这一点看,我们也可以把法律看成一种文化,精确的讲,是一种"子文化"或"亚文化"。"法律文化"这一概念可以看成是对"法律"这一文化要素的概括,它自然应该有自己的对象体系。其三,从认识论上讲,认识对象和认识方法存在着互为照应关系。认识方法以认识对象为根据,认识对象由于认识方法而赋予其意义。离开对象的方法将不成为方法,而离开方法的对象也将失去意义。北京大学陈平原教授在一次访谈中说到:"研究的方法在一定意义上取决于对象,找到问题的时候,也就找到了研究的方法和途径。"[1]其实,梁治平先生也并不是一味地排斥对象。只不过在关于"对象"的认识上,他同许多学者存在差异。他1993年发表的《法律的文化解释》一文说:"法律的文化解释并不简单就是传统意义上的法律史研究,毋宁说,它是对旧材料的重新安排和重新解释,为此,它不但引入了新的立场、观点和方法,而且提出了新的主题。我们不妨说,法律的文化解释在引入一种新的分析方法的同时,也确立了一个新的对象。这里,方法只是研究者'主观地'加以运用的一套策略,对象

---

[1] 见《文汇读书周报》1997年12月20日第1版。

却是研究者已经发现并且意欲给出解释的一个'客观地'存在的世界,它们性质不同,但又关系密切,以致可以借用一个词来表达,那就是法律文化。"①我理解他这段话的意思是:法律的文化解释是一种方法,而"法律的文化解释"的"对象"则是"法律文化"。而他后来又反复强调"法律文化"是一种方法,于是对象变成了方法,方法即对象,似乎又回到了原点,成了一种对象和方法的循环。其四,把"法律文化"视为一种具有对象化内容的"亚文化",也符合人们的一般语言理解习惯。否则,包括中国和外国的众多法学家对法律文化的解释,也都失去了其根据和意义了。

因此,我的结论是:应该从两重意义上去理解"法律文化"概念,即作为方法论意义的法律文化和作为对象化的法律文化。

二、作为方法论意义的法律文化的研究范例——严景耀先生的"犯罪文化"研究

如果我们把法律文化作为一种研究方法,用文化的眼光或法律文化的研究方法去观察和透视各种法律现象和问题,我们可以将我国的法律文化研究上溯近 50 多年。早在 20 世纪 30 年代,我国老一代法学家就已经开始运用文化的方法,或者说用法律文化的研究方法研究法律及其现象,只不过在当时并没有提出一个像今天这样明确的"法律文化"概念来。

从方法论的意义上理解法律文化来追溯我国早期的法律文化

---

① 梁治平:《法律的文化解释》,《中国社会科学季刊》(香港)1993 年第 4 卷。

研究,我们发现了一部应该视作我国法律文化问题研究开拓性的学术著作,这就是老一辈社会学家、犯罪学家、前燕京大学政治系主任和代理法学院院长、北京大学法律系教授严景耀先生于1934年在美国芝加哥大学撰写的博士论文《中国的犯罪问题与社会变迁的关系》。严先生的这篇遗作一直珍藏在芝加哥大学图书馆里和他的夫人雷洁琼教授的手中。由于严先生的这本著作所具有的鲜明的、进步的政治倾向,在旧中国国民党统治下是不可能出版的。新中国成立后,由于种种原因也未能问世。直到1986年,在雷洁琼教授的支持下,由金陵女子文理学院社会学系教授吴桢先生翻译、北京大学出版社正式出版。这部著作的问世,对我们研究我国早期的法律文化研究状况提供了一份不可多得的珍贵文献。

严先生的《中国的犯罪问题与社会变迁的关系》是一部专门研究犯罪与社会文化、社会变迁关系的著作。"犯罪与文化"和"犯罪者的文化"是这部著作论述的主题。在严先生的这部著作中,虽然从头到尾找不出"法律文化"这个概念,但通篇著作却浸透着法律文化的研究思想和方法。为了能对这部著作的基本内容有所了解,也为使我们的结论得到佐证,不妨择其一些主要观点予以介绍和说明。

严先生指出:犯罪,尽管它本身就是个有趣的问题,但是当我们还未发现它意味着什么时,它是没有重要价值的。我们想知道在什么情况下发生犯罪,犯罪者本身和他们的受害者的感受和态度怎样,一个人犯罪后社会和人们怎样对待他等这一类问题。同样的犯罪在不同的文化中有不同的意义,或者在"相同的"文化中,而在不同的时期又有不同的意义。"为了了解犯罪,我们必须了解发生犯罪的文化,反之,犯罪的研究又帮助我们了解文化及其问题。"①

严先生又进一步讲道：犯罪不是别的，不过是文化的一个侧面，并且因文化的变化而发生异变。它是依据集体的一般变化而出现的，它既不是一个离体的脓疱，也不是一个寄生的肿瘤，它是一个有机体，是文化的产物。严先生指出，"如果不懂得发生犯罪的文化背景，我们也不会懂得犯罪。换言之，犯罪问题只能以文化来充分解释。所谓文化，就是包括知识、信仰、艺术、道德、法律、习俗和一个人生活在某一集体内所必具有的能力以及区别于其他集体的特性等在内的整体。"②

在严先生看来，犯罪者首先是一个有身份的个人。他引用派克和伯杰斯的话说："身份意味着人的社会地位。每人生活在社会中都不可避免地有他的地位。在某一集体中，每个人的地位都是以他与其他人的关系来决定的。每一个在小集体和大集体中的个人同样有其地位，也同样由他与其他人的关系来决定的。"罪犯既被看作是一个人，那么他的犯罪不过是他的行为的一方面。犯罪者的行为在他(犯罪者)个人看来是自觉的个人行为，但可能是被那个集体认为是"错误的"或"不受欢迎的"，或者是仅被那个集体中统治者所认为是犯罪的。人们的行为不管是正确的或错误的，道德的或不道德的，受欢迎的或不受欢迎的，都是社会决定的。个人几乎毫无选择的自由。人类的活动自由是受到现有制度的严格制约的。

严先生在这部著作中，始终将对犯罪的研究置于广阔的社会

---

① ② 严景耀著：《中国的犯罪问题与社会变迁的关系》，吴桢译，北京大学出版社1986年版，第2、3页。

文化背景之中。他指出：一个人从一出生便面临着一个具有传统文化环境和确定行为规则的社会，个人是无力改变这种情况的。也就是说，一个人从出生起便成为他所在的集体文化的组成成员。对这种集体文化，他只有逐步认同和适应。一旦个人的思想和行为背离这种集体，便会受到集体或社会的排斥。犯罪行为实际上是犯罪者个人背离集体文化（或社会文化）的一种反映。某些行为在某种社会中被视为犯罪，主要是因为这种行为和那个社会的特殊利益有矛盾。这类犯罪被认为是对该集体特殊的一致性有所损害。文化的各个不同阶段和类型都是一贯的连续的，各有它自己的哲学和精神，它们由于不同的道德观，不同的观点立场，不同的方式和不同的概念而有所区别，但都是有利于社会组织的。以上各项因素都影响到对那些行动定为犯罪。在任何地区，任何时间，任何文化的各个阶段都一致认为必须予以刑罚的犯罪行为是"叛逆"。这是因为"叛逆"对一任何集体或统治阶级，对于维护集体的安全都是有害的。它的危害性使得集体或统治者必须采取对犯罪的个人实行严厉行动。除这一罪行外，在不同的文化标准和阶段间，对犯罪有不同的概念。

严先生反复强调了这一观点：对于犯罪的理解只能从产生犯罪的文化传统来考虑才能得到解释。从文化的角度来研究犯罪问题的目的是透过犯罪的表面现象探索犯罪者的冲动同环境的有效刺激之间的内在联系，并揭示犯罪者因社会条件的改变而产生的行为变化。对于犯罪者的研究，不仅要揭示出他所生活的社会文化的各个方面，并且也要揭示出他所遇到的文化问题。为了深入理解犯罪行为的意义，我们必须了解社会条件如何使这些原来的行动成为某种特定的和被人注意的行动的。如果一个人的行动只考虑到发生行动的社会的文化传统就可以得到理解和**解释**的原则,那么,再进一步探索一个人的个人经验,同样可以寻找到我们文化的来源和意义的原则。严先生指出,假使以上概念是正确的,中国的犯罪只能以中国文化来解释,另一方面,中国犯罪问题的研究将对中国文化的理解有很大帮助。

严先生以一个社会学家的眼光对大量罪案进行了分析,着重研究了造成犯罪行为的一般社会过程与中国的迅速的社会变迁的关系。严先生指出,在中国,犯罪与社会变迁的研究,犯罪与发生犯罪的社会环境之间的关系,是互相关联的。通过对大量个案的分析,力图说明在文化范围内犯罪的意义是什么,并试图说明为了解犯罪问题必先了解造成犯罪的文化;同时,对犯罪的研究有助于对文化和文化问题的了解。严先生意味深长地告诫人们:犯罪与文化的关系深刻而密切,其密切程度是大多数初学犯罪学者所估计不到的。他提出了一些关于犯罪与社会变迁、犯罪与文化关系中值得我们高度重视的结论。

犯罪行为是在突然的和迅猛的社会变化中发生的,是在和新的社会环境失去适应能力的情况下发生的,或者是在新形式下,谋求他们原来的生活方式和满足他们的基本需要,而在这些传统形式被破坏的情况下发生的;有些犯罪反映中国旧传统与新法律的矛盾。社会与统治者还没有意识到某些行动的影响;中国的犯罪反映许多犯罪者都是因为受旧社会制度的保守固执的影响而不能与新情况适应而犯罪的。中国的社会组织和结构受到旧的传统观念的束缚和缺乏灵活性,使之很难跟上社会生活某些方面之迅速变迁;犯罪人本身是在迅速改变的社会环境中失去适应能力的受害者。他们在适合的社会条件下,他们的行为是很好的。当突然的、迅速的社会变迁发生时,他们失去了自我控制,而完全受社会的影响。他们行为的不稳定和矛盾不过是文化的不稳定和矛盾的表现,他们是受文化的影响;当代美国社会人类学家威廉·托马斯(1863—1947)也指出:"在社会不断进化的过程中,不但社会活动在变化,而且调节这种活动的准则规范也在变化。传统和习惯、情境的界定,道德和宗教,都在经受着一种进化。认为某一个准则是有效的,任何与它不符的事情都是不正常的,在这样的一个假设之上,当运转的社会认识到这条准则已失去了它的社会意义,另一个新的准则已出现并代替了它的位置时,这个社会就会处于无能为力的境地。"[①] 犯罪同社会危机有联系。社会对社会危机很难控制,而人们总是受到社会危机的影响,个人的危机也由此产生;我们不要把犯罪看成是非法的和反社会的行为,而把它看作是对我们的风俗习惯、智慧以及我们自己的文化的挑战。它表现出一种对破除旧有的顽固势力的需求和准备重新创造新环境的愿望。在这个意义上,对犯罪的研究不仅帮助我们对现在社会解体过程的了解,还指明社会重新组织的趋向;犯罪技能是中国文化技术系统的一部分。技术的含义只能以文化来解决。技术的变化发展与环境的变化相适应。

严先生还对如何预防犯罪提出了他独到的看法。他说,对犯罪问题的研究指出:预防犯罪需要对文化的各个方面作透彻的和勇敢的再检验,对于社会的、政治的和经济生活的迅速变化,应以不停顿地与之相适应的观点来观察。它指出人类要努力争取与变

---

① [美]W.I.托马斯等著:《不适应的少女》,钱军等译,山东人民出版社1988年版,第217页。

化的文化的需要减少矛盾与不稳定,以免使人们在不协调的社会变迁的面前无能为力。如果把制度看作自由的敌人,把一切规章条文看成是奴隶,这就等于否定积极性的自由是可以争取到的唯一途径。当然,愚蠢的常规和僵死的规则是自由的障碍,不时地予以调节和改动以使它们适应变化的生活。生命就是不断的更新,如果不允许不断的推陈出新就会发生爆炸性的变化。与之相反的是极端的顽固和不明智的规章制度与不断变化的生活相矛盾,它是文化失调的指数。如果把犯罪看作是文化冲突和不协调的症状,因而寻求它所以发生的原因和过程,从而重新改革这些章则制度以求适应,则是可能的。

在这里,我们看到了一位法学家、社会学家对犯罪问题的深刻的文化剖析。既然犯罪是社会变迁过程中文化冲突和文化失调的一种反映,那么,解决这一问题的主要对策就应是文化适应。它包括个人的文化适应和社会的文化适应两个方面。严先生更多地注重的是作为社会的文化适应,它以改革过时的章则制度为主要手段。这里面,隐含了严先生对以旧制度、规章、风俗习惯等为内容的旧文化的批判精神。

以上简略的介绍,使我们可以窥见严景耀先生关于犯罪、社会危机、社会变迁与文化等诸多关系的主要思想观点。如果我们认为法律文化的研究有方法论意义和实证研究这一研究方向和内容的话,那么,严先生的研究无疑地开拓了中国早期法律文化研究的领域,因而,他当之无愧地应该是中国法律文化研究的先行者和开拓者。他的许多闪光的思想,在今天仍是珍贵的思想财富,对今日中国的犯罪研究乃至法律文化的研究有着重要的参考价值。

第二节 作为对象化的法律文化

"作为对象化的法律文化"是与"作为方法论意义的法律文化"相对应的对"法律文化"所作的另一重释义。这一释义首先将法律文化视为一种有实体内容的对象化存在。它将我们的视角重新拉回到"法律是一种文化"、"法律文化是一种文化现象"的古朴含义上来。

"法律文化"既然是一种文化现象,那么,这种文化现象就应该是具有实体内容的对象化存在。那么,这个实体内容的"对象"是什么呢?在这里,"对象"一词具有双重含义:一是作为"实体内容"的对象,一是作为"研究对象"的对象,而这两层含义在"法律文化"的研究中又是重合的。简略地讲,"法律文化"的研究对象就是法律现象,"法律文化学是以法律这一综合性的社会现象为研究对象的一门学科"[①],而"法律文化"的实体内容就是与法律现象有关的事物。

法律文化是一个具有丰富内涵的概念。如何理解它的含义,界定它的范围,涉及到法律文化理论体系的建造,法律文化理论逻辑上的严密性等,更重要的是涉及到一种新理论产生的社会历史背景和文化背景。中国学术界在 20 世纪 80 年代对法律文化理论的关注,是同中国现代化建设和改革开放的社会历史背景和文化环境密切相关的,是同中国现代化建设对法制提出的新的要求相连带的一个重要理论问题。离开对现代化建设和中国法制实践的

---

① 武树臣等著:《中国传统法律文化》,北京大学出版社 1994 年版,第 10 页。

思考,法律文化理论就缺少其社会基础。

基于以上的考虑,我认为,不拟给"法律文化"确定一个"一维"和"一唯"的界定,因此,不拟给它下一个定义,而是想给出一个"法律文化"概念本身所包含的多层面的含义。因此,我认为"法律文化"这一概念,包含有以下几个层次的内容:(1)法律文化是人类文化系统中独特的不可缺少的一个组成部分,是社会精神文化的重要构成。(2)法律文化是人类在漫长的文明进步过程中从事法律实践活动所创造的智慧结晶和精神财富,是社会法律现象存在与发展的文化基础。(3)法律文化是由社会的物质生活条件所决定的法律上层建筑的总称,即法律文化是法律意识形态以及与法律意识形态相适应的法律规范、法律制度及法律组织机构和法律设施等的总和。(4)一国的法律文化,表明了法律作为社会调整器发展的程度和状态,表明了社会上人们对法律、法律机构以及行使法律权威的法律职业者等法律现象和法律活动的认识、价值观念、态度、信仰、知识等水平。

为了更好地理解"法律文化"这一概念,我将从以下几个层次进行分析和论证。

一、"法律是一种文化"——法律与文化关系的法理学阐释

"法律是一种文化",这是我从文化学视野的角度,运用文化研究方法对法律与文化关系的一个判断性命题。但在理解这一命题时须注意的是,当我在讲"法律是一种文化"时,我并没有给法律下一个全称的、周延的、全方位的判断,也不是在给法律

下一个全称性的定义，而只是强调了和说出了法律诸多属性的一个侧面。这在科学研究中是司空见惯的现象，即为了说明一个问题而着重强调这一问题，它并不意味着排斥其他的判断和结论，也不排除其他的认识方法。梁治平先生对此种现象也论述道："我并不想说文化分析的方法是唯一可能的历史解释，更不认为它是一个神奇的符咒，只须念一下就可以解答所有问题。事实上，它只是我们观察世界的许多方法中的一种，但肯定也是其中重要的和不可取代的一种。既然我们面对的世界极尽多样、复杂和微妙，我们就不能够指望只从一个角度，只用一种方法去了解它的全貌，揭示它的奥秘。从这种意义上说，文化解释与比如社会学分析之间并不存在那种非此即彼的紧张和对立，相反，它们可以互相补足。进一步说，任何一种社会科学的理论和方法，在与之相应的范围和限度之内都是有效的分析工具。文化解释的方法并不奢望能够解答人类历史的全部问题，但它确实为我们更好地认识和理解人类开启了一条必不可少的路径。"[1] 我赞同他的这一论点。而理解了这一点，我们可以避免许多无谓的争执。

有一位学者针对"法律是一种文化"这一命题，提出了一个"法律不仅仅是一种文化"的补充性反命题[2]。他说："现在，有些法律文化研究者似乎有这样一种倾向：把法律问题作为文化问题来对待。尽管我们认为，从文化角度探讨法律现象有助于说明

---

[1] 梁治平编：《法律的文化解释》，三联书店1994年版，第61页。
[2] 按照反命题的原意，当说"法律是一种文化"时，反命题便为"法律不是一种文化"；而补充性反命题则指表面上不是在反驳原命题，而是用"不仅仅是"来对原命题进行补充，实际上则是反驳原命题不成立。

许多法律理论与实践问题,但却不赞成把法律等同于文化。"①这位学者把文化定性为传统,而又进一步将这种传统归结为"本民族的传统",并认为这样一种传统无助于法律的变革。他认为:法律可能是一种文化的产物,但法却不是。法存在于各民族共同的法律追求之中。在现代各国,实在法制度往往是多种文化的产物,纯粹的一种文化的法律制度,恐怕根本找不到。"中西法律文化的比较与冲突本来就是人为的,是为了论证某种观点而被'制造'出来的。"②"既没有纯粹的中国法律文化,又没有纯粹的西方法律文化。文化观点可以提醒我们注意法律与传统的关系,但把法律作为文化,**整体上是缺乏说服力的。**"他接着又论述到:"如果把法律现象干脆变为文化现象,看上去问题简单了,观念是文化,制度是文化,设施还是文化,一切法律现象都是文化,似乎来场文化革命,中国的问题,包括法律问题就会迎刃而解。实际上并非如此。文化只是人们生活中相对稳定的一种系统,人们的现实生活往往主要是由其它更为现实的力量支配。法律中的传统,在巨大的社会变革面前是没有多少抵抗力的。传统

---

① 见葛洪义著:《法理学导论》,法律出版社 1996 年版,第 349 页。
② 同上书,第 352 页。这样武断的结论让我感到惊奇和诧异。这等于说,法学家们为了论证某种观点,而可以"人为地制造"出某个本来就不存在的现象。如果说,"中西法律文化的比较"属于一种学术研究活动,它是人为地"制造"出来的,还说得过去,但如果说,"中西法律文化的冲突"也是人为地"制造"出来的,那么,法学家的能量是不是也太大了。他们可以制造出一个本来就不存在的"社会客观存在"。以此类推,文化学讨论的"中西文化冲突",也都是人为地制造出来的了。但当一个生活在美国的中国妇女为亲子抚养权同美国法律发生剧烈冲突而**被剥夺其**抚养权时,我不知道这位学者如何解释这样的冲突是"人为制造的",还是"客观存在的"。参见《为了儿子向美国法律宣战——一位女研究生在美国的失子经过》,《法制文萃报》1997 年 11 月 3 日,第 1 版。

毕竟是历史。"他最后的结论是：法律文化独特的视角也是其自身局限所在，即它过于看重传统。因此，从文化领域开始的反传统最后还会回到传统，除非它偏离文化的轨道，不仅仅把法律看成一种文化①。

首先，我想指出的是，"法律是一种文化"只是一个判断、一个非全称性命题、一个分析视角，它并不是一个归结，不是对法律本质属性的一个定义，也不是取代其他分析视角的唯一的"霸权"视角。它同其他社会科学的分析方法相配合，以求对一个事物尤其是复杂事物得出一个尽可能全面的认识结论。如同我们有时说"法律是一种社会规范"，"法律是一种人类意志"，"法律是一种经验理性"，"法律是一种社会控制"，"法律是一种解纷机制"，"法律是一种技术"等等时，都是从某一个视角出发，赋予法律一个侧重点的说明，而并不是给法律下一个全面的、周延的、无可挑剔的全称判断和定义。如果按照这位学者的思路，我们都可以对上述每一个单项命题提出一个补充性反命题，如：当有人讲"法律是一种社会规范"时，我们可以说"法律不仅仅是一种社会规范，它还是……"；当有人讲"法律是一种人类意志"时，我们可以说"法律不仅仅是一种人类意志，它还是……"；当有人讲"法律是一种经验理性"时，我们可以说"法律不仅仅是一种经验理性，它还是……"；当有人讲"法律是一种社会控制"时，我们可以说"法律不仅仅是一种社会控制，它还是……"；当有人讲"法律是一种解纷机制"时，我们可以说"法律不仅仅是一种解纷机制，它还是……"，等等，以此类推，似乎这样，我们才说出了法律的本质属性，法律的真谛，法律的

---

① 见葛洪义著：《法理学导论》，法律出版社1996年版，第352—353页。

真理性结论。可是,时至今日,人类关于"法律是什么?""法是什么?"这样一个法学或法理学的"焦点"问题也没有得出一个"真理性"的结论来。以至一些法学家不得不感慨道:要寻找一个合适的法律定义像寻找圣杯一样难[①]。也使一些法学家用一种较为世故的口气说道:"我们中的有些人已开始懂得谦虚,因为他们开始放弃了解释法律的尝试。"[②] "到目前为止,是无法给法律下一个确切的定义的。因为对一个定义来说,它应尽可能地表述现象和本质所承认的一切属性……一个被普遍接受的法律定义,意味着它同法律的基本属性相一致。"[③] 正是由于人们对于什么是"法律的基本属性"或"一切属性"认识上存在着极大差异,因而到了20世纪末,也很难有一个被普遍接受的法律定义。因此,对法律的所有单项命题和判断都是一种分析视角、一种阐释,是一种"片面的深刻"。这种"片面的深刻"比起那种表面上看似乎周全而实则苍白无力的全称性定义来,更具有分析价值和意义,更接近于向法律本质属性的渐近。通过这种多方位、多视角的阐释,以接近于认识法律[④]。当然,人类认识的无穷尽决定了对法律的认识也是无穷尽的,是永远也不会完成和终结的,它没有什么所谓的"绝对真理"。法国著名比较法学家达维德说:"在法的问题上并无真理可言。"[⑤]

---

① [美]霍贝尔等著:《什么是法?》,《原始人的法》,严存生等译,贵州人民出版社1992年版,第16页。

② [美]马克斯·雷丁:《霍菲尔德的再评价》,转引自上书,第162页。

③ 同上书,第17页。

④ 我认为近20年中国法学的最大进步,是打破了那种"一唯性""一元性"的法律属性论,而代之以多元属性的法律认识论。像法律这种如此多属性、多因素性的产物,怎么可能只归结为一种属性呢?

⑤ [法]勒内·达维德著:《当代主要法律体系》,"为中译本序",上海译文出版社1984年版,第1页。

因此，这位学者将"法律是一种文化"这一分析视角和观点理解为"将法律等同于文化"所提出的补充性反命题及其说明过程，在我看来，是还没有真正懂得什么是社会科学的"阐释"概念。"等同说"是一种强加和臆断。社会科学发展至20世纪末，人们已经放弃对事物进行全称定性的企图和野心，而围绕主题从各个方面出击，以求深入探讨事物之本质。这应该看作是20世纪末社会科学研究的一大特点，也是一大进步。

其次，这位学者反复断语道："文化一定是传统"，而传统则指本民族传统、法律文化视角的局限性在于过于看重传统、因而最终还会回到传统等观点，也存在着大可商榷的余地。"文化传统说"只是文化学理论之一，同样，"传统历史积淀说"也只是对传统的一种解释。文化包括传统，但不能将文化就定性为和归结为传统。并且将"传统"理解为一种"过去的""历史的"积淀，本身也是一种"传统"的认识。这其中，最关键的问题在于如何认识"传统"。"传统"是不是就是一种静止的、不动的、固定不变的东西？我国文化学者李鹏程博士在《当代文化哲学沉思》一书中对"传统"的文化意蕴进行了较深入地分析，他认为："被我们称之为传统的东西，就是文化在时间性的过程中所表现出的确定性形式的继续性，这种连续性内涵着两种相互矛盾而又必须相互整合的因素，那就是保守（保持）的因素和变革的因素。保守的因素使文化成为连续性的稳定存在，而变革的因素使文化得以创新和发展。所以，传统的正确意义，应该是在保持稳定的连续性中的变革和创新的文化时间过程。任何文化，作为传承的东西而且成为'统'，都是保守与变革在整合中的统一，都是在连续性中的发展，如果失去其中的任何一个方面，文化作为时间流程中的人的生命存在和活动,都是不可能的"①。他还专门谈到:"在这里需要指出一种比较普遍的对传统概念的误解和误用。在一些人看来,'传统'就是'过去文化的系统',因而,把传统与现代对立起来,在这个设定的基础上,开展对文化问题的研究。这十分明显地导致了文化研究中的某种偏颇。"②他认为:"现实的人的生命存在,处于文化传统之中,现实是传统的一个组成部分;但另一方面,现实同传统在其时间属性上有决然的不同:现实是人们可以在其中进行文化实践的文化时间领域,而传统,则是人们只能以其精神性的活动所把握的文化时间领域。所以,也可以说,传统处于现实存在着的人们的精神之中"③。由此可见,传统不是单指过去的东西,而是指经历史流变而产生变化的现实存在。达维德也讲到:"传统并非老一套的同义语"④。文化更是这样,否则,如何解释"当代文化"、"现代文化"、"社会主义文化"之类命题。张文显教授在比较了文化与传统两个概念之后也认为:文化与传统是既有区别又有联系的概念。传统不只是过去的东西。文化与传统不是等值概念⑤。如果像这位学者将文化断定为"一定是传统",那么,"当代文化"、"现代文化"、"社会主义文化"等命题则将会置换成"当代传统"、"现代传统"、"社会主义传统";"文化事业"、"文化工业"、"文化产业"、"文化官员"等则就变成了"传统事业"、"传统工业"、"传统产业"、"传统官员"等等了,这不但变换了原有命题

---

① ② ③ 参见李鹏程著:《当代文化哲学沉思》,人民出版社1994年版,第380、381、371页。
④ [法]勒内·达维德著:《当代主要法律体系》,"为中译本序",上海译文出版社1984年版,第1页。
⑤ 参见张文显:《法律文化的释义》,《法学研究》1992年第1期,第12页。

的本质内容,并且也同这位学者所理解的"传统是历史"的观点相悖。

再次,当我们说"文化"、"传统"这些词语时以及"法律是一种文化"命题时,并没有具体界定它的内容,而是一种抽象表述,怎么可能就轻率地武断地将它界定为"本民族的文化"或"本民族的传统"呢?法哲学命题大多是一些抽象性命题,一般并不具体涉指某个社会、国家、民族,这些具体所指是法哲学命题的具体化,进一步化,这是法哲学命题的一般特点。因此,当法律文化研究将视野转向文化时,或提出"法律是一种文化"时,这个"文化"是一个包容量很大的抽象概念,它可能指本民族的,也可能指异民族的,可能指历史的,也可能指现实的,是一个多因素含蕴的概念,而不能就简单地将它确定为"历史的"和"本民族的"。它只是一种法哲学的阐释,一种说明,一种对法律多属性中之一属性的判断,并没有特指哪一个具体形态。因此得出法律文化研究"从文化领域开始的反传统最终还会回到传统"的结论也是失之偏颇的。

诚然,在法律文化研究中,有些学者将分析视线着重于"传统",比如"民族化","本土资源说"等等,但这只是反映了部分学者对法律文化研究的一种倾向和着重点,而并不能代表所有法律文化研究者的态度和研究倾向。法律文化的研究在中国已有十多年历史,各种各样的观点都有,怎么可能用部分学者的研究倾向来代表整个法律文化的研究倾向呢?这不免是一种以偏概全的结论。

以上是对理解"法律是一种文化"这一法哲学命题时所应注意的一些认识基点,以及对由此命题所引出的一些不同看法所作的说明。这些认识基点和说明绝不是多余的。它是我们理解此命题以及推而广之对法律文化理论研究的认识前提。

"法律是一种文化"这一命题意欲强调和说明的是法律文化视野中的法律具有人类文化的属性,是文化的一种特殊表现形式。如果我们把文化理解为人类的创造物,或进一步而言的人类之精神的创造物,那么,法律无疑是这种人类精神创造物之一种。武步云教授从法律的本质和功能的角度论述了"法律是一种文化",他说:"法律同一切文化事物一样,它是一种主体客体化,客体主体化的过程和成果。即一定主体作用客体,形成自己的利益、需要,并将自己的利益、需要对象化为普遍性的法律规范,赖以调节社会关系,以实现其统治目的。……正是在这些意义上,法律才成为文化。就是说,法律之所以是一种文化,就是由于它是人类在自己活动的对象中实现自身的一种方式和手段。"①

美国法学家博登海默指出:"法律是一个民族文化的重要部分。"②美国人类学教授霍贝尔也认为:人类学家"把文化作为一个有联系的、运动中的整体看待。这样就可能把法律作为一个文化因素,用文化动力学理论的观点来研究。"③霍贝尔在《法律的文化背景》一章中,介绍了另外两位学者的观点:"从人类学角度考虑,法律只是我们文化的一个因素。它运用组织化的社会集团的力量来调整个人及团体的行为。防止、纠正并且惩罚任何偏离社

---

① 武步云著:《马克思主义法哲学引论》,陕西人民出版社1992年版,第395页。
② [美]E.博登海默著:《法理学——法哲学及其方法》,"作者致中文版前言",邓正来等译,华夏出版社1987年版,第1页。
③ [美]E.霍贝尔著:《原始人的法》,"前言",严存生等译,贵州人民出版社1992年版,第1页。

会规范的情况。"①心理学家弗洛伊德把文化看作是"道德和组织的总和,它们的建立使我们脱离了祖先的动物状态……"②,他继承了启蒙时代的基本观念:把法律和文化相结合③。在英国文化人类学家泰勒的文化定义中,法律也是一个重要的构成子项。英国著名人类学家马林诺夫斯基则将"社会制度"视为"文化的真正要素"。梁治平先生认为:文化是整体,法是部分,法是文化的命题中应有之义,法与文化不可分割,西方的法制是被作为西方文化的一个部分来看待的,法不过是一种特殊的文化现象④。他曾在一篇文章中明确说到:"所谓法律文化,既是一种现象,又是一门科学,还是一种方法。谈论法律文化,首先是把法律作为一种文化现象来把握。任何一种有效的法律,都必定与生活于其下的人民的固有观念有着基本协调的关系。"⑤以上学者关于法律与文化的关系的观点,都将法律视为文化的重要组成内容和表现形式。

"法律是一种文化"这一命题,一方面说明了法律是文化的一种特殊表现形式;另一方面也说明了法律与文化的密切关系。任何一种法律或法律现象,都是特定社会的文化在法律这种现象上的反映。法律的产生、存在与发展,既与社会的经济条件、政治环境相联系,也与该法律所产生、存在的社会文化密不可分。法律的产生与存在,都有其特定的文化土壤和背景。原始社会的习惯文化,为法律的产生提供了大量的文化基础。马克思讲:"权利永远

---

① [美]S.P.辛普森、鲁恩·菲尔德:《法律与社会科学》,转引自上书,第4页。
② ③ 转引自[法]维克多·埃尔著:《文化概念》,第127、109页。
④ 参见梁治平:《比较法与比较文化》,《读书》1985年第9期。
⑤ 梁治平:《中国法的过去、现在与未来——一个文化的检讨》,《比较法研究》1987年第2期。

不能超出社会的经济结构以及由经济结构所制约的社会文化发展。"[1] 权利是如此,作为权利的规定者——法律,更是如此。处于较低发展阶段的法律和处于较高发展阶段的法律,由于所处时代的政治、经济、文化发展水平不同,必然呈现出不同的法律文化水准。"法律直接随着文化而变化。文化贫乏时,法律也匮乏;文化发达的地方,法律也就繁荣。"[2] 成文法的一个先决条件必须是先有文字,没有文字就不可能有成文法。法律的每一进步,同时也标志着人类文化的一个进步。同样,"文化上的每一个进步,都是迈向自由的一步。"[3] 人类社会由最初的习惯调整,到后来的习惯法调整,再到成文法调整,这每一次递进,都渗透着人类文化进步的巨大因素和影响。如古代中国的铸刑鼎,古代巴比伦奴隶制时代的汉谟拉比法典,古代罗马的十二铜表法等的出现,不仅是法律史上的一个进步,同时也是人类在文化上的一个进步标志。如果没有文字的发明,冶铁工艺和雕刻工艺的进步等,这些标志着法律进步的物也不会出现。因此,可以说,在这些象征人类法律发展过程的器物上,凝聚了人类文化的智慧、知识、经验、技术发明等精神财富。正是在这种意义上,一位学者指出:"法这种社会规范,从主导的方面讲,是统治阶级的意志,但法作为上层建筑,不能不包括文化的内容,凝结着人们调整社会关系的智慧、知识和经验。"[4]

---

[1] 马克思:《哥达纳领批判》,《马克思恩格斯全集》第3卷,人民出版社1972年版,第12页。
[2] [英]罗杰·科特莱尔著:《法律社会学概论》,1984年伦敦英文版。
[3] 恩格斯:《反杜林论》,《马克思恩格斯选集》第3卷,人民出版社1972年版,第154页。
[4] 孙国华:《法学基础理论》,第27页(电大教材)。

二、法律文化在整体文化中的地位和作用

"法律文化是人类文化系统中独特的,不可缺少的一部分。是社会精神文化的重要构成。""法律文化"概念中的这一层含义说明了法律文化在整个人类文化系统中的地位。法律文化如同政治文化、宗教文化、伦理文化等一样,是构成人类整体文化大系统的一个子系统,是受整体文化影响的一种亚文化。苏联法学家阿列克谢耶夫认为,"法律文化和管理文化水平、国家机关的工作文化水平等处于同一系列。"[①] 各个文化子系统的综合,才构成社会的整体文化。离开各个子文化,整体文化将不复存在。法律文化同其他类型的子文化一样,虽然有它的文化共性,但同时也有它自身独有的文化特性。由于法律文化具有调整社会关系、规范社会生活秩序等功能以及对社会政治生活、经济生活和文化生活直接干预等特点,属于社会文化系列中的调整文化,决定了法律文化在整体文化系统中占有很重要的地位。这是其他类型的子文化所不能取代的。在一个社会的精神文化结构中,法律文化是极为重要的一个内容构成。法律文化的发展状况和发展程度,直接决定和影响着一个社会的精神文化发展状态及程度。

张文显教授对法律文化与(整体)文化的关系作了一番较精细的说明:"法律文化与文化是个别与一般、部分与整体、子系统与系统的关系。因此,它必然具有文化现象共有的一般性质、特征和功

---

① [苏]C.C.阿列克谢耶夫著:《法的一般理论》上册,黄良平等译,法律出版社1991年版,第220页。

能,而且与其他文化子系统,如宗教文化、道德文化、政治文化等相互作用、互为补足。脱离总体文化,与其他文化子系统不相干的单纯的法律文化是不存在的。但是,法律文化毕竟是总体文化中的特殊文化,或者说是文化现象中的一种特殊形态。法律文化特殊就特殊在它是以法律现象为特定内容,与人的法律生活相联系的,而法律现象和法律活动则均属于社会的上层建筑。"[1] 日本法文化学者千叶正士尖锐地指出:"日本乃至全世界的法律文化理论的研究一般都存在一个重大的欠缺,就是在论述法律文化时并未将其作为文化加以正视。毫无疑问,论述者们确实把法律文化一语中的文化的要素看作是不可或缺的,但他们又都认为,法律文化的整体概念中主要的因素或独立变数最终还是法,而且是国家法,而文化的要素只是附加要素或从属变数。也就是说,这一视角把法作为窗口,只是在与法关联的限度内关注文化。"[2] 千叶正士教授的主张在于要真正把法律文化作为一种文化来加以正视和对待,而不只是将文化看成法律文化的附加要素或成分。

三、法律文化发展的"三步曲"

法律文化,是人类在漫长的历史发展过程中从事法律实践活动所创造的智慧结晶和精神财富,是社会法律现象存在与发展的文化基础。人类文化的发展,乃至于法律文化的发展,都经历了一个相当漫长的发展过程。在原始社会中,人类为了发展自身,在劳

---

[1] 张文显:《法律文化的释义》,《法学研究》1992年第5期,第11页。
[2] [日]千叶正士著:《法律多元——从日本法律文化迈向一般理论》,强世功等译,中国政法大学出版社1997年版,第233—234页。

动的基础上产生了各种各样的文化。诸如:各种习惯、礼仪、风俗、禁忌等等。原始社会的调整文化是原始社会所形成的习惯和风俗。恩格斯在对氏族制度考察之后指出:"一切问题,都由当事人自己解决,在大多数情况下,历来的习俗就把一切调整好了"①。原始社会的各种社会调整方式为法律的产生创造了前提。有位学者指出:原始社会"这种调整文化的逐渐积累,在原始社会解体过程中,就成了产生法律规范的'建筑材料'。"② 随着原始社会的逐步解体,原始社会的习惯调整文化虽不会立即消失和全部解体,但也逐渐地渗入到"习惯法调整文化"之中。美国法学家埃尔曼把这种现象称之为"习惯的让位"。他说,在普通法以外的其他地区,习惯作为法律渊源的存在往往只被当作一种古代遗产,它们或早或迟都要让位于形成一个国家法律制度的更为现代的方式③。

关于习惯在人类早期社会中的作用以及习惯与法律的关系成为文化人类学家以及法学家长期研究的问题。原始社会的解体,既是一种社会形态的转型,同时也是一种随社会形态转型而伴生的文化转型。在这个转型过程中,习惯发挥了重要的作用。一位英国法学家 G.D.詹姆斯指出:在一个法律体系的初创阶段,习惯往往对法律的发展起重要作用。在先进的法律体系中,习惯的重要性减弱了,现已几乎不再是一个发展英国法的因素。然而,不仅因为它在历史上的重要性,而且因为在某些领域,它仍是英国法的

---

① 恩格斯:《家庭、私有制和国家的起源》,《马克思恩格斯选集》第4卷,人民出版社1972年版,第92页。
② 孙国华:《法学基础理论》,第16页(电大教材)。
③ [美]亨利·埃尔曼著:《比较法律文化》,贺卫方等译,三联书店1990年版,第47页。

重要组成部分①。詹姆斯还进一步研究了习惯与法律的关系。他认为,习惯和法律的联系是显而易见的,因为不论什么法律体系,人们总是遵循习惯,因为它体现着公正的思想,而且在处理人与人之间的关系上,被认为很有用处。因此,如果一项规则到了具有习惯的效力的地步,对于它最终被通过为法律规则,人们将不会感到奇怪。因此,习惯可以被认为是法律的一个渊源。在习惯法发展过程中,如果就某项具体问题的习惯被认为是经得住推敲的,往往就会被收入法律。詹姆斯指出:习惯之所以被接受为法,一个重要的原因是,在法律发展的初期,法律并没有现在这么受人尊重。所以,对他们来说,施行已有的习惯,比创造和施行全新的法律要容易得多。詹姆斯还指出:法律和习惯之间保持密切关系的另一个原因是,随着习惯的发展,人们更加信任和依据习惯。所以,法律没有正当理由不应干涉习惯,尤其是贸易和商业习惯,有许多几百年前形成的习惯,经过相当长时间才被纳入一般法律②。

由此我们可以看出,由"习惯调整文化"到"习惯法调整文化"再到"法律调整文化",是人类法律文化形成过程中的"三步曲",它经历了一个相当漫长的历史过程。在以后的历史发展中,人类又在从事法律活动的实践过程中逐步总结经验教训,使这种法律调整文化不断得到丰富和发展,成为一种文化积累适用到现实的人类活动中。所以,法律调整文化是社会发展到一定历史阶段的产物,也随着历史和社会的发展而不断丰富和完善。

---

① ② [英]G.D.詹姆斯著:《法律原理》,中国金融出版社1991年版,第64、65页。

四、法律文化与法律传统

"法律文化"这一概念,包括了人类历史发展过程中所积累起来的有价值的法律智慧、知识、经验等法律文化遗产,但它并不等同于这种文化遗产;法律文化包括了法律传统,但也并不等同于法律传统。

要理清法律文化与法律传统的关系,还须再回到"文化与传统"的关系上来。张文显教授在比较"法律文化与法律传统"这两个概念时,用了一大段论述分析了这两个概念的异同:"文化与传统是既有区别又有联系的概念。所谓传统,是指由历史沿传下来的,具有一定特色的社会态度、信仰、习俗、制度等。传统是历史上形成的东西。所以,很容易把传统与过去划等号。实际上,传统不只是过去的东西,而且是对现在和未来都能够产生定向性和规定性影响的东西。那些仅仅属于过去,早已僵化和死亡的东西,并不能称为传统。当然,文化与传统不是等值概念。首先,传统偏重于文化中的心理状态,即那些定势化、潜意识或无意识的因素;文化的内涵要比传统更丰富,除了心理状态和行为模式的因素之外,还包括认识和价值等更重要的因素。其次,文化比较具体,某种学说、某种制度、某种符号系统,都可以说是文化,而传统则比较抽象,它是文化系统中具有深远的影响的精神因素。当然,就文化是历史积累和选择而言,可以说文化是代代相承而形成的传统,传统是凝聚的文化。一些法学家就是基于这种认识对法律传统和法律文化两个概念不加区别地互相转换使用,例如麦里曼教授就在与法律文化等值意义上解释法律传统。"① 简括之,文化概念外延大于传统概念。文化包括传统,但并不全是传统。就法律传统而言,更着重于一种内在于法律制度中的精神性因素。在法律制度中,法律传统不好用一种形式外显出来,而是以一种内隐性的精神因素渗透于体现于法律制度之中。

从法律文化与法律传统这两个概念的相互关系看,"法律文化"这一概念是一种集历史与现实,静态与动态,主观与客观,过去与现在在内的人类法律实践和活动的一种文化状态。"法律文化"这一概念既着眼于历史,更着眼于现实,既是以往人类法律实践活动的智慧凝结物,也是现实法律实践的一种文化状态和完善程度。苏联法学家C.C.阿列克谢耶夫指出的"法律文化定义的重心则转移到了说明法律文化是某种状态",其突破性理论价值在于它说明了法律文化不仅仅是一种纯粹的主观因素,也不仅仅只表现为一种历史文化的遗留。这样两个突破性进展,使我们在研究法律文化问题时,就不仅仅只局限于法律观念形态的研究,局限于法律制度史、法律思想史等法律发展史的研究,而应从更为广阔的领域,在"法律是一种文化"这样一个宏观思考的基点上,既对法律观念形态,又对与法律观念形态密不可分的法律上层建筑的其他内容进行研究;既对历史的,又对现实的法律现象和法律活动进行文化考察。改变过去一讲到"法律文化"便反射出"法律传统"、"文化遗产"这一传统的思维链索。

---

① 张文显:《法律文化的释义》,《法学研究》1992年第5期,第12页。

五、法律文化的实体内容界定——
法律文化的对象化

以上的几点分析,虽然从不同的角度对法律文化的涵义作了说明,但仍有一个最实质的问题尚未解决,即法律文化的实体内容是什么？或者说法律文化的研究对象是什么？我们在前面讲道:在法律文化研究中,法律文化的"实体内容"和"研究对象"是重合的,即法律文化的研究对象是法律现象(这也是一切法学的研究对象),而法律文化的实体内容就是与法律现象有关的事物。如果再从法律文化的具体内容分析,法律文化是由社会的物质生活条件所决定的法律上层建筑的总称。在某种意义上,法律文化就是法律上层建筑。根据马克思的上层建筑理论,社会的上层建筑分为两大部分:(1)社会意识形态;(2)与意识形态相适应的制度、组织机构等。法律文化作为法律上层建筑的代名词,主要地也由两大部分构成:(1)法律意识形态;(2)与法律意识形态相适应的法律规范、法律制度、组织机构、设施等。这样来理解法律文化的内容,我认为既符合人们对于文化的一般认同,也符合马克思关于上层建筑与经济基础关系的基本原理。如果只从"狭义文化观"来理解法律文化,只承认法律意识形态是法律文化,而将与法律意识形态相关的制度及其组织机构排除在法律文化之外,就不能够充分反映和表现法律文化这一概念的丰富内涵。法律文化,就其本质讲是一种精神财富。这种精神财富就不只表现为法律心理,法律意识,法律思想体系等内隐性的意识形态,它也表现为人类在漫长的进步过程中所创造的法律、法律制度、法律组织机构等外显的制度化形态。这样,才能构成一个法律文化的整体内容和结构。

上述关于法律文化的实体内容界定,涉及到一个非常重要的法哲学问题,即法律意识与法律制度的关系问题。虽然这两者都属法律文化的内容范畴,但它们之间也存在着一种相互关系。李步云教授在研究"法律意识的本原"问题时,对此进行了深入的分析。他认为:法律意识的本原并不是传统观念所理解的"社会物质生活条件",它从根本上讲应是法律现象,是法律现象在人们头脑中的反映和映象;从哲学上看,法不属于"社会意识"范畴,而属于"社会存在"范畴;就法与法律意识的相互关系而言,法是第一性的东西,法律意识是第二性的东西。作者指出:尽管法律意识对法律的制定和实施有指导作用,但法制定的"根据"其内容应当是社会关系与社会秩序的实际状况、需求和客观规律;其形式应当是法律自身的性质、特点及其规律性。从产生看,也应当是先有法,后有法律意识,正如先有客观物质世界,后有人们的主观思想、意识一样①。李步云教授是"把法作为一个客观上存在的社会现象来探讨它同法律意识之间的相互关系"②。这有助于我们理解"法律制度"这种已客观化了的"社会存在物"同作为理念形态的"法律意识"本身之间的相互关系。法律意识和法律制度两者之间确实存在着一种辩证关系。从法律意识的产生来讲,它是客观存在的各种各样的法律现象在人们头脑中的反映。没有各种各样的法律现象,就不会有人们的各种法律意识;法律现象是被反映物,而法律意识是反映物,或是反映的结果;但对于将要制定的法律制度来讲,法律意识,尤其是统治阶级的法律意识,也会成为新法律产生

---

① ② 参见李步云:《法律意识的本原》,《中国法学》1992年第6期,第51—56页。

的要素之一,成为制定新法律的内容构成。正是从这种意义上,我们讲,法律文化的两大构成内容中的第二部分是"与法律意识形态相适应的法律规范、法律制度、组织机构、设施等"。因为一种法律制度、法律规范的制定,如果不符合立法者对法的理想、目的和预期设计,这种法律就很难被制定出来。"相适应"正是从这个意义上而言的。

关于法律文化的实体内容界定,国内外法学界歧义较大。分歧的"焦点"在于有无必要将以法律制度为核心的"制度性文化"作为法律文化的内容。因此,有必要着重分析一下这一问题。

《比较法研究》1989年第2期在"法文化笔谈"专栏内,曾经发表过一篇署名慕槐的文章。该文写道:"时下热心法文化研究者渐多,但有些论者在解释法文化概念时常有把法律制度本身也列入其中的倾向,并名之为广义的法律文化。实则广义的法文化称为法律文明或更确当。法文化即是法观念、法意识,它所涉及的只是不同民族,不同地域,不同阶层的人们对法律及司法机构、法律职业家等的态度,对于解决冲突方式的选择、正义标准以及价值尺度等等。"该文还写道:"将制度本身也纳入法文化范畴似乎是扩大了它的地界,使它成为无病不治的灵丹妙药,最终却可能事与愿违,超出自己的研究范围而四面出击,必将导致一无所成。"[①]

"法文化即是法观念、法意识。"这是关于法律文化概念的一种观点。从我们所了解的美国、苏联、日本学者对法律文化的理解看,他们中有一些学者就持这种看法,尽管各自在描述上有所不同。

---

① 慕槐:《法律文化随感录》,《比较法研究》1989年第2期,第71页。

日本法文化学者千叶正士教授指出：近年来，法律文化这个表述在西方学者和日本学者中越来越流行。然而，由于对概念的精雕细琢很少有兴趣，他们依赖的看来还是十年前先驱者（主要指弗里德曼——本书作者注）对这一表述所下的定义。这个定义的精髓讲的是与法律相联系的有文化特色的价值和态度，在文字表述上小有不同。……把法律文化定义为"法律中的文化特性"虽则流行，但太宽泛，并有关注法律体系下的观念因素的倾向，而忽视了社会中涉及法律体系的法律秩序以及产生和维系这种秩序的社会集体。当代法律文化问题的核心一点，就是这些社会集体的社会——法律秩序的比较文化特征[①]。

有位学者在对西方法律文化的研究趋向分析后认为，"近年来西方法律文化研究中的一个特点，似乎是把法律文化这一概念局限于'一套价值观念'，而忽视研究它的规范性、形式化，也就是法律制度本身的问题。应该说，法律制度（规范、程序、机构等）本身也是文化的一部分。我们认为，除了对公民的法律价值观念加以研究外，还要研究法律制度本身的一些问题。"[②] 另一位学者也对西方法律文化研究中，将法律文化的概念只局限于价值观念的范畴进行了评价："将法律文化限定在价值观念的范畴，显然是远远不够的。因为价值观念本身比较虚幻，难以把握。从根本上说，价值观念是存在于人们心中和头脑里的，它不见之于客观世界。因此，唯其转化成具体行为，凝结成某些理论、制度和规范时才富有

[①] ［日］千叶正士著：《法律多元——从日本法律文化迈向一般理论》，强世功等译，中国政法大学出版社1997年版，第174页。
[②] 刘大力：《法律文化透视——当代西方法学的一个新视角》，《外国法学研究》1989年第2期，第11页。

分析意义。而且,法学理论、法律制度和规范本身就是某些价值观念的外化物,并对法律观念的形成具有一定的诱发和强制作用。"① 这两位学者的分析实际上阐明了为什么要将法律制度作为法律文化构成要素的主要原因。英国文化人类学者马林诺夫斯基也认为:"社会制度是构成文化的真正要素。"②

对"法文化即法观念、法意识"这一观点,我们需要商讨的第一个问题是:既然法文化就是法观念、法意识,那么,原有的法律观念或者"法律意识"的概念同法律文化相同,而且有它长期形成的一套研究体系和方法,为什么还要有一个"法律文化"的概念? 我们又如何解释法律文化作为一个新的法学问题引起如此多人的关注这种现象?"法律文化"的概念除了只具有"文化"标签的象征意义外,又有何新意? 张文显教授针对这一观点也指出:"把法律文化与法律意识划等号,除了词语上的区别外,没有实质意义。而且老实说,在这种等值意义上,还不如使用法律意识概念,更符合中国人的习惯。……我认为,无论对法律文化作广义的理解,还是作狭义的理解,法律文化对法律意识都是一种包容关系。"③ 第二个问题是:如何理解"文化"? 除了物质文化之外,"文化"是否就是一种观念形态? 如果说文化只是指一种观念形态,那么将观念形态的外化物"制度文化"归入哪一个范畴? 第三个问题是:将法律制度作为法律文化的构成,是否就成了无病不治的"灵丹妙药"?

被谓之为"广义法律文化观"的法律文化概念,并不是法律诸

---

① 蒋迅:《法律文化刍议》,《比较法研究》1987年第4期,第22页。
② [英]马林诺夫斯基著:《文化论》,费孝通等译,中国民间文艺出版社1987年版,第18页。
③ 张文显:《法律文化的释义》,《法学研究》1992年第5期,第12页。

多要素的"文化大杂烩",它也并不将精力放在对该概念所内含的各种要素的具体分析上,而是欲从一个全新的角度,把人类社会中与法律有关的各种现象、活动、要素联结起来,作为人类文化大系统的一个重要子系统,作为一种整体性的文化类型,来着重探讨该系统内部各要素之间的相互关系及与外部系统的关系。比如,世界各国法律制度产生、形成、发展的原因是什么?它们之间为什么形成如此之大的差异?这些差异表现在哪些方面?除了差异之外,有无共同点?法律现象如何反映为人们的法律观念,法律观念又是如何影响法律制度的产生、变化和发展?反之,法律制度又是如何影响和改变人们的观念?法律观念在法律变迁过程中具有哪些作用?法律在社会中是如何发挥作用的?法律制度的实施需要具备何样的社会条件?等等。所有这些都是法律文化需要研究的问题。正如一位学者所指出的:"它们之间(指法律观念与法律制度)的互动关系是法律文化主要的研究对象。"[1]

武树臣教授在论述法律文化的研究意义时指出:"……法律文化又是一种综合宏观的研究方法的代名词,它把人类的法律实践活动——有形的立法、司法活动和无形的思维认识活动——视为一个整体来把握,目的在于揭示人类法律实践活动的本质特征和内在规律。"[2] 另一位法社会学者也以近乎同样的思路指出:"将法律文化的理论范畴引入法社会学的研究中,其方法论意义在于把被传统分析法学人为割裂开的法律制度、法律规范和法律观念还原为一个有机的统一体。使我们的法学研究工作者在从事法学

---

[1] 蒋迅:《法律文化刍议》,《比较法研究》1987年第4期,第22页。
[2] 武树臣:《让历史预言未来》,《法学研究》1989年第2期,第89页。

研究中能够更加自觉地从法律文化这种内在统一的观点出发去分析问题和解决问题"[①]。我认为,"法律文化"除了上述两位学者所正确指出的法学研究方法论的意义外,更重要地涉及到如何来丰富人类对法律这种极其复杂而又对人类社会至关重要的社会文化现象的认识价值,如何来推动法律作为一个社会中整体文化类型的发展和变化,以适应迅速变革着的社会实践的需要。有两位学者形象地把"法律文化"这一概念称作是一种"大写意的术语"[②],其中就包含了"法律文化"是一个经过系统思维而形成的概念这一含义。

六、法律文化的参照系

衡量一个国家的法律文化,要设定多种参照系。这些参照系是法律文化实体内容的演化和具体化。其中至为重要的是法律作为社会调整器发展的程度和状态,人们对法律及法律现象的认识、价值观念、态度和信仰等水平。具体讲,法律调整社会关系的广度和深度如何?法律制度及其法律组织机构是否健全?法律是否得到执行?执法是否严格?法律职业者受过何种法律教育和职业培训?他们的法律素质和文化素质如何?法律教育的规模如何?法律社会化的程度如何?公民对法抱有什么态度和认识?公民通过何种途径获取法律知识?公民是否信仰法律、使用法律?公民对

[①] 陈学明:《法律文化、法律效果以及我国法社会学研究的发展方向》,《未定稿》1989年第3期,第57页。

[②] 赵震江、武树臣:《关于"法律文化"研究的几个问题》,《中外法学》1989年第1期,第54页。

行使法律权威的法律机构及法律职业者持有什么态度？包括公职人员在内的全体公民守法的自觉程度如何？法律判决是否能够得到执行？等等，所有这一切，既是衡量一个国家和社会法律文化水平高低的标准，也是法律文化所应研究的内容。

第三章 法律文化的结构

法律文化的结构是法律文化基本理论研究的一个重要问题。研究法律文化的结构,旨在于通过解剖法律文化的构成要素及其组合方式,说明法律文化是一个有内在组织结构的文化体系。也可以说,法律文化的结构是对法律文化内容的一个逐步展开过程和深化过程。用一种比较简单通俗的比喻,"法律文化的释义"回答的是"法律文化是什么",而"法律文化的结构"则要回答"法律文化由什么构成"。通过对法律文化结构的分析,可以使我们更加明了法律文化的内部构成及其相互关系。

第一节 结构与结构主义

要研究法律文化的结构,必先了解有关"结构"的理论,以及"结构主义"等学说,从中体察出"结构"的意义以及对于法律文化结构研究的启示。

一、结构的意义

当代美国文化人类学家克鲁克洪指出:"文化除了具有内容之

外还具有组织结构,这绝非谈妄说玄。"① "'系统'一词具有重要的涵义。文化不仅有其内容而且有其结构这一事实,现已获得普遍的认识。只有适当的考虑到系统的性质,才可能把文化当作一种概念的工具以起到预言的作用。"② "结构"的概念是文化学的一个重要概念。克鲁克洪认为:结构关系的根本特点,是各部分之间的相对固定的关系而不是各部分或各要素本身。"结构"的意义,表现在它具有决定事物性质的功能和作用。他举砖墙为例,一堵砖墙,是一个结构体,但当我们把砖头从墙上一块块地拿开,就整体砖头前后数量不变这一点而论,我们并没有破坏什么。然而很明白:在具体的东西并无泯灭的同时,却失去了一个结构整体。同样,研究文化变迁的人不得不承认:尽管文化内容改变了,其结构形式却可以保持不变;或者文化内容相对不变,而它们却组织在一个新的结构之中③。如果一种结构形式不复存在了,那么由此产生的变化就不同于那种纯粹是量上减少的过程所产生的变化。如同其他事物一样,每一件文化都是关系的复合体,都是既有序且相关的部分的多重体。这些部分并不产生整体而是构成整体,其中的涵义并非指完整的结合,而仅仅是指具有抽象的可分性。对于文化形态的任一要素,只有在该要素与其他要素——事实上也是与其他文化形态——的整体关系框架中,才能充分地看到它的涵义④。

由此可见,"结构"的意义主要体现在它是处理整体与部分之间关系的关键。也是认识事物本质的必由途径。任何事物都有其

---

① ② ③ ④ [美]克鲁克洪等著:《文化与个人》,高佳等译,浙江人民出版社1987年版,第12、10、10、13页。

结构,大至宇宙、自然界、人体,小至一首诗歌、一个文字。事物的存在由其结构所决定,而这结构却离不开组成其结构的要素和单元。文化的全部意义也体现在其结构之中。任何一孤立的文化要素,如不成为结构的组合体之一,纳入结构体之中,难显其存在意义。这也指明了要素与要素之间的关系只有在结构体中才能得到说明,它们的相关性也只有在结构中才能得以说明。

同时,"结构"的更为重要的意义还体现在它决定事物的性质。相同的要素,不同的结构,会产生性质不同的事物。如汉字的六个笔划,由于不同的结构组合,会产生上千万个不同的汉字;英文中的26个字母,由于不同的组合,产生成百万个英文单词;音乐中的七个音符,在音乐家的手中,却能奏出不同凡响的人间的喜怒哀乐,同样的建筑材料,由于不同的建筑设计,产生出不计其数的不同风格的建筑物体。"结构"的这一意义,同样也体现在人类的精神组成。思维作为同是人脑的产物,在不同的人那里,由于知识结构和思维方式的不同,产生出不同的思想,等等。可见,"结构"对于文化具有不可忽视的功能和作用。它既是组成文化的枢纽,也是认识文化的关键因素。

二、作为一种方法论的结构主义

20世纪中叶,西方学术界兴起了"结构主义"思潮。这种"结构主义"思潮,是对早期文化"结构"理论的发展。这一思潮的出现,对社会科学和自然科学的研究产生了较大的冲击。美国杜克大学教授弗·杰姆逊在回答"什么是结构"这一问题时指出:西方所有有关思维形式的理论都有一系列关于结构的概念,即有某种模式，通过它可以理解不同的因素之间相互起作用的各种关系，把事物间的相互关系观念化。一个国家、自然界或人的身体及诗文体中都存在着种种相互制约的不同因素。西方最早关于结构的概念，也就是用以理解具有各个不同元素的总体的模式，是有机论，特别是在西方浪漫主义时代，有机论有新的发展。但西方文化中有另一种关于结构的思维是其他文化所不具有的，那就是工业化带来的模式给人们的思考。突然间人类生产力与结构（机器）的关系改变了所有关于结构的疑问。……60年代，结构主义突然出现了，发现了一种关于结构的新概念。这个概念可以用另外一些字眼来表达："系统"或"共同体"[①]。

1968年，瑞士著名的儿童心理学家皮亚杰出版了《结构主义》一书。他在此书中，对各式各样的结构主义学说进行了综合研究，试图找出结构主义的一般特点。皮亚杰经过综合之后指出，结构主义的共同特点有二：第一是认为一个研究领域里要找出能够不向外面寻求解释说明的规律，能够建立起自己说明自己的结构来；第二是实际找出来的结构要能够形式化，作为公式而作演绎法的应用。于是他指出结构有三个要素：整体性、具有转换规律和法则、自身调整性；所以"结构就是由具有整体性的若干转换规律组成的一个有自身调整性质的图式体系"。他说：这样一个概念很抽象；结构存在的模式要在各个研究领域里才能精确说明。所谓结构，也叫做一个整体、一个系统、一个集合。一个结构的界限，要由组成这个结构的那些转换规律来确定。而所谓转换，在有的学科

[①] [美]弗·杰姆逊著：《后现代主义与文化理论》，陕西师范大学出版社1986年版，第14—15页。

中译为变换,就是表示变化的规律,通常用一个以上的数量逻辑公式来表示①。

皮亚杰还认为,结构主义的最大意义表现在方法论上。他将结构主义视为一种方法。皮亚杰说:"不能把它(指结构主义——作者)作为一种学说或哲学看待,否则它早就被别的学说超越了。结构主义主要地乃是一种方法",这才是"真正的结构主义,即方法论的结构主义"②。"结构主义真的是一种方法而不是一种学说,或者说如果它成为学说的话,那结构主义就要引出大量的学说来。作为方法,结构主义在应用上只能是有限制的,也就是说,如果结构主义由于要得到丰富成果而被引导去同一切其他方法发生联系的时候,它假定有其他方法的存在,并且也丝毫不排斥发生过程或功能作用的研究;相反,结构主义在一切必须发生接触的边缘领域中,用它强有力的手段加强这些研究。另方面,作为方法论,结构主义是开放性的。"③

20世纪中期以来,结构主义作为一种研究方法在社会学、数学、经济学、生物学、逻辑学等各学科领域中得到了广泛运用。这是因为现代科学经过近200年的发展,经过各种实验、归纳、统计、分析等等,到20世纪初年虽然得到极大成果,但也遇到了各种一时不能解决的矛盾。许多学科都得出结论:过去把研究对象分析为许多组成成分的办法行不通,整体并不是各部分的简单总和,它比部分的总和还要多一些,即整体还有整体作为整体自己的性质。

---

① 参见[瑞士]皮亚杰著:《结构主义》,倪连生等译,商务印书馆1986年版,"译者前言",第2—3页。
②③ [瑞士]皮亚杰著:《结构主义》,倪连生等译,商务印书馆1986年版,第102页。

从整体出发来认识部分,实践证明是有成果的。甚至有些研究对象,只能一开始就从整体来研究才有可能。于是,许多学科都产生了革命——结构主义的革命,要求打破"原子论式"的研究,进行整体的研究。这种整体、系统、全部集合来从事的研究,就称为结构主义的研究[①]。

法律文化的研究视野正是基于这样一种整体观的基础之上。它把整个与法有关的现象视为一个文化整体,而不是支离破碎的各个分支以探求这样一种整体文化的功能属性及内在规律。

皮亚杰指出:如果说结构是一个转换体系,它含有作为整体的这个体系自己的规律和一些保证体系自身调节的规律,那末,一切有关社会研究的形式,不管它们多么不同,都是要导向结构主义的;因为社会性的整体或"子整体",都从一开始就非作为整体来看不可;又因为这些整体是能动的,所以是转移的中枢;还因为这些整体的自我调节,能用社群所强加的各种类型的限制和种种标准或规则这样一个有特殊性的社会事实表现出来[②]。

也许结构主义者夸大了结构主义的作用。但是,"结构主义"作为一种方法论,是有其价值的。"结构主义"关于"结构"的理论,同20世纪80年代所兴盛的"系统论"相呼应,对社会科学的理论研究带来了一些生机。它同马克思主义关于"世界整体性"的理论,有着一种内在的联系。皮亚杰也指出:结构的研究不能是排他的,特别是在人文科学和一般生命科学范围内,结构主义并不取消任何其它方面的研究。正好相反,结构主义的研究趋向于把所有

[①]② [瑞士]皮亚杰著:《结构主义》,倪连生等译,商务印书馆1986年版,"译者前言",第3、68页。

这些研究整合进来,而且整合的方式是和科学思维中任何整合的方式是一样的,即在互反和相互作用的方式上进行整合①。社会科学研究工作者自觉不自觉地运用结构理论、系统理论、整体理论来研究各门学科,取得了一些新的成果。社会是一个整体,构成社会机制的"文化"以及各种"亚文化"也是一个整体。结构主义的一些理论,对我们研究法律文化理论,尤其是研究法律文化的结构,有一定的启示作用。

第二节 文化结构与法律文化结构诸说

在文化学研究和法律文化研究中,学者们基于对文化概念和法律文化概念的不同理解,提出了各自不同的"结构"学说,下面将分别介绍几种主要的理论。

一、文化结构

我国学者、著名历史学家庞朴先生在80年代提出了一个"文化结构三层次"学说。庞朴先生说:文化应是一个立体的系统。文化结构分成三层:一是它的外层——物质层,一是它的里层——心理层,包括价值理念、思维方式、表达方式、信仰等。再一层就是中间层,即心物结合的这一层,心理之体现为物,物中所包含着的那个心。一切心的产品,以及一切外物中所蕴含的人的思想,都包括在这一层里面。中间层还有人类精神产品的非物质形式的对象

---

① [瑞士]皮亚杰著:《结构主义》,倪连生等译,商务印书馆1986年版,第98页。

化。譬如教育制度,政治组织,各种制度,法律制度,是人类社会的客观存在[①]。庞朴先生还从近代中国的历史演进论证了他的这一观点。他认为:1861年开始的洋务运动至1894年的甲午战争,这期间可称之为洋务运动时代,中国开始从物质层面上(坚船利炮)接触西方文化;第二阶段从甲午战争失败1895年中间经过戊戌变法,到1911年的辛亥革命,实际上是解决社会制度和政治制度问题,即文化的中层,而这个中层是比较复杂的。思想、制度等都在中间层,所以中间跨过了两个时代。到了第三层,人们又回到了文化心理问题,就有了"五四"新文化运动[②]。庞朴先生的这个"文化结构三层次"说,对于文化研究以至法律文化的研究产生了较大的影响。许多学者受他的这一学说启示,从而构建各自的文化结构理论。

当代美国文化人类学家克鲁克洪将文化分为显型文化和隐型文化两大结构。他认为,文化包含有形的也包含无形的。有形的即显型文化,无形的即隐型文化。显型文化寓于文字和事实所构成的规律之中,它可以经过耳濡目染的证实直接总结出来。人们只须在自己的观察中看到或揭示其连贯一致的东西。人类学家不会去解释任意的行为。然而,隐型文化却是一种二级抽象。在这里,人类学家所推断的是最不一般、最少共性的特征——看来它们确实是构成文化内容多重性的基础。只有在文化的最为精深微妙的自我意识之处,人类学家才在文化的承载者那里关注隐型文化。

[①] 见庞朴:《文化结构与近代中国》,载《东西文化与中国现代化讲演集》,浙江人民出版社1986年(临)第17号,第9—11页。
[②] 同上书,第13—14页。

隐型文化由纯粹的形式构成,而显型文化既有内容又有结构[①]。克鲁克洪的上述显型文化和隐型文化之结构区分,对于分析法律文化的结构,极富启发和帮助意义。如果我们将制度性文化看作显型文化,把理念性文化看作隐型文化,从而可以构造出法律文化的结构模式。

二、法律文化结构诸说

在法律文化研究中,国内外学者也对法律文化的结构进行了一些分析。有的学者将它称之为法律文化的体系,也有学者称之为法律文化的组成要素或元素,除了所用词语不同外,意思基本上相近,都是在讲法律文化的结构组成。我们发现,学者们关于法律文化的结构的建构同对法律文化概念的理解有密切关系。在法律观念形态的意义上去理解法律文化,那么关于法律文化的结构自然会从法律观念或法律意识的构成去分析。譬如,美国一些学者所认为的法律文化是一系列观念的总和,那么,法律文化的结构便是诸多观念要素的内部组合;日本学者则认为,法律意识是法律文化研究的核心内容和出发点,于是,研究法律文化的结构,就要从法律意识入手;苏联学者如阿列克谢耶夫则认为,法律文化是法及法律现象的一种状态,法律文化的结构便是一系列状态的总和。阿列克谢耶夫指出:法律文化是由一系列相互联系的因素构成。其中的基本因素有下列四项:

---

① [美]克鲁克洪等著:《文化与个人》,高佳等译,浙江人民出版社1986年版,第8页。

(1)社会中法律意识的状态,即对法的了解和理解的程度,意识到必须严格遵守法制要求的程度、法和法制感的发展程度。因此,法律文化首先是"高质量上的"法律意识(这一点同苏联学者罗卡斯希娃60年代的观点非常近似)。法律文化总是同对了解和理解法的程度的评价,同对法的信念的程度,同法和法制感的发展联系在一起的。因此,群众法律意识的水平,一般法律教育的规模和强度,是衡量法律文化的重要标志。法律工作者所受的法律教育、职业训练和进修的范围和深度、法律科学、法律思维发展的程度等指标,也同样重要;

(2)法制的状况,它说明了法制的全部要求展开的程度,实现这些要求的实际程度(法律程序的巩固程度)。法制的状况一般是社会文明的极重要的表现之一。没有极严格的法制,法律文化就不可能存在,不可能设想。此外,在这一方面,法律文化的水平在很大程度上还取决于立法者是否尊重他们自己颁布的规范;

(3)立法的状况,立法的内容和形式的完善。社会主义的立法状况要求立法有真正科学的结构,找出调整社会主义各种关系的最适宜的方法、方式、类型,严格遵守法的创制的程序,最大限度地利用法律技术的先进手段和方法等;

(4)法院、检察院、其他适用法律的法律机关的实际工作的状况,它反映这些机关在法律体系中的实际作用,采用法律技术的先进方法、采用劳动科学组织规章的程度,等等①。

以上四个基本因素,实际上是作者对法律文化的一种结构分

---

① [苏]C.C.阿列克谢耶夫著:《法的一般理论》上册,黄良平等译,法律出版社1988年版,第221—222页。

析。整个结构是从法及法律现象的发展水平、程度等"状态"去描绘的。

80年代以来,我国学者也对法律文化的结构进行了一些探讨,主要有以下几种观点:

1. 蒋迅先生认为:法律文化既包含表层结构又包含深层结构,并带有某些特定的历史积淀物。具体而言,法律文化的组织结构呈三维立体形状。一维指纵向层次,一维指横向层面,另一维指时向序列。纵向层次分为表象层次,导向层次和潜隐层次,它们各自涵盖三个横向层面:表象层次内含法律体制,法律规范,法律操作层面;导向层次内含法律思想、法律教育、法律传播层面;潜隐层次内含法律心态、法律认同、法律行为层面。时向序列仅指法律传统和法律经验两大要素。三个纵向层次,九个横向层面,两个时向序列共同组成一张内涵丰富、关系复杂的法律文化结构网络[①]。

2. 刘学灵先生认为:法律文化的结构,可以分解为表层结构、中层结构、深层结构三个部分。表层结构中所包含的内容主要是基于一定经济之上的人们的法律活动以及由此形成的法律制度、法律机构和更外在的法律条文、判例等。中层结构中所包含的内容主要是在一定的社会经济条件下人们之间的法律关系以及由此而形成的法律规范、法律思想和法律经验与技术等。深层结构中所包含的内容主要是法律心理以及与此相联的法律思维方式、行为方式和法律心理的最高表现——法律观念等[②]。

3. 武树臣教授认为:法律文化由四大要素组成:(1)法律思

---

① 蒋迅:《法律文化刍议》,《比较法研究》1987年第4期,第23页。
② 刘学灵:《法律文化的概念、结构和研究观念》,《河北法学》1987年第3期,第38页。

想。(2)法律规范。(3)法律设施。(4)法律艺术。法律文化诸要素以社会生活为基地,以法律思想特别是其中的法律意识为中心环节,相互作用,互相联系,构成法律文化发展演进的直接动因[①]。

4. 郑成良教授认为:参照社会学和人类文化学的研究成果,把法律文化可以分为三种基本成分(构成要素),即法律知识、法律情感和法律评价三种倾向[②]。此外,他还提出了一个比较独特的法律文化结构图式:将法律文化三种基本成分同法律规范、法律机构、法律行为联系起来,以法律文化的公设和法律文化热点相综合,以反映法律文化结构的静态(基本公理)与动态(发展变化)的状况。

5. 张文显教授认为:法律文化是具有丰富内容的系统。要对法律文化有一个深刻而生动具体的把握,仅有释义是不够的,还需要对法律文化进行结构分析。法律文化的结构是法律文化元素相对稳定的,有序的组合方式,是把一要素与其他要素以及要素与系统联结起来的纽带或中介。他认为,法律文化系统内部可以区别出四种结构:认识结构、评价结构、心态结构和行模结构。这四种结构依据各自反映法律文化的深度而区分为四种不同但却相互依存的层次[③]。

第三节 法律文化结构的构造

美国文化人类学家克鲁克洪指出:"每一种文化都是关系的复

[①] 武树臣:《让历史预言未来》,《法学研究》1989年第2期,第89页。
[②] 郑成良:《论法律文化的要素与结构》,《社会学研究》1989年第2期,第98页。
[③] 张文显著:《法学基本范畴研究》,中国政法大学出版社1993年版,第228页。

合体,都是既有序且相关的部分的多重体。"① 法律文化作为人类文化系统中的一个子系统,也是一个多种关系构成的复合体,是一个相对独立的社会文化现象。它同其他类型的文化一样,有其自身独立的结构体系。

在我对法律文化进行释义时,将法律文化的实体内容界定为法律意识形态以及与法律意识形态相适应的法律规范、法律制度、法律组织机构、法律设施等。这实际上已经包含了我对法律文化结构的基本思考。法律文化是一个内容丰富的文化结构复合体,法律文化是一个由内隐的深层结构和外显的表层结构组成的整体化文化结构图式。因此,我认为,法律文化有两大结构:(1)法律文化的深层结构;(2)法律文化的表层结构。每一个结构中又有若干层次。它们之间构成一个"系统",一个"整体",并且相互之间发生影响,发生作用,存在着密切的关系。

一、法律文化的深层结构

法律文化的深层结构,就是指构成法律文化两大内容的法律意识形态的总和。它处于法律文化立体结构中内隐的、较为深层的地位。法律文化的深层结构,犹如一座建筑物的基础,决定着该建筑物的用途和发展方向。

作为法律文化的深层结构的法律意识形态,它可以分为以下三个层次:(1)法律心理;(2)法律意识;(3)法律思想体系。法律文

---

① [美]克鲁克洪等著:《文化与个人》,高佳等译,浙江人民出版社1986年版,第11页。

化的深层结构,作为一种观念形态,它是同人分不开的。人既是文化的创造者,同时人也是文化的承受者。人本身就是文化的一种载体。古希腊哲学家亚里士多德说:"人是政治的动物"。到了本世纪,著名德国哲学家恩斯特·卡西尔又说:"人是文化的动物。"无论是法律心理、法律意识或法律思想体系,它都是指人的法律心理、法律意识和法律思想体系。离开人,法律文化的深层结构诸内容便没有任何价值和意义。

要想精确地区分出法律文化深层结构中各个层次的内容,是很困难的。观念形态本身就是一个相互重叠交织在一起的结构系统,很难分得清彼此来。但是,如果我们从反映论、认识论发展的过程,将法律意识形态各个阶段相对静止化、固定化,然后对它们进行分析,就会发现,作为一种文化结构和层次,仔细推敲,它们之间虽有交叉,但还是存在着一些差别。从法律心理到法律意识,再到法律思想体系,是一个由法律感性认识到法律理性认识的渐进过程,它们一层比一层显像化、理性化、逐渐趋于成熟化。

1. 法律心理层次

法律心理是法律文化深层结构中较深的一个层次。它主要表现为一种心理的感受和心理的反映以及长期形成的习惯和风俗等心理文化。法律心理是人们在日常生活中对法律现象表面的直观的感性认识和情绪,是法律意识形态的初级阶段。法律心理是一个民族千百年来民族文化传统积淀的产物。处于不同文化背景之下的各个民族,将本民族在人类文明进步的过程中所创造的法律思想和法律价值观加以积累,使某种观念在人们心理中凝聚,经过世代相传从而取得比较稳固的地位,形成该民族一种"超稳定形态"的民族法律心理。尽管社会在发展,上层建筑也随着社会经济基础的变化而发生相应的变化,但由于意识形态的相对独立性,表现在法律心理上就是一种相对稳定性和滞后性。它并不伴随着社会的变化而立即发生变化。它的变化总是很缓慢的,长时间的。即使遇到外来文化的冲击,它也会坚守自己的阵地。这是法律心理的一大特征。这一特征正好说明要改造一个民族的法律文化心理是艰难的,但并非是完全不可能的。我们要充分估计到它的艰巨性。

董必武同志曾在1950年和1956年两次分析我国建国初期所存在的不重视和不遵守法制现象的历史根源时讲道:在我们党领导人民没有夺得全国政权以前,在被压迫得不能利用合法斗争的时候,一切革命工作都是在突破旧统治的法制中进行的;夺得全国政权以后,我们又彻底地摧毁了旧的政权机关和旧的法统。所以,仇视法制的心理在我们党内和革命群众中有极深厚的基础,这种仇视旧法制的心理可能引起对一切法制的仇视心理,也是不言而喻的。正如列宁所说:"千百年来,国家都是压迫人民和掠夺人民的机关,它给我们的遗产,是群众对于一切国家事务的极端仇视和不信任的心理。克服这种心理,是个非常困难的任务,这一任务只有苏维埃政权才能胜任,然而就是苏维埃政权也需要长时间的和坚韧不拔的努力才能完成。"[1] 董必武同志接着说:国家法制自然就是最显著的同人民切身利害有关的国政。人民群众对于一切国政极端仇视和不信任的心理,既是千百年来国家给我们留下的遗

---

[1] 列宁:《苏维埃政权当前的任务》,《列宁选集》第3卷,人民出版社1972年版,第506页。

产,那么,人民群众对于一切法制的仇视心理,同样不也是千百年来国家给我们留下的遗产么?此外,全国解放初期,我们接连发动了几次全国范围的群众运动,都获得超过预期的成绩。革命的群众运动是不完全依靠法律的,这可能带来一种副产物,助长人们轻视一切法制的心理,这也增加了党和国家克服这种心理的困难。董必武同志又讲道:在过去,劳动人民对旧的统治者的反动法律的极端仇视和不信任心理,是可以理解的。但这种心理继续到革命胜利以后,那就是一种很不好的现象。人民民主专政的政权要想办法使人民从不信法、不守法变成信法、守法,这虽然是比较困难的任务,但我们必须完成这个任务[①]。仇视法、轻视法、不信任法,这就是旧社会遗留下来的一种法律心理。董必武同志在50年代就已经预见到了改变这种心理的艰巨性和长期性。就是到了今天,这个分析仍是具有指导意义的、有价值的思想。

法律心理在文化上有两个特点。一个是它的潜意识性,一个是它的多样性。法律心理隐藏在人们的意识深处,常常表现为潜意识或无意识,只有当人们通过某种方式(语言或行为)或处理某一具体事情时,才容易暴露出来。另外,从一个社会来讲,法律心理呈现出一种多样化趋向。社会中个体的多样化决定了法律心理的多样化。社会的人分为不同的阶级阶层和利益集团。每个人又有着不同的职业、身份,具有不同的文化背景,所受的教育也不同。这样,每个人在处理法律问题时所持有的法律心理就有所不同。譬如,在法庭上,作为一个被告和一个原告所具备的法律心理就不一样。作为一个执法官和作为一名受害人,所具备的法律心理也

[①] 董必武:《论社会主义民主和法制》,人民出版社1979年版,第134—135页。

不一样。强奸案中的受害人,由于惧怕告发后可能承受的传统社会压力和本身的耻辱心理而忍辱负重,不愿告发,使罪犯逃脱罪责,这种现象不但在中国社会有,就是在西方社会也是如此。德国汉堡学院犯罪学专家斯莱纳教授介绍道:在德国,性犯罪社会发案率比警方掌握的高出一倍,原因很简单,性案件受害人要出庭作证,这对妇女来讲是很受不了的事情,出于这种原因受害人不愿报案。这就是一种法律心理。然而作为法学家或法律职业者,一般则认为,凡犯罪都应受到追究和惩罚。有时,同样一个人,由于所处的具体事件和环境中身份的变化,会表现出截然不同的法律心理来。比如:1998年3月15日中国中央电视台举办的"3·15"大型晚会上,有一个节目是消费方和销售商之间的正反方辩论,正当辩论双方滔滔不绝地为自己的观点声嘶力竭地辩护时,节目主持人突然来了个"角色置换",即将原来的正方变成了反方,将原来的反方变成了正方,这一"刹手锏"使双方在愣了一会儿后,又开始滔滔不绝地扮演起置换后的新的角色。这是一个非常有趣的实验。而这在现实生活中却是司空见惯的现象。不同的角色有不同的心态,在不同的情景下和角色定位下,有不同的心理反应。所以,法律心理的差异是很大的,表现状态也是十分复杂的。

法律心理的相对稳定性和滞后性,也常常给一些法律制度在法律实践中的实现带来困难。譬如,我国在法律上规定了一套诉讼制度,赋予公民正当的诉讼权利,以保护公民的合法权益。但是,长期积淀于国民心理中的无讼心理,却抗衡着这种诉讼制度的充分实现。中国人的传统心理是,打官司是丢面子的事情。在这种"无讼"心理的支配下,便追求一种无原则的和谐,追求息事宁人,而不愿寻求法律上的保护。人们一般在迫不得已时,才去打官司。在一项关于行政诉讼的调查问卷中,有56.7%的原告选择的答案是"我是迫不得已才打这场官司的"①。笔者1983年作为一名法律系本科学生在陕西省富平县法院实习时,曾同一名法官去农村调查一件民事案件,当到一家农户取证完毕后,这家农户的主人带着一种恐惧和担忧的神情向我们说:我们家从来没有来过法院的人,你们这一来,村里人还以为我们家犯了什么事?足见其对法律的恐惧感。美国法学家弗里德曼在《法律制度》一书中,也介绍了朝鲜在此方面同样的情况。他说:"在有些社会里,打官司是可耻的。例如,朝鲜人在这方面的感受很强烈:绝大多数人……从来没有去过法院。而且,他们为此感到骄傲。(去法院)……他们认为……等于被人问有没有被宣判过有罪……,对一般朝鲜人来说,法院……象征制裁公共秩序的非人方式。"②即使在诉讼司空见惯的美国,也存在类似情况。人们只要可能,总是避免打官司。弗里德曼从法文化角度分析了其中的原因:人们不愿打官司,是由于耻辱和羞愧的力量在起作用。费孝通先生在40年代分析中国的"无讼"心理时也指出:在乡土社会的礼治秩序下,人们将诉讼同教化相联系。"子不教"成了"父之过"。儿子做了坏事情,父亲得受惩罚,甚至他的教师也不能辞其咎。教得认真,子弟不会有坏的行为。因而打官司成了可羞之事,表示教化不够③。再如,我国法律明确规定了男女平等,女子同男子一样拥有法定继承权。但是,

---

① 参见龚祥瑞主编:《法治的理想与现实》,中国政法大学出版社1993年版,第60页。

② [美]弗里德曼著:《法律制度》,李琼英等译,中国政法大学出版社1994年版,第119页。

③ 参见费孝通著:《乡土中国》,三联书店1985年版,第56页。

长期的封建社会所形成的男尊女卑、长子继承权等遗留,使得现代继承制度很难在社会生活中实现。这在那些比较落后的乡村尤为严重。当代法国女作家西蒙·波娃讲道:"在法律上女人和男人远不相同。法律对女人是不利的。虽然理论上来说,他们的权利被人家承认,可是传统的习惯上很多地方被限制充分运用她的权利。"[①] 这种"传统的习惯"也就是一种法律心理。

在法律文化研究中,学者们经常使用"法律传统"一词,来描述某一民族文化中所长期凝聚的风俗、习惯、心理等历史积淀。的确,"法律传统"的概念用于表述某些法律文化的民族特性以及用来说明法律文化变迁中的冲突原因时,是一个具有说服力的、比较妥贴的概念。但"法律传统"也是一个涵盖面大、比较模糊的概念。法律传统有时指一种民族的风俗、习惯,有时也指一种长期延续下来的行为和法律活动方式,但法律传统更多地渗透在一个民族的法律心理机制当中,表现为一种民族法律价值体系和行为准则。或者说,法律传统是法律心理的重要渊源之一。

当代美国著名的社会学家爱德华·希尔斯的《论传统》一书被认为是"西方世界第一部全面、系统地探讨传统的力作"。他在书中对传统的涵义作了界定:传统是指"代代相传的事物"。"传统意味着许多事物。就其最明显、最基本的意义来看,它的涵义仅只是世代相传的东西,即任何从过去延传至今的东西。……它是人类行为、思想和想象的产物,并且被代代相传。"[②] 希尔斯经过研究指出:传统是围绕人类的不同活动领域而形成的代代相传的行

---

① [法]西蒙·波娃著:《第二性——女人》,湖南文艺出版社1986年版,第9页。
② [美]E.希尔斯著:《论传统》,傅铿等译,上海人民出版社1991年版,第15页。

事方式,是一种对社会行为具有规范作用和道德感召力的文化力量,同时也是人类在历史长河中的创造性想象的沉淀。传统包括物质产品,关于各种事物的观念思想,对人物、事件、习俗和体制的认识。传统是一个社会的文化遗产,是人类过去所创造的种种制度、信仰、价值观念和行为方式等构成的表意象征;它使代与代之间、一个历史阶段与另一个历史阶段之间保持了某种连续性和同一性,构成了一个社会创造与再创造自己的文化密码,并且给人类生存带来了秩序和意义[1]。

也有位学者对"传统"一词进行社会学分析之后认为,"所谓'传统',就是指一个特定社会中,经过长期延续而形成的一套特定的文化和行为模式。"[2] 按照这一解释,某种文化元素一旦形成传统,必然是已在社会中为相当数目的成员所共有,这便是传统的集体性特征[3]。传统可以渗透于和表现为许多文化要素,但主要地是转化为和渗透于人们的心理之中。法律传统具有同法律心理非常相似的一些特点。比如,表现方式的稳态性,法律变迁过程中的滞后性,民族文化心理的凝聚性等。一个民族的法律文化之所以区别于别的民族法律文化,其重要的原因基于不同的法律传统。法律制度在社会中的实现程度,也同该社会所特有的法律传统相关联。

我们无法把法律传统同法律心理划等号,但从法律传统所具有的某些特性来分析,它与法律心理有着某种内在的、天然的联

---

[1] E.希尔斯著:《论传统》,傅铿等译,上海人民出版社1991年版,"译序",第2—3页。
[2][3] 叶启政:《"传统"概念的社会学分析》,载《社会、文化和知识分子》,台湾东大图书公司印行,第60页。

系。在分析某个具体的个体法律心理时,用法律传统的某些特征来加以判断,可能会带来益处。比如,在关于犯罪的心理动机分析时,除了一些特殊的、差异性的原因外,该个体作为文化载体所具有的法律传统因素,有时也可能会成为形成犯罪心理和动机的重要原因。

2. 法律意识层次

法律文化深层结构的第二个层次是法律意识。法律意识较之法律心理,从理论上讲更深化了一步。它的感性成分减少了,理性成分增加了。法律意识是法律心理向较高层次的法律思想体系的一个过渡。法律意识中既有法律心理的成分,也有法律思想的因素,是位于两者之间的一个中介环节。

近年来,法律意识成为法学界研究的一个重点。有的学者认为,"法律意识是社会意识的一个特殊形式,是人们关于法律现象的思想、观点和心理的总和,是法律现实的特殊组成部分。"[①] 按照这一理解,法律意识的结构便分为法律心理和法律思想体系。这是国内最常见的对法律意识的分类。这一描述的一个新特点是提出了"法律现实"这一概念,并将法律意识作为法律现实的一个组成部分,突出了法律意识的功能作用,带有整体性、系统性特征。

还有的学者指出:"法律意识并不是一个精确的概念,而是一个模糊的概念。因为意识本身就是一个复杂的综合体。因此,很难给法律意识下一个精确的定义,只能给它界定一个基本的轮廓和范围,它是在一定社会条件下,人们对以现行法为主体的法律和

---

① 孙国华主编:《法学基础理论》,中国人民大学出版社1987年版,第294页。

法律现象的认识、评价、情感体验,进而调节自己行为的各种意识现象的总称。"① 在此基础上,这位学者还对法律意识的宏观结构和微观结构进行了探讨,认为法律意识的宏观结构是法律心理与法律思想体系;法律意识的微观结构是:法律知识、对法律的评价、对法律的情感体验以及对行为的法律调节,这四种要素是相互联系相互作用的。微观结构是宏观结构的具体化、精确化。并认为法律意识有以下六种重要功能:认识功能、评价功能、预测功能、调节功能、传播(交流)功能、教育功能等②。这位学者对法律意识范围的界定,主要是从认识论出发的。在主张"观念形态法律文化观"的学者那里,我们也可以发现有用上述内容来描述法律文化的内涵的。

我国法理学学者和法理学教材一般大都采用"二分法",将法律意识分为法律心理和法律思想体系。法律心理属于感性认识阶段,法律思想体系属于理性认识阶段。我认为这种"二分法"跨度太大,不能十分准确地反映法律文化深层结构的层次内容。

按照我对法律文化深层结构的认识,法律意识形态应该是"三分法"。即在表现为初级阶段的、以心理反应、感觉为特征的法律心理和表现为高级阶段的,以理性化、理论化、体系化为主要特征的法律思想体系之间,还存在着一个很长的过渡带,还应有一个特殊的阶段。在这个过渡阶段中,既有感性成分,也有理性的因素,两者交织在一起。它既不像法律思想体系那样,有一种相对明确的、理性化、理论化的对法律及法律现象的认识体系,而是表现为一种零散的、个别的、对某一具体法律现象或问题的认识;也不像

---

① ② 覃桂生:《关于法律意识几个问题的探讨(提纲)》,作者油印稿,第1—2页。

法律心理那样,完全处于感性、感觉阶段,处于自发的情感体验、直觉的情绪等阶段,而是已经逐渐脱离了感性阶段,意识逐步理性化的认识过程。对这一过渡带,我们将它称之为法律意识阶段。它的主要表现内容是法律观念。采用三分法,可以将法律文化观念形态各阶段的特性描绘出来。

我们还可以从认识主体的角度来深化这一分析。处于感性认识阶段的法律心理,其认识主体是全社会的公民,即大众层面。社会中的每个个体都具有法律心理,都会对与法律有关的现象或事件有一种不自觉的、潜在的心理感受和情感。不论其是否受过正规的或非正规的法制教育,也无论其文化素养水平的高低。而法律思想体系的主体,主要是法学家、法律工作者和其他接受过正规的法律教育或传播的各阶层人士和公民。法律思想体系是一种高水平的法律意识,是人们对法律现象的理性认识阶段,它的表现特征是系统化、理论化,是人们对法律现象的一种自觉的认识。这一系列特点就决定了法律思想体系的认识主体不可能是全社会公民,而只能是接受过法律教育或法律传播的受教育者或受传播者。处于两者过渡阶段的法律意识的主体,则是最难确定的。它既不是社会的所有公民,也不会完全被法律思想体系的认识主体范围所覆盖。社会公民的一部分人,也可能没受过系统的、专门的法律教育和传播,但他们也可能对某一个别法律有自己明确的理性化的观念和看法。尽管这种观念和看法不是理论的、全面的、体系化的,但仍是法律意识的主体。在法律文化深层结构中,法律意识是一个最大的变量因素,处于较活跃的变动之中,而法律心理和法律思想体系一旦形成,就处于一种相对固定化、稳定化状态。

在法律意识中,占核心地位的是法律价值观。法律价值观是人们对法律及法律现象所形成的态度、认识、信仰、评价。在法律意识中,法律价值观是一个很重要的问题。法律价值观决定和支配着人们的行为趋向和行为选择。法是否代表公正?公民对法抱有什么看法?法能起作用吗?人们相信法律机构吗?人们对法官、律师、警察怎么看?法能否保护公民的权利?法律实现的程度如何?司法机关作出的裁决是否公正?等等,所有这些已不是停留在心理反应阶段的法律价值观,都将对法律的实现以及法在社会公共生活中的地位和作用有着重要的意义。大量事实证明,成文法是一回事,而人们的行为是另一回事。公民个人的行为选择并不都是接受国家法律的指引,在某种程度上是根据公民个人在长期的生活体验中所形成的法律价值观去选择和决定自己的行为。人们根据自己对法和法律现象的认识、情感体验以及评价等,形成了个人的法律价值观,进而用这种价值观对自己的行为进行法律调节。调节的结果,可能产生合法行为,也可能产生违法行为。所以,虽然人的行为本身是外显的,但是隐藏在这种外显的行为背后乃是人们的法律价值观。它在特定情况下支配着决定着一个人的行为趋向。因此,培养公民正确的法律意识和法律价值观,是一件很重要的事情。它也是作为公民个人法律文化素养的一个标志。

法律意识较之法律心理有较大的易变性。因为它的理性化成分较多的缘故,在社会发生大的变化之后,譬如革命之后,掌握政权的阶级便会通过自己的意识形态的广泛传播使这一新的、符合自己阶级利益的意识形态传播到社会中去,形成一种与过去虽未断裂但却是全新的思想意识体系。例如,新中国成立以来,中国共产党就在全体人民中不断地进行社会主义意识包括社会主义法律意识在内的广泛教育和传播,使得社会主义法律意识得以在全体公民的法律意识中得到普及和渗透。并有许多非社会主义的法律意识受到批判和改造。法律意识的易变性决定了这种改造是可能的。这样,才能使马克思主义为指导的社会主义法律意识成为社会主义社会中占主导地位的法律意识,进而逐渐影响公民的法律心理,使那些落后的,与社会主义现代化建设不相适应的法律文化心理发生变化,形成一种与先进的、社会主义法律制度相配套的法律文化心理结构,推动法制现代化的真正实现。

按照主体划分,法律意识有个体法律意识、群体法律意识和社会法律意识。在重视群体和社会法律意识的同时,更应重视公民个人的个体法律意识。虽然我们可以说群体并不是个体的简单相加,但没有个体,也就没有群体。组成社会和群体的必然是个体。个体法律意识的社会化,便成为一种社会法律意识。反过来社会法律意识又会影响公民个体的法律意识。这种社会法律意识一旦占据了统治地位,就会左右着一个社会的法律在该社会生活中的地位、作用和实现程度。

3. 法律思想体系层次

将分散的、具体的、个别的法律观念、看法等法律意识转化为一套完整的、系统的、理论化的思想体系,便是法律思想体系。法律思想体系是法律文化深层结构的最高层次。法律思想体系是高水平的法律认识,是对法律和法律现象的理论化、理性化、体系化了的法律意识和法律价值观的总和。它的最显著的特征是整体性。法律思想体系是法律意识形态的高级阶段,理性认识阶段。任何一个社会、阶级的法律思想体系都不是人们自发形成的,在法律思想体系的形成过程中,法学家、法律思想家、法律工作者起着重要的作用。法律思想体系的形成要经过法学家、法律思想家复杂的、艰苦的劳动。法学家、法律思想家以及法律工作者不仅是法律思想体系的创造者,而且也是法律思想体系的主要传播者。一个社会中占主导地位的法律思想体系的传播、普及、深入,必须经过法学家和法律工作者的宣传教育工作来实现。因此,在法律思想体系的形成和实现中,法学家和法律工作者都起着重要的桥梁作用。

法律思想体系一般是以法学理论、法律学说的形式表现出来。法律思想体系不像法律意识那样,只是针对某个具体的法律问题的观点和认识,而是对有关法和法律现象的一系列问题的整体化、理论化、理性化、系列化的思维。法律思想体系一般是法学家、思想家的理性思维的结果。因此,法律思想体系的主体一般是一个社会中的法学家、法律工作者以及其他各阶层受过系统法律教育的人士和公民,而不可能是全社会成员。能够被称为法律思想家的也只能是一个社会中创造法律思想体系的那部分人。

法律思想体系的理论性决定了法律思想在一个社会的法律实践过程中具有指导性的地位和作用。当代美国法学家弗里德曼有一个很精辟的观点:"法典背后有强大的思想运动"[①]。这句话道出了每一部法典的创制背后都经历了较强烈的思想较量过程。在一个社会中,占统治地位的法律思想总是集中地反映了该社会统治阶级的利益、愿望和要求,反映了他们的一些共同的阶级意志。这种共同的意志一旦被上升为国家意志,便可制定成法律,成为全

---

① [美]弗里德曼著:《法律制度》,李琼英等译,中国政法大学出版社1994年版,第241页。

社会共同遵守的行为模式。占统治地位的法律思想不但可以影响一个国家法律的创制,还可以影响到法律的实行和法律的遵守。譬如,"法律面前人人平等"这样一个法律思想便成为我国法律实施过程中必须遵循的一个法律原则,此外,一种法律思想一旦在一个社会中取得统治地位,它就会影响到社会的法律意识状况和法律心理状况。

法学理论、法律学说是法律思想的表现方式。法律思想则是法学理论和法律学说的实体内容。与法律思想相关联的法学流派是法律思想的衍生物,是法律学说群体化的一个产物。

4.法律文化深层结构诸要素功能

法律文化深层结构的诸要素是如何影响法律制度的产生、发展、运行的,它们之间是如何互相作用、互相影响的,它们在法律的实现过程中究竟居于何种地位,有何重要性等等,这些都是法律文化结构研究需要认真思考的课题。

我国一位学者在"法律文化实际上是关于法律产生、发展以及运行机制的各种观念的总和"(即法律文化是法律观念)这一定义和理解的基础上,对法律文化在立法中的作用进行了有益的探索。他认为,法律规范和法律文化之间有着非常密切的关系。他论证道:首先,法律文化是法律规范的灵魂。任何一个立法者,如果他要考虑立法的可能性,便不能不考虑以适应该社会发展的法律价值准则作为自身立法的核心和原则,而法律价值观在法律文化中正好居于核心地位。其次,法律文化是制定法律规范的中介。任何法律规范的制定,必然要受到社会经济以及由经济关系所决定的社会政治和思想意识形态的制约。然而社会经济关系以及社会政治、意识形态并不能直接创制出法律,法律的创制必须要以一定的法律文化为媒介,以反映大多数社会成员的法律心理及法律思想理论为中介,然后经过立法者的创造性劳动,才能制定出法律来。第三,法律规范是法律文化的外化形式。正如许多人指出的,法律文化的存在是以法律的存在为前提,没有法律,法律文化就没有存在的理由和价值。无论何种性质的法律文化,都要试图通过对各种法律现象的研究,使自己外化到法律规范中,影响整个法律的运行,或者至少使自己的利益要求得到部分反映。作者还比较深入地探讨了法律文化对立法的三种作用:立法预测作用;立法选择功能;追踪检测功能[①]。

如果暂时撇开关于法律文化概念的讨论,将上述论述中的"法律文化"概念理解为法律意识形态各要素的话,作者关于法律意识形态与法律规范之间的相互关系的论述是有益的。当然,法律意识形态,或者说法律文化深层结构诸要素除了对立法有诸多功用外,它们还对法律的操作运行以及对法律的自觉遵守、法律秩序的建立和法律的实行等也有重大作用。

法律意识形态,作为观念体系,自然同它们的外化物——法律制度、法律规范——等形态相区别。但是,在个别特定的历史时期,法律意识形态也充当着"准法律"的作用。这种特定的历史时期,一般是指发生革命时期或社会大变动时期。一个社会或国家在发生革命或大变动之后,旧的法律、法令被废除,新的法律法令尚未公布,或者新国家新社会的法律制度尚不完备,国家还缺乏对社会进行调整的新的法律规定时,法律意识形态就成为"准法律",

---

[①] 杜万华:《法律文化在立法中的作用》,《学习与探索》1990年第5期,第53页。

在过渡时期作为司法判决的依据,起到法律的作用。

这里需要指明的是,能够起到法律的作用,充当"准法律"的法律意识形态是有一定条件的。它决不是社会中所有的法律意识形态,而只能是在当时取得政权,或在政治上占据统治地位的阶级的法律意识形态。而且它只能在特定时期适用。离开特定时期,就不能作为司法判决的依据。法律意识形态充当法律的作用并不是法律意识形态本身固有的属性,而是在一定的历史条件下,由国家赋予某些法律意识形态起法律的作用。因此,绝不能把法律与法律意识形态混同起来。法律是被制度化、规范化了的法律意识形态。制度化、规范化的过程,就是体现国家意志属性和特征的过程。只有法律,才具有"全社会一体遵行"的效力和以国家强制力为保护的属性,才能成为全社会成员普遍遵守的行为准则,而法律意识形态则不能。法律意识形态在没有上升为国家法律之前,不能作为行为规范和准则来约束社会成员。不分清这一点,便会导致破坏法制,降低法的权威和尊严。在实践中,也可能被专横非法和无政府主义所利用。

法律意识形态充当"准法律"的典型时期,是苏联十月革命胜利后的初期。有位学者在对苏联建国初期颁布的法令进行分析之后指出:在苏联建国初期,革命的法律意识,实际上起到了以下三个方面的作用:

第一,它是评价革命以前法律的准绳,以确定旧法令在新时期是否继续使用。苏维埃人民委员会《关于法院的第一号法令》第五条规定:苏维埃法院"在判决中使用已被推翻的政府的法律时,只能以未经革命所废除的,同革命的信念和革命的法律意识不相违背为限。"这是首次出现"革命的法律意识"的文献。

第二,它也是评价现行的苏维埃法的标准。这体现在《关于法院的第二号法令》中。该法令规定:"当出现现行法和人民的法律意识之间存在着不可消除的矛盾时,最高审判监督对立法机关提出关于必须颁布的适当法律的建议。"这个法令实际上赋予了"人民的法律意识"有对现行法律进行评价和监督的权力。

第三,在旧法令已被废除,而新法令尚未公开的情况下,法律意识起"准法"的作用。这种作用是补救性的。《关于法院的第三号法令》明确废除了一切旧法,指出司法机关必须遵循苏维埃政府法令和社会主义法律意识。列宁在俄共党纲草案中写道:"废除了已被推翻的政府法律以后,党向苏维埃选民选出的法官提出了以下的口号:实现无产阶级的意志,运用无产阶级的法令,在这种法令没有或不完备时,遵行社会主义的法律意识,扫除已被推翻的政府的法律。"[①]

法律意识形态作为"准法律",是法律意识形态功能发挥到最大限度的特例。一般情况下,法律意识形态对法律制度、法律规范的产生、运行、发展及实现所起的作用,虽然是极其重要的,但却是有限的。我们不能因其有重要性而任意夸大它的作用或拔高它的地位。这一点,对于建立法制秩序、实现法治是极为重要的。因为法律和法律意识形态毕竟有各自不同的功能和作用。

二、法律文化的表层结构

法律文化的表层结构,就是指作为法律文化深层结构的法律

---

① 肖宏开:《"法律意识"源流考》,《青年法学》1987年第1期,第19页。

意识形态的外在化表现形态。具体讲,就是指与法律意识形态相适应的法律规范、法律制度、法律组织机构及法律设施的总和。"表层结构"一词,是从法律文化内容的表象化(或显像化)特征确定的,内含有可能把握的具体事物或载体。这一点同法律文化的深层结构相比较、相对应。

法律文化的表层结构有以下几个层次:(1)法律规范;(2)法律制度;(3)法律组织机构;(4)法律设施。之所以将这几个层次作为法律文化表层结构的内容,是同我对法律文化概念的理解分不开的。它的文化学根据是:我所认同的"中义文化观"所指的文化不光是指观念形态,而是指社会意识(观念)形态及与之相适应的制度、组织机构等的总和。既然如此,我们就没有理由将表层结构的内容排斥在文化的范畴之外。法律文化作为一种法律的上层建筑,作为一种精神文化现象,它的意识形态必须有与其相适应的制度及组织机构的配合。所有与法律有关的制度、规范、组织机构、设施等,都是文化的一种外在表现形式,或者叫做观念文化的外化物。董必武同志曾讲过:人类进入文明社会以后,说到文明,法制要算一项。英国文化学者马林诺夫斯基认为:"社会制度是构成文化的真正要素"[1],"社会组织除非视作文化的一部分,实是无法了解的。"[2]没有法律,就谈不上法律文化。法律是法律文化这一社会文化存在的前提和基础。而法律又表现为一系列的制度体系和规范体系。如前所述,只要我们承认"法律是一种文化"这一论点,那么,作为法律表现形式的法律规范和法律制度就理应是文化的

---

[1][2] [英]马林诺夫斯基著:《文化论》,费孝通等译,中国民间文艺出版社1987年版,第2、18页。

组成内容。这一思路对法制建设的现实意义是：除了重视法律制度体系和法律规范体系的建设之外，为保证法制的实现，也需要将与之相关的实施机构及实施设施作为法律文化总体建设与发展的重要内容。

有位学者对为什么要将法律制度作为法律文化的内容阐发了他的观点。他认为："法律文化视野中的法律制度概念是广义的。法律制度包括精神性法律文化之外的所有法律活动和过程中的规则、程序、范型以及贯彻这些规则、程序的机构、设施等。同法律文化中的法律观念要素相比，法律制度中国家承认、获准的东西，是进行客观实践过程、具有现实性品格和力量的法律文化现象。……法律制度是法律文化观念和体现在其中的统治阶级意志与社会生活现实之间的中间环节。通过这一中间环节，法律观念和国家意志才能直接起到调节人们行为和关系的作用。整个法律文化的功能和作用都要直接通过法律制度来实现。再好的法律观念如不制定（为）相应的法律制度，只能是纸上谈兵。在此意义上可以说，法律文化的关键部分是法律制度。"① 同许多赞同将法律制度视为法律文化内容的学者一样，这位学者从观念文化与制度文化的相互关系，以及制度文化在实际生活中的功用这两大视角出发，对法律制度作为法律文化组成内容进行了分析。

关于为什么要将以法律制度为核心的诸要素构成的"制度性文化"作为法律文化的构成内容，作为法律文化的结构体，这一点所引起的争议会比法律文化研究中所涉及的其他任何问题都要大，并且这个争议还可能会长久地持续下去。关于法律文化的概

---

① 刘进田：《法律文化片论》，《法律科学》1991年第1期，第6页。

念、含义、结构等的科学的界定,取决于社会法律实践的不断发展,取决于法律文化理论的深化,取决于人们究竟如何看待在社会生活中居于越来越重要地位的"制度性文化"的属性。从法律文化理论本身来讲,这一问题涉及到法律文化的理论能否真正地确立起来。而法律文化理论的确立在很大程度上取决于这个理论究竟有多大的理论价值,究竟能对法制建设乃至于法制现代化等社会法律实践领域有多大的功用,能带来多大的理论指导意义和作用。在理论研究和学术探讨过程中,我们虽然不能完全采取实用主义或功利主义的态度,但一个新的理论要被社会所承认,没有自身的理论价值和实践价值(功用),是很难有生命力的。这正是许多研究法律文化问题的学者经常思考的问题,也是需要学者们进行长久的、艰苦的探索的课题。

以下是对法律文化表层结构诸层次的分析。

1. 法律规范层次

在法律文化的表层结构中,法律规范是第一层次,也是最高层次。之所以这样讲,是由法律规范本身的地位和作用决定的。法律规范将一个社会中占主导地位(或统治地位)的法律意识形态用法律的形式反映和表现出来,规定和制约着全社会成员的行为方向,成为一种为社会成员必须遵守的行为模式和准则。法律规范规定了一个社会的各种政治制度、经济制度、文化制度乃至法律制度,规定了法律组织机构以及法律设施的设置和建造,规定了法律创制的各种规则和法律运行的程序等等,是各种法律制度的规范化表现形式,是法律意识形态的集中体现。因此,可以说,没有法律规范,也就不可能有法律制度、法律组织机构。法律规范是法律制度的前提条件。

通常人们所说的法律,主要是指法律规范,当然,也包括法律制度在内。法律规范属于制度性文化范畴,是制度性法律文化的核心内容。法律规范是法律意识形态外化物的直接体现。法(法律规范)虽然具有社会意识属性,但由于被上升为国家意志,经过一定的立法程序,被国家认可或创制,取得了国家意志的属性,成为人人必须遵守的准则。因此,它已经不是纯粹意义上的法律意识形态,而是已经规范化了的、法律化的了法律意识。这既同社会中个别成员头脑中的法律意识有严格区别,也同占主导地位的统治阶级的法律意识相区别。

法律规范的产生、变化、发展,同法律规范的阶级属性相关,也同人类社会实践活动以及人类文化的发展密切相关。法律规范由模糊到清晰,由个别到普遍,由抽象到具体,都是经过了一个不断完善、发展的过程。这里面渗透着人类在法律实践活动中创造的各种智慧、知识、经验和技术。随着社会的不断进步,人类文化的不断积累,法律规范的形式和种类也在不断发展和丰富。许多西方学者指出,法律是一种社会经验的产物。剔除他们否认法律阶级性价值的一面,这应是条客观法则。法律这种特殊的社会产物,既具有阶级的、民族的、历史的因素,也具有一些人类对管理社会事务所取得的共同经验的结晶。

通常地,人们将法律规范的种类分为义务性规范,禁止性规范,授权性规范。法律规范主要是以规定权利义务的方式,对社会成员的行为模式确定一种可供选择的价值标准。它以法律的形式告诉人们允许做什么,禁止做什么,应该做什么,以此来指导、约束、监督、调整人们的行为。同时,它也是判断、评价个人及社会集团行为的一个标准。

法律规范的内容是非常广泛的。如果我们从法律规范的规范体系(集合形式)——法典的视角来分析,法律规范体系的内容并不只局限于对人们权利义务的规定。法律规范体系中,还有对政治制度、经济制度、国家政权性质、国家政权组织形式等的规定和确认,也有对法律创制程序、法律运行规则、各类政权机构工作方式、程序等等规定,还包括有许多反映国家意志的政治原则和法律原则。不论在宪法法典还是在部门法法典中,这些原则都构成了法律规范的集合体——法典的组成内容[①],成为指导社会政治生活、经济生活乃至于法律生活、法律活动的原则。比如,中国现行宪法序言中关于在国家社会主义现代化建设中应贯彻的四项基本原则规定,宪法总纲中关于国家机构实行民主集中制原则的规定,关于公民在法律面前一律平等原则的规定;现行刑法典中关于罪刑法定原则,法无明文规定不为罪原则,上诉不加刑原则等等;民法中的平等、等价原则,权利义务主体平等原则;司法审判中的"以事实为根据,以法律为准绳"原则等等。所有这些,都构成了法律规范体系的集合形式——法典的丰富内容。它们在法律实现中的重要作用是不可低估的。

[①] 将法律原则看作是法律规范的组成内容,学术界可能有不同意见。通常总是按照严格的法律规范的三要素来判断,将法律规范个别化(或条文化)。但一部法典所包括的所有内容,都应具有规范属性,如若将它们排斥在规范体系之外,便很难从整体上来理解一部法典所具有的法律效力。在实践中,对某些法律原则的违反,本身就可能构成诉讼理由。比如:"以事实为根据,以法律为准绳"作为一个执法原则,如若在司法审判过程中,违反了这一条原则中的任何一点,就可能成为提起上诉、申诉的理由。

2. 法律制度层次

法律文化表层结构的第二层次是法律制度。法律制度是与法律文化深层结构——法律意识形态相适应的制度化表现形式，或叫做制度化了的法律文化。法律制度一般是由法律规范规定的。一个国家有些什么样的法律制度，该法律制度之所以是这样而不是那样，都是由国家的一整套法律规范所确定的。考察一个国家的法律文化，法律制度是一个很重要的内容。各国间不同的法律制度，体现了各自不同的法律文化。研究法律文化的学者常讲，要比较各国在法律制度上的差异，只有通过对各国不同文化的比较才能说清楚。那么，同样也可以说，要考察各国法律文化的异同，法律制度同样是一个重要的参照物。法律制度是法律文化中法律意识形态外在的、制度化的表现方式。通过对法律制度的比较研究，我们可以洞悉和了解各自不同的法律意识形态。仔细考察一些具体的法律制度，如两审终审制度、陪审制度、辩护制度、公审制度、上诉制度、再审制度等，都可以发现其中所包含的文化上的特点。这些制度的确立，都体现了人类在长期的法律实践活动中的一些文化积累和经验。

法律制度的重要意义在于，它构成了一个社会法律生活的核心内容，成为法律运行的主要方式。它同法律规范不同，法律规范一般呈现一种静态化。法律规范一经颁布（除非修改）便成为"死"的东西；而法律制度则呈现为动态化，处于运动状态。社会法律生活的调控是法律制度来进行的，使法律生活呈现"活性"。不论是在政治、经济活动的运行过程中，还是在法律的创制过程以及司法审判过程中，其活动的依据和方式便是法律规范所规定的各种法律制度。现代国家在立法活动的全过程中，都是按照一套既定的立法制度、立法程序（也是一种制度）来创制法律。司法审判从起始到终结，也都是按照一整套司法审判制度来进行的，除了当事人可供选择的以外（如当事人上诉权利的选择），整个过程都要按审判制度和程序进行，缺少一个环节便有可能构成违法或侵权。法治国家的政府运行，也都要求依法行政。这其中的法，便是法律规范，更明确地讲，是指法律规范所规定的政府运行所应遵循的各项法律制度和程序。如若违反这些制度或程序，构成行政侵权行为，公民或法人便可提出行政诉讼。在法律文化发展史上，法律制度历来成为法律文化的一个核心内容，为各个国家所重视。现代国家在治理社会中，更是将法律以及其他各种制度放在最重要的位置上。思想家、学者们对法律制度的关心和探讨更是超过其他内容。邓小平同志就曾对制度的重要性作过既形象又精彩的阐发："制度好可以使坏人无法任意横行，制度不好，可以使好人无法做好事，甚至走向反面。"[1]

3. 法律组织机构层次和法律设施层次

为了创制法律和使法律规范、法律制度能够在国家的政治生活和社会生活中得到充分实现，就必须建立与之相配套的法律组织机构和有关的法律设施。它们都是为了保证法律创制及其实践活动得以正常进行而建立起来的。因此我们在这里将它们分别看

---

[1] 邓小平：《党和国家领导制度的改革》，《邓小平文选》第二卷，人民出版社1994年版，第333页。

作是法律文化表层结构的第三层次和第四层次。

法律组织机构是根据法律所规定的不同的权力职能范围而分设的。各个不同法律机构的存在,表明在法律活动和法律秩序中权力和职能的不同分工。法律组织机构的变化和发展再现了各个不同民族和国家的文化形态,也表明了法律文化的发展水平。

从某种意义上可以说,法律组织机构和法律设施是一个国家法律制度(立法制度、司法制度等)的重要构成内容。在中外法制发展史中,有关法律组织机构及其发展演变情况都是重要内容。法律组织机构同社会形态有关,同各国法律发展进程有关,也同一个国家的法律传统、文化传统有关。西方的议会制度和参议院众议院等组织形态是西方历史文化传统的结果;同样,中国的人民代表大会组织制度,也是在社会主义条件下中国国情和政治、经济以及文化传统的体现。从司法制度的发展看,英国的衡平法院,美国的最高法院,中国的人民法院,以及西方一些国家的宪法法院等组织形态,无不是各国历史文化的反映和表现。从中我们看出了各种法律组织机构形态同各国文化的密切关系。

此外,由于各国法律制度和文化传统的不同,同一个法律组织机构的概念也有不同的含义。例如:"司法系统"这一概念,在美国主要指法院(审判)系统。但在中国,除了法院系统,还包括有检察系统。甚至在许多人的观念中,将本属于国家行政系列的公安、司法行政等系统也包括在内。

法律组织机构的发展演变,也反映了一个国家或社会法律文化的变迁。法律组织机构的发展变化,产生于由社会物质生产方式和生活方式导致的社会分工的变化而引起的法律上的变化。埃尔曼指出:新的情况"不仅要求制定新的法律,而且也要求创设适宜的机构实施新法律"①。法律组织机构一般也是经历了由不完善到完善,由个别到普遍的一个过程。初期社会的法律组织机构,由于法律状态的诸法合体,大多呈现一种混合型状态。随着社会分工的不断变化,社会关系的复杂化,法律职能也在不断分化和扩大,法律组织机构便从混合状态中逐渐分化开来,趋于专业化,精细化,部门化。出现了制定法机构,执行法机构(此中还分化出刑事法执行机构,民事法执行机构等等)。近代以来,产生于19世纪的行政法及其体系的出现,使得法律组织机构从传统的立法和司法概念中,一下子变得更加社会化。行政机构从原有的单纯行政职能而变为既具有行政职能又兼有执法职能的"准法律组织机构"的属性。法治国家的目标使行政机关不单纯依法办事,同时也有执行行政法律的职能。大至国家政治、经济、文化,小至语言文字的规范化、标准化,都成为行政机关的法定职能。据报载:"1997年人大代表关心的问题,首当其冲的是语言文字规范化问题,在提交的16件与新闻出版有关的议案中,便有5件与此相关。"②法律职能逐渐分化所带来的必然是法律职业的分化以及法律组织机构的更加专门化、专业化、精细化。并且,这一点已经成为现在以及未来相当一段时期的一个不可抵挡的发展趋势,它同社会生产方式的变化以及劳动生产等社会分工状况密切相关。新的技术革命,带来了生产力的不断突破,由此产生的各类问题也就更多,而为适应技术革命和生产力变化情况的、用于调整各种新的社会关系的法律便应运而生,为适用这种法律的组织机构便不断地涌现

---

① [美]埃尔曼著:《比较法律文化》,贺卫方等译,三联书店1990年版,第57页。
② 参见《新闻出版报》1997年3月14日第1版。

出来。这突出的表现在电子、遗传工程、生育工程、海洋、宇宙太空等领域。这里需要看到的是,伴随着新技术而出现的各种法律调整机制,对法律职业者的素质也提出了更高的要求。他们所需要所应具备的法律知识远远超出了传统社会中对法律职业者素质的要求。

在我们讨论法律组织机构问题时,不能不说到与此相关的、构成法律组织机构重要成分的活动主体——法律职业者。虽然我们不能将法律职业者看成如同法律组织机构一样的物化物,但法律职业者是法律组织机构得以运转的运作者、操纵者,是法律组织机构实践活动的承担者。埃尔曼讲道:"一种制度的功能如何须取决于操作者的素质"[1]。离开法律职业者,法律组织机构将变成一座无生命的"建筑空壳"。无论是立法院、司法院或律师所等等,将变得毫无意义。这也就不难理解,为什么许多研究法律文化或研究比较法律文化的学者,将法律职业者作为法律文化或比较法律文化研究的重要内容。也就不难理解,各种专门法律职业者的训练和培养成为各国法学院以及职业法律教育的首要任务。

美国法学家菲力浦·诺纳特、杰罗姆·E.卡林认为:法律职业包括所有因其在法律事务中具有特殊功能而在维护法律秩序方面负有特定职责的人。这种职责的性质和内容可能有所不同,它可能存在于诸如法官、律师、法律顾问、法案起草人、法律教师和学者等一个或者几个社会角色之中。他们认为,对于法律职业的研究,只有以其在法律和法律组织中所执行的特定职能为依据,才可能

---

[1] [美]亨利·埃尔曼著:《比较法律文化》,贺卫方等译,三联书店1990年版,第6页。

有充分了解。实际上,法律职业的发展是与其所维护并运作于其中的法律秩序的产生和发展方向密切相关的①。

像人们通常所能想到的,立法者、法官、律师、法律顾问等等这些法律职业者,他们每个人已经不单纯是代表自己的个人,而是已经"人格化"了的法律化身。如同国家主席、总统代表国家形象一样,法律职业者也成为国家法律的象征,成为代表国家法律的形象。人们对法律组织机构的观念、信仰和评价等,在某种程度上来源于对在该组织机构中运作的法律职业者的评价,这一点尤其表现在司法方面。人们对待法律的观念、态度、信仰、评价等一系列价值观念,除了从法律本身获得或评价之外,更多地则是来源于法律职业者的言行、形象、断案之公正与否。美国法学家博登海默认为:"从一般舆论来看,法律制度所应得的尊严与权威,在很大程度上取决于该制度的工作人员的认识广度以及他们对其所服务的社会的责任感的性质与强度。"② 法律在创制出来以后,司法判决的公正与否(相对意义上)就成为人们判定法律的一个重要标准。难怪乎中国老百姓长久地将"包公"、"海瑞"这些中国封建社会的"清官"(清廉执法官)奉为"圣人",长久地念叨不已,原因就在于他们已经不单纯是属于个体的个人,而是成为中国封建专制社会中少得可怜的、人格化了的法律化身,成为代表法律公正的文化符号。这反映了中国老百姓对司法公正的一种法律期望。

苏联学者、法学博士 А.И.卢基扬诺夫曾撰文指出:不管已颁

---

① [美]菲力浦·诺纳特、杰罗姆·E.卡林:《法律职业的社会学透视》,《法学译丛》1991年第1期,第70页。

② [美]E.博登海默著:《法理学——法哲学及其方法》,邓正来等译,华夏出版社1987年版,第492页。

布的法律多么好,法律只有在得到切实遵守和适用时才有生命力。因此,改进法律适用机关和法律维护机关的工作有特殊的意义。党要求为法律秩序事业献身的人,在法律、国家、人民面前应如同水晶一样纯洁清白。劳动群众对法律维护机关活动中的违反法制的行为和偏差特别敏感,这些非法行为和错误会造成巨大政治损害,因为它来自那些应保护国家利益、代表苏维埃政权行事的人①。之所以如此,是因为执法人员具有着不同于一般普通人的特殊身份。

在是否将法律组织机构及其设施作为法律文化结构的内容上引起的争议比将法律制度作为法律文化的内容要大得多。这一争议的原因同样在于对法律文化的理解。从现在文化研究的现状看,将"制度"视作文化的因素以及与此相关的将"法律制度"作为法律文化的构成虽仍有歧义,但正在取得某些认同。可是,对于法律组织机构及其设施是否属于文化的内容,这种争议可能还将继续下去。争议的一个重要原因在于法律组织机构和法律设施所具有的物质形态。如同前述,在谈到法律组织机构及其设施时,我们总是从整体的意义上来把握的,是将它们纳入法律制度体系的范畴之中来理解的。法律制度与法律组织机构及设施是不可分割的、有机联系的整体。离开法律制度谈论法律组织机构和设施将变得毫无意义。它们是法律制度得以运转的重要条件,并且有时影响着法律制度的实现程度。其他一些理由,譬如我们在分析文化理论时所择取的"中义文化观",以及"法律文化是法律上层建筑

---

① [苏]А.И.卢基扬诺夫:《苏维埃国家七十年》,《法学译丛》1988年第2期,第4页。

的总称"的概括,以及英国著名文化人类学家马林诺夫斯基对"社会组织除非视作文化的一部分,实是无法了解的"论述等等,除了对理论体系的逻辑性、严密性负责和引证之外,在这里都不是作为论证的主要理由。

此外,我们在探讨和构建一种理论体系时,虽说不能完全建立在一种有效性或有用性的功利基础上,但也不可能完全排除对一种理论的社会效果的功利选择。否则,就不是一种现实主义的态度,而且理论本身将缺乏实践性和生命力。将法律组织机构及其设施作为法律制度的组成内容以及法律制度得以实现的重要条件和手段,除了具有理论的价值之外,更重要的,还表现在它的实践意义。我们试图想说明这样一个问题:法律组织机构及其设施的状况如何,将直接影响着法律制度在社会生活中的实现程度。它们之间有着不可分割的连带关系。

有位学者在一次全国法社会学研讨会上,提交了一份他对河南省某地区法律组织机构及设施状况的调查报告,试图说明法律机构及设施对法律的实现(实效)的影响。该地区各级法院近千名干警中,1986年底以前中专以上法律专业毕业生仅为1.03%,到1988年,经过法院系统业大培训之后,具有法律专业大专学历的,也只占到13.7%,有一个县只占2.3%;有的基层法院全月办公费仅200元,案件因经费短缺而搁置的情况比较普遍;此外,办公条件、法庭设置及交通通讯设备情况都十分简陋和缺乏,这种情况严重地影响着案件审理[1]。像这种经费困难、设施落后、审判人员素质不高、运转机制不灵等情况,在经济不发达地区是一种较为普遍

---

[1] 何玉玢:《法律文化与法制建设》,油印稿第6页。

的现象。这种状况不能不对法律制度的实现(实效)程度带来消极影响。

国家对法制建设的重视,也可表现在对法律组织机构建设的重视上。如下的一篇报道,可以从另一方面说明法律组织机构的重要性:黑龙江省法院系统为方便群众"打官司",在乡镇、街道建立了840个基层人民法庭。据统计,目前这些基层人民法庭已承担起全省一审民案80%的审判任务。该报道说:几年前,这个省的法院机构只设到县、区一级,基层群众,特别是农民深感不便。而法院受理的民事案件却以每年平均27%的速度持续上升。记者在评述这一现象时指出,基层人民法庭的设立,大大减轻了县、区法院的压力,既便利了群众诉讼,又减少了上访和申诉,使大量纠纷和矛盾及时地解决在基层[①]。这是一篇朴素而又有说服力的报道。

因此,主张将法律组织机构及其法律设施作为法律文化的结构内容,是想从实践上说明,不论是法律规范的创立、法律制度的完善,还是法律组织机构与设施的健全与完善,以及与此相关的法律职业人员的培训和教育,公民法律知识的培养和提高等等,所有这一切都在追求一个总目标,即法律在社会生活中的实现和法律秩序的确立。它们既是一项法制建设,同时也是一种文化建设。在国家宏观决策时,要将法制建设看成是一个宏大的社会文化系统工程,各环节之间都有着内在的不可分割的密切关系。认识到这一系列任务的实现和完成,具有双重的法律和文化建设的意义和价值。将它们综括起来,便可称之为"法律文化的建设"。这是

---

① 见《人民日报》1991年5月30日第3版新华社记者刘玉勋的报道。

一项宏大的社会工程。树立这样的思想,对于建设现代化的法制和现代化的文化以及实现法制现代化的目标,有着现实的意义和长远的益处的。

从以上对法律文化结构的分析看,法律文化有两大结构,七个层次。两大结构即法律文化的深层结构与法律文化的表层结构。七个层次是:(1)法律心理层次;(2)法律意识层次;(3)法律思想体系层次;(4)法律规范层次;(5)法律制度层次;(6)法律组织机构层次;(7)法律设施层次。这个文化结构图式,实际上是对法律文化概念的深化和具体化。

三、法律技术的属性分析

在研究法律文化的结构时,还有一个非常重要的问题,即法律技术。法律技术无疑是法律文化的一个很重要的文化元素。但是,在我们进行法律文化结构分析时,法律技术并不能单独作为一个层次列入结构中。作为体现人类法律文明进步成果和智慧结晶之一的法律技术,一般是渗透在法律诸要素和法律实践各个活动过程之中的,这是法律技术的一个重要属性和特点。

一些学者对法律文化的结构进行分析时,将法律技术作为法律文化的一个组成要素或结构内容。比如,有的学者使用"法律艺术"的概念,将"法律艺术"作为法律文化四种组成要素之一。并认为,法律艺术是保障法律活动得以正常进行和发展的主观条件,是一种从事法律专业活动的能力、技术和方法。法律艺术包括立法艺术和执法艺术。立法艺术包括立法机构的组织形式、工作秩序、法律规范的形式、语言结构、分类、组合、立法时机的判断、公布法律的方式、法律解释的方法等等;执法艺术包括司法艺术和一般执法艺术,前者指审判方法、检验技术与理论、鉴定技术、勘查技术、代理与辩护方法、法律文书的制作技术等,后者主要指行政机关执行行政法规的方法、技术和仲裁方法等等[①]。

孙国华教授在他关于法律意识以及法律文化的分析和说明中,虽然没有明示"法律文化即法律技术"这一观点,但从对法律文化的分析和论述看,他是将法律意识中那些表现和反映非阶级属性、非意识形态属性的法律技术为核心的,包括法律智慧、知识、经验等在内的"技术性文化",作为法律文化的组成内容和概念。这一点,作者讲得很明确:"应该把法律意识中反映阶级对立、反映经济形态、政治制度的部分,即意识形态部分同反映法律调整经验和管理社会水平的部分即非意识形态部分区别开来,这也正像我们在分析法的内容时把它区分为阶级意志内容和知识内容一样。法的内容的这两方面恰恰是法律意识的意识形态部分和法律文化部分在法律上的固定化。"[②]

将以法律技术为核心的,包括法律的经验、智慧等内容在内的"技术性文化",看作是法律及法律意识的非意识形态内容,这一点我们与上述学者的意见是认同的、一致的。但也正是因为这一点,我得出了与上述学者截然不同的结论。按照我对法律文化的理解,法律技术不能作为法律文化结构的内容。法律技术不属于法律上层建筑,不带有法律意识形态属性,它只是法律文化(法律上层建筑)的建筑材料之一,就如同语言、文字是文化的建筑材料一

---

① 武树臣:《中国法律文化探索》,北京大学《法学论文集》,光明日报出版社1987年版,第320页。

② 孙国华主编:《法学基础理论》,中国人民大学出版社1987年版,第308页。

样。没有法律技术，法律文化就不能存在。但是，有了法律技术，并不一定有法律文化。法律技术是人类对各种法律建筑材料的不断加工、整理、利用之集大成。法律文化自身的意识形态属性、上层建筑属性决定了非意识形态属性的法律技术是作为法律文化的重要文化元素，但不能作为它的构成内容。

一些学者在论述法律技术作为法律文化结构时，常将法律技术与技术法律（法规、规则）相混淆。他们举出的例子有：立法机构的组织形式、工作程序，制定法律的各种规则，法律运作程序等。法律技术，应该是各种技术手段、经验以及其他文化元素在法律领域中的应用。而技术法律（规则）等，比如立法规则，法律审判程序等等，则已具有法律规范和法律制度的形式和属性，属于法律规范、法律制度的组成内容。也就是说，已具有了意识形态的属性。至于法律机构的组织形式、工作程序，我认为则应该分属于法律组织机构和法律制度的内容范畴。

法律技术包含了人类从事法律文化活动过程中不断探索、不断积累的经验之大成。反映了科学技术水平对法律文化发展变化所产生的重大影响。比较一下早期的立法技术和现代的立法技术，就会发现它们之间有较大的差异。造成这种差异的原因，除了人类不断进步着的文化因素之外，科学技术的不断进步也是一个重要因素。这种差异不仅仅表现在立法领域。在司法过程中，越来越多的现代科学文化技术被广泛采纳和运用于法律审判、法律检验、法律勘查、法律鉴定及法律文书的制作等司法过程中，使司法活动的精确性、准确性、公正性得到大大提高。这对于维护法律权威和法律尊严起到很大作用。试想，如果对案件的审理常常由于科学水平的低下和技术手段的落后而常常发生误判、错判，会对法律的权威和当事人的命运产生什么样的结果。

法律技术除了上述所指的人类在法律活动中对不断产生发展的科学技术成果的自觉利用外,还应包含着一种表现为法律活动的参加者——诸如律师、法官等——个人素质特征的法律技能。这种法律技能同法律知识有关联,但并不完全等同于法律知识,更多地表现为一种对法律知识及其他知识和经验的综合性运用能力。比如,律师在出庭时的辩护技巧能力,法官在审判过程中的审判技巧能力,司法文书制作过程中对语言的运用技巧能力等等。所有这些,都不会有固定的模式。它同法律程序不同。法律技能运用的如何,取决于法律活动参加者个人的各种文化知识修养、经验积累和使用能力。

一位美国学者指出:在法学院和职业法律培训课程中,教授法律技能已日趋重要。这些法律技能包括有:辩护、谈判、草拟文件、写作及采访能力等等。这些技能可以在各种各样的法律范围内通用。法律技能较之法律知识具有更持久的力量,后者易受法律变化的影响以及人类天生的由于时间和不用而将知识荒疏淡忘的影响。作者将上述技能称为法律技能中的普通技能。与此相应,法律技能中还有一种复杂技能,即对法律问题找出一系列解决办法的能力。其中包括,对法律问题的识别判断、解释、对策的寻找,确定最佳的选择、决定的作用,以及最后的实施等等[①]。

此外,随着人类对自然及社会认识的深化,一些科学技术成果也常常被直接规定在法律条款中,成为法律规范的构成部分。

[①] [美]斯蒂芬·内桑森:《法律教育中解决问题的作用》,《法学译丛》1990年第3期,第48页。

例如,我国现行婚姻法第六条规定:"有下列情形之一的,禁止结婚:一、直系血亲和三代以内旁系血亲;二、患麻风病未经治愈或患其他在医学认为不应当结婚的疾病。"这样的规定本身就是人类对生命科学的研究成果在法律上的确认。这种成果一旦被纳入法律体系之内,便成为法律文化的组成部分。类似的情况非常广泛地表现在法律体系之中。

法律技术常常在法律活动的过程中被加以运用并体现出来。法律技术上的变化同文化的变化是分不开的。法律技术的变化也就是一种文化上的变化。以选举活动为例,在文化比较落后的情况下,选举人用烟火烧洞、投豆子、放置鲜花等方式来体现选举人的意志。到了文化较为发达的条件下,人们便采用无记名投票的方式,或者用电子显示系统计票等方式来体现选举人的意志。这些方式的改变,都是同文化的发展与科学技术的发展分不开的。在现代化的过程中,科学技术文化在政治生活和法律生活中将会起着越来越多的作用,它们的价值和意义是不容忽略的。

尽管如此,我们仍不能将法律技术作为法律文化的结构内容。作为理论研究,我们可以把法律技术从法律实践的各个活动和现象中抽象出来,对它进行一些理论上的描绘和研究。但它并不能作为法律文化的一个实体内容单独构成一部分。法律技术是产生、形成、发展法律文化的一个相当重要的文化元素,但却不能单独构成法律文化的结构内容,而是渗透在法律文化的诸结构和要素中。

第四章　法律文化的基本特征和类型

在法律文化理论研究中,法律文化的基本特征和类型是法律文化基本理论应该探索的两个重要问题。法律文化作为人类文化大系统中的一个非常重要的文化类型,在人类社会的政治、经济和社会生活中发挥着巨大的作用。法律文化作为一种社会文化现象,是一个有着自身相对独立体系结构和内容的文化系统,因此,它必然带有文化的一般属性特征;又因为法律文化不纯粹是一种一般文化,它自身所具有的强烈的法律色彩,使它又必然地具有法律的一些属性和特征。但我们也不能把法律文化的特征简单地看作是法律和文化两者特征的耦合。

同时,任何一种类型的文化,既是文化大系统中一个自成体系的文化系统和整体,这种整体性文化从历时性和共时性的视角又表现为色彩斑斓的各种类型。法律文化的类型就是对具有差异性的各种法律文化,用分类的方法作一理论上的描述,以探求法律文化发展、变化和运动的规律性。本章将对法律文化的基本特征和类型作一理论探讨。

第一节　法律文化的基本特征

一、文化特征

当代美国文化学者拉尔夫·林顿提出:"在生存式样中最容易分离出来的要素,我们称之为文化特征。"林顿还提出了有关文化特征的分类:凡适用于社会全体正常成年人的文化要素称之为普通性文化特征;凡仅仅适用于一类特殊个人的文化要素,乃是专门性文化特征;凡全体成人都熟悉的(或者至少是具有某种特定文化的群体中的全体成人都熟悉的),但又可以自由选择采纳与否的文化要素,就是选择性文化特征;凡由某些人共享但不普适于社会所有成员,甚至不普适于按社会性质分类的任何一组群体的所有成员的文化要素或组合,则是变异性文化特征;将每一种文化要素分解为更小的可分单元,叫做"特征细目";把特征按功能组合起来,叫做"特征组合",等等[①]。

文化学研究者李荣善在《文化学引论》一书中认为:文化现象既是一种社会现象,又是一种历史现象,错综复杂,千变万化,要想指出它的全部特征,十分困难。只能围绕文化所表现的基本特征加以表述。他认为文化的基本特征有如下几方面:文化的社会性和群体性;文化的民族性与人类性;文化的阶级性;文化的差异性和普同性;文化的时代性和永恒性;文化的符号性。作者还指出:

[①] [美]林顿:《人的研究》,转引自克鲁克洪等著:《文化与个人》,高佳等译,浙江人民出版社1986年版,第9页。

文化除了这些基本特征外,它还具有可学性、结构性、价值性、可播性、可分性、能动性等等①。

二、法律文化的基本特征

一般来讲,所谓"特征",就是指能将一事物与其他事物区别开来的,独自具有的事物的特殊性。法律文化的特征,就是指法律文化区别于其他类型文化的特殊性表现。在有关法律文化的论著中,从基本理论的角度对法律文化特征所作的描述不多。学者们一般是将这一问题具体化,即具体到某一国家,或某一类型的法律文化特征的描述。比如,美国学者弗里德曼指出,现代法律文化共同具有如下两个特征:第一,现代法律文化具有压倒一切的理性原则。在传统社会,人民循规蹈矩是出于习惯或信仰,因为他们信仰权威。当传统的权威被抛弃以后,只有当人们相信某些规则是合理而且正当地产生出来时,并且是正确的决定时,他们才遵守它们。第二,现代法律文化趋于一致,趋于一种单一的法律准则,而不考虑那些具有偶然性的出身或地位问题。这一趋势在那些为国际贸易而制定的国际准则的发展中变得较为明显。在国际贸易中,尽管许多民族具有与其自身利益有关的法律制度,但是只有当他们恪守单一的一套国际准则时才能进行最有效的贸易活动②。弗里德曼所讲的这个特点确是国际商业贸易和交往中的一个重要内容。据报载:经过多方努力,我国1991年已正式加入国际物品

---

① 李荣善著:《文化学引论》,西北大学出版社1996年版,第176—192页。
② [美]Susan Finder:《美国的法律文化观点》,《中外法学》1989年第1期,第63页。

编码协会,从1991年7月1日起,将开始履行国际物品编码协会会员的权利和义务。国际物品编码协会分配给我国的国别号为"690",今后凡是标有"690"条码①的商品,都表示是中国的产品,在世界范围内的配有扫描装置的超级市场、百货商店、专业商店等零售商店将畅行无阻。这将结束我国出口商品没有商品条码不能进入上述商店的困境,同时还将促进国内商业自动化的逐步实现,为产供销信息交换提供及时准确的数据。

还有一些学者在分析传统中国社会的法律文化特征时指出,在中国传统法律文化中,作为社会秩序基础的是"礼"而不是法,法不过是作为实现"礼"的一种工具或手段等等。像类似于这种关于某一国家或某一类型的法律文化的特征描述,相对来说可能较容易些,也较准确一些。

但是,法律文化基本理论对特征的描述,是要研究作为普遍意义上的法律文化特征,因此,它就不能局限于某一具体国家、社会或具体类型,而是要在各具特色的具体法律文化型态之中,抽象出一些带有共同性、普遍性意义的特征来。

我认为,从基本理论角度分析,法律文化具有以下几个基本特征:

(一)法律文化具有物质依附性

马克思主义唯物史观的一个基本理论是:社会存在决定社会意识。法律文化同其他文化一样,都是由社会的经济基础——物

---

① "条码"是商品的身分证,由表示商品信息的数字代码转换而成的由一组黑白相间的平行线条组合构成的特殊符号,一般印在商品的包装上或制成条码标签附在商品上。见《中国经营报》1991年5月21日张立群文。

质生活条件决定的。一般地讲,有什么样的经济基础、生产条件、生活方式,便有什么样的法律文化。这一点尤其表现在法律文化的阶级形态或社会形态上。法律文化的物质依附性,从较深层的含义上讲,来源于人类对其在发展进程中对人与自然、人与人之间的关系的逐步总结和积累,来源于人类实践的经验总结和体验。马克思曾在讲到法的属性时指出:"君主们在任何时候都不得不服从经济条件,并且从来不能向经济条件发号施令。无论是政治的立法或市民的立法,都只能表明和记载经济关系的要求而已。"①"立法者应该把自己看做一个自然科学家。他不是在制造法律,不是在发明法律,而仅仅是在表述法律。"② 自然经济基础上的法律文化和市场经济基础上的法律文化,由于其经济形态(基础)不同,表现在法律文化上就不同。法律文化同经济条件、生产力发展状况关系密切。一个社会的物质条件和生产方式决定着法律文化的性质、作用、功能、表现形态等等。因此,法律文化的物质依附性特征是法律文化的重要特征,是法律文化产生的根据和条件。

(二)法律文化具有政治功能

法律文化虽然是一种重要的文化类型,但由于它的浓重的法律色彩,使得这种文化类型的政治功能显得比其他文化类型突出和强烈。法律文化不同于文学、艺术、美学等类型文化,法律文化是一种用来调整社会关系和社会生活的调整性文化,它承担着特

---

① 马克思:《哲学的贫困》,《马克思恩格斯全集》第4卷,人民出版社1956年版,第121—122页。
② 马克思:《论离婚法草案》,《马克思恩格斯全集》第1卷,人民出版社1956年版,第183页。

定的政治使命和政治目的。美国法学家塞尔兹尼克指出：在所有国家中，无论是高度发达国家还是发展中国家，"立法是通过法律来实现政治意志对于社会变迁的影响的最明白的方式。"[1] 埃尔曼在评述苏维埃时期的法律性质时，认为"法律上的各种制度无处不具有政治目的"[2]。

首先，法律文化是建立在一定的经济基础之上的社会上层建筑的重要组成部分，它受社会经济条件的制约，一定社会的物质生活条件是法律文化产生和存在的终极原因；其次，不同社会类型的法律文化集中地体现了在经济上政治上占统治地位的阶级、社会集团的利益、愿望和要求，反映了统治阶级的意志，为统治阶级的利益服务。再次，在阶级社会中，一个社会里尽管有可能存在着多种法律文化的相关成分，但占主导地位的是统治阶级和社会集团的法律文化。法律文化的一个基本的政治功能就是实现社会控制，保持一种有利于政治统治集团的政治秩序和社会秩序。

为达此目的，统治阶级总是以占主导地位的法律文化作为社会成员的价值标准和行为准则。社会学家将这种占主导地位的文化叫做"主文化"。主文化对一个社会绝大多数成员形成和选择根本的价值标准、行为规范、思维方式影响极大。绝大多数社会成员都从主文化以及它的各个方面如法律文化、政治文化等中寻找自己判断是非的标准和尺度。社会的发展和进步，同主文化的性质密切相关。如果主文化属于与历史发展方向一致的、作为先进阶级的统治阶级，那么，在总体上起进步的作用；反之，如果主文化属

---

[1] 转引自埃尔曼著：《比较法律文化》，贺卫方等译，三联书店1990年版，第57页。
[2] 同上书，第36页。

于与历史发展方向相背的反动统治阶级,那便对社会发展起阻碍作用。

以此来分析,在人类历史上依次出现的奴隶制法律文化、封建制法律文化、资本主义法律文化,从发展的观点看,每一次变化都标志着一种进步。但每一种法律文化同时又代表了各自作为主文化的统治阶级的意志和利益。社会主义法律文化则是人类历史上一种更高的精神文明产物。它同剥削阶级法律文化有着本质上的区别。这种区别如同苏联法学家阿列克谢耶夫所讲:"在剥削阶级社会中,尽管立法和司法实践的法律技术发展水平很高,但从法律水平的观点来看,法律文化却明显地表现出目光短浅的狭隘的阶级性。法律文化的这一因素说明了,在剥削阶级的社会形态下,法制基本上是为社会的少数人,为剥削者效劳的。在劳动者的心目中,这种法律价值不是具有巨大的积极潜力的文化现象,而是一种反面的价值,和进步背道而驰的现象。"[①] 社会主义法律文化反映了工人阶级领导下的全国人民的法律要求和意志,为人民服务,为社会主义事业服务,并是人类彻底摆脱愚昧和野蛮,向更高级的文明社会迈进的社会精神财富。社会主义法律文化,"不仅是过去的一切法律文化财富的继承者,而且保证法律文化的发展和丰富并发生质的变化,使法律上的进步达到新的最高的程度。"[②]

(三)法律文化具有普遍适用性

普遍适用性也是法律文化区别于其他文化的一个较明显的特

---

① [苏]C.C.阿列克谢耶夫著:《法的一般理论》(上册),黄良平等译,法律出版社1988年版,第222页。
② 孙国华:《苏联法的一般理论的几个问题》,西南政法学院印制,第92页。

征。从法律文化的构成内容看,法律文化中的主体成分是法律,而法律又表现为一系列的规范体系和制度体系,这种规范体系和制度体系既是一个社会中对社会全体成员提供一套普遍适用的价值规范标准和行为准则,也是构筑一个社会的法律秩序的有机构成内容。法律的"全社会一体遵行"的效力是其他任何文化体系所不具有的属性特征。这一特点在现代法律文化中更为明显。美国法学家埃尔曼对此描述道:"在社会不断发展变化之后,受法律影响的人类利害关系将会逐渐变得更加广泛。通过社会公共机构,法律系统在长期的发展过程中将渐渐克服其分散状态,最终结果使统一性,一致性,普遍性成为现代法律文化的特征。"[1]与此相反,在封建社会的法律文化中,法律规范是特殊性的(只适用一部分人),而不是普遍性的(不适用于社会全体成员),法律关系成了给一些人特权以及为保护其他一些利益的特权网。不公平待遇成为取得法律社会成员资格的代价。

法律文化的普遍适用性主要表现在法律文化表层结构的法律规范和制度形态之中。它同法律的效力原则相联系。同时,也表现在法律文化的深层结构中。虽然社会成员中的法律心理法律意识乃至法律思想存在着较大的差异,但对于一个民族或国家来说,总有一些由于长久的历史发展积淀下来的、为大多数社会成员所接受的成分。这些成分在社会成员行为方式中也可能表现出普遍的适用性。不然的话,法律文化的民族性就无从谈起。

---

[1] [美]Henry W. Ehrmann:Comparative Legal Cultures, Prentice – Hall, Inc, Englewood Cliffs, New Jersey, 1976, p.3.

(四)法律文化具有实践性,实用性

法律文化是一种具有实践性、实用性的社会文化。正如苏联法学家 C.C.阿列克谢耶夫指出的:"法律文化属于具有实践性、实用性的社会精神文明。法律文化的最重要特征在于,法律文化切合实际地表现法的社会价值和发展着的法律进步"[1]。法律文化的实践性主要表现在:法律文化本身就是人类丰富的社会实践活动的产物。马克思主义法律观认为,法律并不是人创造的,法律只不过是对经济关系的记载和反映。德国著名历史学家斯宾格勒也指出:"对于古典的法学具有决定意义的事实是:法律始终是直接的公众经验的产物,而且,进一步来讲,它并不是法学家专业经验的产物,而是那些通常在政治生活和经济生活中具有价值的人们的日常实际经验的产物。"[2] 美国著名的大法官霍姆斯也指出:"作为一种实践性事物的法律,必须将自己建立在实效的基础上。"[3]所有这些,都旨在说明,作为法律文化核心内容的法律,离不开社会实践,是社会实践的直接产物,表明法律的产生和发展,既离不开社会中变化着的情感和要求,也离不开基本社会制度的变革。一位比较法律社会学的学者用以下的话概括了他的经验主义的研究结论:"法律发展的重心不在于立法,不在于法律科学,也

---

[1] [苏]C.C.阿列克谢耶夫著:《法的一般理论》上册,黄良平等译,法律出版社 1988 年版,第 222 页。
[2] [德]奥斯瓦尔德·斯宾格勒著:《西方的没落》,齐世荣等译,商务印书馆 1963 年版,第 158 页。
[3] [美]转引自 Henry W. Ehrmann: Comparative Legal Cultures, Prentice - Hall, Inc, Englewood Cliffs, New Jersey, 1976, p.3.

不在于司法判决,而在于社会本身。"①

法律文化的实践性同样也表现在法律思想体系方面。德国历史学家斯宾格勒认为:法律思想不得不依附于某种有形的东西。法律思想是一种抽象,那么,在它能抽象出它的概念以前,就必须存在着某种东西;它必须有某种向其抽象的东西。然而西方法学的不幸在于,它不去在社会生活和经济生活的强固而稳定的习俗中进行搜寻,却早熟地并匆促地从拉丁著作中进行了抽象。西方的法学家变成了语言学家,而在独立的基础上对法律概念进行纯逻辑的分类和排列这一方面的学者经验也代替了生活的实际经验②。

法律文化产生于实践,同样,它也作用于实践。作为人类实践经验中产生的法律规范和法律制度,它不单只停留在法律性文件之中,更重要的是它体现在国家的政治生活、经济生活和文化生活等现实的实践活动之中;法律组织机构及其法律设施等,都是为社会实践需要而产生,并在社会实践中发挥其作用;法律文化中的法律意识形态,体现和渗透在法律实践的活动和环节之中,并受其实践的检验。所有这些,都要随着社会实践的发展变化而变化。

法律文化的实用性,主要表现为法律文化是一种能够带来实际社会效果的调整性文化。法律文化具有实际的应用价值,它可以对社会政治、经济、文化生活进行现实的调控,这种调控机制是其他社会调控机制和手段所不能比拟的。法律文化的实用性范

---

① 埃里奇(Ehrich):转引自 Henry W. Ehrmann: Comparative Legal Cultures, Prentice - Hall, Inc, Englewood Cliffs, New Jersey, 1976, p.4.
② [德]奥斯瓦尔德·斯宾格勒著:《西方的没落》,齐世荣等译,商务印书馆 1963 版,第 188 页。

围,也是随着法律文化的发展而逐步扩大的。斯宾格勒曾把法学定义为:"法学,法律的科学,是人类对实际应用的法律的系统化理解,这一科学从希腊化时期就已开始。"① 到了现代,法律文化的实用性范围越来越广,几乎渗透在社会的各个角落。法律文化越发达,它的实用性范围越广,对社会和生产力的反作用力就越大;反之,则作用范围就越小。苏联法学家在谈到社会主义法律文化的实用价值时认为,在社会主义社会中,法律文化的意义超出了法和法律实践的领域。法律文化是社会主义整个文化不可分割的部分。把高度的法律文化水平普及到全体居民中,确立人们这样的价值标准,它将触及社会生活的极重要方面:高度组织性,权利和义务的确定性。这也是法律文化的实用性价值所在。渗透在法律文化中的法律技术则更加突出了它的实践性和实用性特征。

(五)法律文化具有历史连续性

人类在自身的发展中创造了法律文化,并且在长期的历史进步过程中发展了法律文化,使之不断丰富、繁荣。法律文化不是一代人所创造的精神财富,而是人类历史发展过程中的一个文化不断积累的过程。列宁在论述无产阶级文化时讲道:"无产阶级文化并不是从天上掉下来的,也不是那些自命为无产阶级文化专家的人杜撰出来的,……无产阶级文化应当是人类在资本主义社会、地主社会和官僚社会压迫下创造出来的全部知识合乎规律的发展。"② "马克思主义这一革命无产阶级的思想体系赢得了世界历

---

① [德]奥斯瓦尔德·斯宾格勒著:《西方的没落》,齐世荣等译,商务印书馆1963年版,第188页。
② 列宁:《青年团的任务》,《列宁选集》第4卷,人民出版社1972年版,第348页。

史性的意义,是因为它并没有抛弃资产阶级最宝贵的成就,相反却吸收和改造了两千多年来人类思想和文化发展中一切有价值的东西。"[1] 法律文化作为一种文化形式,也是一个历史的连续过程。法律文化不可能在与过去相隔裂的状态下得到发展。法律文化必须是在批判地继承历史上所积累起来的有价值的法律文化遗产的基础上发展适合于当代社会所需要的法律文化。

(六)法律文化具有民族性

文化既是全人类的,又是各民族的。社会学家和人类文化学家普遍承认人类文化的民族差异性,并且对这种差异性的研究投入了大量的力量。各民族间的文化差异性,不仅表现在诸如语言、文字、饮食、服饰、生活方式等方面,也表现为各自有着不同的风俗、习惯以及法律文化、政治文化等政治社会生活之中。世界上没有任何一个民族的文化同其他民族的文化完全相同,法律文化当然也不例外。法律文化总是在具体的民族中产生和发展。离开具体的民族环境或条件,法律文化便不能产生。从这一点讲,法律文化是民族的,是绵延千百年的民族传统文化在法这种社会文化现象上的反映和折射。因此,法必须与一个国家的基本状况相一致,必须与一个民族的文化相吻合。有三位美国法学教授撰文指出:"要设法牢记,法律是民族的历史、文化、社会价值观念和一般意识与认识的集中表现。没有两个国家的法律体系是确切地相同的。法律是文化表现的一种形式,而且如果没有不经过某种'本土化'

---

[1] 列宁:《论无产阶级文化》,《列宁选集》第4卷,人民出版社1972年版,第362页。

的过程,一种文化是不可能轻易地移植到另一种文化里面的。法国法律是法国文化的一种反映,正如俄国法律是俄国文化的一种反映一样。"[①]

世界各个民族在长期的历史发展中,必然形成自己民族文化的独有风格和精神面貌,并积淀和渗透于本民族的法律意识形态和法律制度之中,从而呈现出法律文化的民族特色。任何民族都不可能割断自己的历史而凭空创造自己的文化,也不能抛弃前辈积累下来的文化成果而全盘接受外族文化。任何民族总是在批判地继承旧的法律文化的基础上形成新的法律文化,通过一代又一代人的不断积累、提炼,法律文化的民族性特征才逐渐地形成。一般说来,法律文化的民族性同该民族的历史发展道路密切相关。

在研究法律文化的民族性方面,我们不能不提到两位西方著名法学家。一位是德国法学家萨维尼,另一位就是被认为是比较法律社会学之父的法国学者孟德斯鸠。萨维尼认为,法律产生以及法律变革的基础,只能是来自于长期形成的民族习惯。因为习惯法是从具体民族的习俗和信仰发展而来,而非抽象的人类习性的表达,所以法律的转变只能是民族性的,而非普遍性的。他否认人类有共同的带有普遍性特征的问题以及解决问题的方式。同我们对民族性的理解所不同,萨维尼借"民族性"这个招牌来为他的保守主义的政治思想寻找依据,以谴责和抵御法国大革命在欧洲大陆所要实行的法律改革。而孟德斯鸠则从他的"法的精神产生于具体的环境"出发,通过他的研究得出结论:既然法必须与一个

---

① [美]M.A.格伦顿等:《比较法律传统序论》,《法学译丛》1987年第2期,第16页。

国家的基本状况相一致,那么,一旦离开创立它的国度,这些法也就没有效力。其原因是由于法具有不可逆转的民族特性。像这种将法律文化的民族性推向极至,绝对地否认人类文化还存在着互相贯通互相交流的属性的看法,也是不符合现实生活状况的。

但是,法律文化的民族性可以帮助我们正确地分析和识别某些法律文化研究中存在的偏见。西方的一些学者往往在讨论法律文化时,有意或无意,自觉或不自觉地带有一种"西方文化优越感"。他们在分析法律文化类型时,特别是在对西方殖民地法律文化分析时,其中有一种"非西方法律文化"的分类,并简单地把西方法律与非西方法律分为占主导地位的法律与居附属地位的法律。而实际上,如果透过表面现象进行详尽的分析可以发现,在许多地方,民族的传统法律文化仍在发挥巨大作用。正如埃尔曼所分析的,一个外来的法律制度到了一个新环境中,可能经常地被完全改变了,以致于使该国的法律制度从实际上继续按照原来的传统发挥作用。许多国家都受过西方法律传统的影响,但是并没有抹掉当地法律文化的生存。尤其在亚洲和非洲。像日本从1868年明治维新开始,它的法律的最彻底的西方化或许不是惊人的。在此过程中,日本从法国、德国以至后来的英美法律中,进行了选择并进行了大量的折衷。然而在审判和解决个体之间的冲突的实际过程中,长达两千年之久的儒家思维方式较之西方的思维方式仍占主导地位。

探讨法律文化的民族性特征,其目的并不是想就民族性的孰优孰劣进行评判,只是为了揭示法律文化的民族性这样一种客观存在的事实。各民族的法律文化都有其产生、生长、发展、变化的内在根据和历史原因,抽象地对其评判会显得肤浅和空洞。如果要对其进行价值判断的话,那只有把它们置入具体的社会形态和历史环境之中,去分析它是否有利于该民族的成长和发展,是否有利于推动社会的进步。

(七)法律文化具有互融性

文化是人类交往的成果,它又使人类的交往成为可能。有位学者指出:"人类的文化本是多元的,而不同的民族文化之间的交往是不可避免的。交往使文化成为人类的共同财富。每个民族都在贡献自己的文化,也在享受着其他民族创造的文化。即使最优秀的民族,他们创造的文化同他们所享用的文化,也不成比例。交往是文化的属性,文化只能在交往中才能生长。……现在,在世界范围内,文化交往呈现出另一个新特点:这就是在保持多元化的基本态势下,相互吸收、相互融合、相互借鉴、相互影响的文化交往空前加强了。工业革命正在扫除物质世界的一切有阻于交往的障碍,信息革命进而把世界更加紧紧地变成了'地球村'。文化交往真正成为世界范围的活动,正如历史真正全面地转变为'世界史'一样。"[①] 法律文化同其他文化一样,本身就是人类所创造的一种共同的精神财富。虽然从文化的产生来讲,文化是民族的文化,但是文化所具有的天然特性——交流、传播、互融等特点,决定了民族文化必定会冲破各民族的界限到更广阔的世界中去竞争和交流。马克思和恩格斯曾在分析资产阶级历史作用时讲道:"资产阶级,由于开拓了世界市场,使一切……都成为世界性的了。……过去那种地方的和民族的自给自足和闭关自守状况,被各民族的各方面的互相往来和各方面的互相依赖所代替了。物质的生产是如

[①] 彭树智:《序》,载李荣善著《文化学引论》,西北大学出版社1996年版,第1页。

此,精神的生产也是如此,各民族的精神产品成了公共的财产。民族的片面性和局限性日益成为不可能。"① 文化虽然是民族的,但文化却是没有国界的。各民族就是在广泛的文化交流中通过各种文化的冲突、竞争和筛选,寻找适合于本民族发展的文化形态。文化的交流并不是一个人为的现象,而是文化自身发展的一个规律。不交流,就会闭关自守,就会夜郎自大,就会窒息文化的生命和活力,就会落后。只有以开放的姿态,扩大文化交流,才能取别人之所长,补自己之所短。同时,交流也是外部世界了解本民族文化的途径。交流历来是双向的。人类文化正是在互相吸收、互相包容、互相渗透中,吸取精华,剔除糟粕,不断得到繁荣与发展。法律文化也是如此。埃尔曼指出:"现代各国法律制度中,从来未曾吸取外国经验或借鉴外国模式者极为少见。"②一个民族在自身现代化过程中,既应保持法律文化的历史连续性、民族性,也应对外开放,加强法律文化的交流,吸收世界上法律文化的优秀成果,为我所用,以保证现代化的顺利发展。

第二节 法律文化的类型

一、法律文化分类理论

对法律文化进行分类,一般地被认为是比较法学、或者说是

---

① 马克思恩格斯:《共产党宣言》,《马克思恩格斯选集》第 1 卷,人民出版社 1972 年版,第 255 页。
② [美]Henry W. Ehrmann: Comparative Legal Cultures, Prentice – Hall, Inc, Englewood Cliffs, New Jersey, 1976, p.12.

比较法律文化的任务。因为比较学的一个前提,就是首先要对人类社会存在的、相对来说属于同一种类(或族类)的现象进行区分,然后才能在此基础上展开其他分析研究工作。正如美国法学家埃尔曼指出的:"任何比较都是在分类中进行。将经过漫长的同化了的以及缓慢增长着的具有普遍性的习惯、技术与心理世俗过程的各种法律文化分成不同的族类是可能的。"[1]但是,在法律文化基本理论研究过程中,许多学者通过对法律文化的分析和透视,发现法律文化与人类法律实践密切相关。而人类法律实践是人类生活的组成部分,与人类经济活动和精神活动有着直接的联系,因此,人类法律文化具有一系列共同特征和规律性。同时,学者们也发现,法律文化是一个不断发展变化着的、处于一种运动状态的社会现象,它是一个动态的概念。在历史发展过程中任何一个特定时期(阶段),法律文化都有其各自相对独立的内容和特征。此外,既使在同一特定历史时期或阶段,由于法律文化产生的地域、国度、民族、经济条件、文化传统不同等原因,法律文化在各自的表现形式和内容上也呈现出巨大的差异性,在时间和空间上也表现出多样性。因此,对历史上各个不同时期各种不同类型的法律文化差异性的描述,从实质上就是对法律文化的一种分类。研究这种分类,便成了法律文化基本理论研究的一个重要内容。

法律文化的分类,就是对古往今来人类法律文化在内容和形式上的各种差异性的描述。人类社会历史发展过程中法律生活和

---

[1] [美]Henry W. Ehrmann: Comparative Legal Cultures, Prentice-Hall, Inc, Englewood Cliffs, New Jersey, 1976, p.12.

法律实践所呈现出的丰富多彩的多样性和复杂多变的差异性,为法律文化的分类提供了可供分析的客观基础。但是,如何进行分类,采用何种参照系作为分类的标准,便成为研究法律文化的学者们的一种价值选择。分类有时看上去是一种技术性的工作,但并不完全是技术性的。不同的分类标准反映了法学家对法律文化内在精神的理解和把握,有时也可以反映出学者们对法律文化种类的政治的、阶级的、意识形态的等价值评判和倾向。

美国法学家埃尔曼在"法律文化类型"这一问题的研究中,阐明了他对法律文化进行分类的看法。他认为,如果人们试图对法律文化进行一个适当的分类,必须将有关有用模式的各种观点牢记心中。即各种文化类型中功能的相似性。从各种不同的体系中寻找和发现那些对社会有重大意义的法律问题以及解决这些问题的规则和制度。按照他的这种理解,他将法律文化划分为以下四大类型:1. 罗马——日尔曼法系;2. 普通法法系;3. 社会主义法系;4. 非西方法系[①]。埃尔曼认为,他的这一分类已经得到比较广泛的接受。这种按照法系的种类来划分法律文化类型的方法,在西方学者中比较流行。我们在法国著名比较法学家达维德的著作《当代主要法律体系》中,在《美国国际社会科学百科全书》、英国《大不列颠百科全书》和《牛津法律指南》等著作中,都可以看到类似的分类法[②]。这种分类法注重的是法律传统,因为"法系"概念

---

① [美]Henry W. Ehrmann: Comparative Legal Cultures, Prentice‐Hall, Inc, Englewood Cliffs, New Jersey, 1976, p.13.

② 达维德将当代各国法律划分为三大法系:罗马——日尔曼法系(大陆法系);普通法系(即英吉利法系);社会主义法系(以苏联、东欧国家法律为代表)。其他次要法系还有:印度法系,伊斯兰法系,中国和日本,以及非洲各国的法律。达维德的法系分类被西方学者认为是"最完善"的法系。

是西方学者对法律传统的概括术语。

埃尔曼指出,最后一个分类,即"非西方法系"的分类是难以令人满意的。因为它表面上明显地带有西方中心主义色彩。但他又对此做了些解释:这种分类是基于这样一个事实:在我们的世纪里,起源于西方的三种法系已经传播到整个世界并且正在改变着亚洲和非洲那些曾经各异的法律文化。且不说这种判断是否符合事实,从这一分类中,就可以明显地反映出西方学者在此问题上的思想倾向。

国内学者虽然在不同的研究中,经常使用不同的术语来描述某一类法律文化现象,但从理论上对法律文化进行分类的研究尚不多。有的学者提出,在划分法律文化时,毫无疑问应当注意各民族、各国家和地区法律实践活动在各方面的差别,但是,仅仅关注这些东西,就容易形成种类繁多的微观的划分标准,从而把人类法律文化划分得支离破碎,使研究工作难以在客观视野中进行。因此,在进行分类时,应当力图找出一个相对宏观的标准,以显现各类法律文化的总体差异性。在这个标准下面,个体性的、局部的、偶然的、暂时的差别便显得不那么重要,各类法律文化的群体的、全局的、必然的、稳定的差异性便可显现出来。

根据这一理解,有的学者提出,世界领域内的法律文化虽然种类繁多,各色各样,但大致上可用两条标准划分为六种类型:

其一,以法律规范的内容所依据的总体精神为标准,可将法律文化分为宗教主义类型、伦理主义类型、现实主义类型。宗教主义类型法律文化注重宗教教义并将它们法典化,其代表是古代印度法律文化,阿拉伯国家的伊斯兰法律文化和中世纪欧洲教会法律文化;伦理主义类型法律文化注重伦理道德规范的作用,并把它们上升为法律规范,中国传统法律文化即属于这一类;现实主义类型法律文化,即没有宗教、伦理色彩,注重调解人们现实社会关系,现在世界上大多数国家都属于这一类型,现实主义类型法律文化一般还可分为资本主义和社会主义两大类型。

其二,以创制和实现法律规范的基本程序和方式为标准,可将法律文化分为判例法型、成文法型、成文法与判例法相结合的混合法型三种[①]。

国内还有学者对法律文化起源的类型作了如下划分:(1)横向制约型法律文化(古希腊、古罗马);(2)纵向操纵型法律文化(古埃及、古巴比伦);(3)伦理德治型法律文化(古代中国);(4)宗教超俗型法律文化(古印度、伊斯兰、犹太族)[②]。

对法律文化进行分类不是目的。分类的目的是用来说明某种法律文化之所以是这样而不是那样的一种手段,以便于人们在了解、熟悉和研究法律文化过程中,掌握各种类型的法律文化的概念、术语是依什么为根据而得出的。分类本身就是对形态各异的法律文化类型的显明特征的描述。当然,这只是法律文化类型研究的一种浅层次意义。它的深层意义是,从理论上对法律文化进行分类,是为了探讨和研究人类各种法律文化产生、发展、运动、变化的规律性,以及对现实及未来法律文化发展趋向的评估和前瞻。自然的,分类本身就说明各种法律文化之间存在着差异性,而对造成这种差异性的原因分析,便是比较法律文化研究的对象和任务。

[①] 上述观点见武树臣先生发表在《法学研究》1989年第2期和北京大学《法学论文集》(1987年光明日报出版社出版)的文章。
[②] 蒋迅:《法律文化学(教学大纲)》,华东政法学院法制史教研室1986年油印稿。

二、法律文化的类型

根据目前所能见到的人们对法律文化种类的描述及概念、术语的使用,我试图依据不同的分类标准对法律文化进行划分。这种分类带有纯技术性的、客观的描述性质,但也不完全如此。在选取分类标准时,我力图使各个标准有相对独立性和特性。在标准取定之后,各种类的内部划分要有相对的对应性或并列性,避免在时间和空间上发生交叉。以下是依据十种不同的分类标准对法律文化划分的十大类型:

1. 地域型法律文化。这是以法律文化所处的不同的地域界限为划分标准,将法律文化分为东方法律文化、西方法律文化;或亚洲法律文化,欧洲法律文化,非洲、拉丁美洲法律文化等等。

2. 国度型法律文化。这是以各个不同的国度为划分标准。如中国法律文化,日本法律文化,美国法律文化,英国法律文化,苏联法律文化,法国法律文化等等。

3. 宗教型法律文化。以建立在不同的宗教文化基础上的法律文化为划分标准,将法律文化分为基督教法律文化,印度摩奴教法律文化,阿拉伯伊斯兰教法律文化等。

4. 历史序列型法律文化。这是以人类历史演化的时代顺序为划分标准,将法律文化分为古代法律文化,中世纪法律文化,近代法律文化,现代法律文化及当代法律文化等。

5. 法系型法律文化。这是以在各民族的文化传统为主线的基础上所形成的各个不同的法系为划分标准,将法律文化分为大陆法系法律文化(也称罗马——日尔曼法系法律文化),英美普通法系法律文化,中华法系法律文化等。

6. 法典型法律文化。以西方早期将法律分为公法典和私法典为划分标准,将法律文化分为公法文化和私法文化;也有以法典的内容为标准,将法律文化分为宪法文化,民法文化,刑法文化等等。

7. 文化形态型法律文化。这是以一个民族占主导地位的文化状态为划分标准,将法律文化分为传统法律文化和现代法律文化等。

8. 表现及运作方式型法律文化。以法律文化的表现方式为划分标准,将法律文化分为制度型法律文化和观念型法律文化等;以法律文化的运作方式为划分标准,将法律文化划分为判例法型法律文化,成文法型法律文化,混合法型法律文化等等。

9. 生产形态型法律文化。这是根据一个社会的生产力水平以及该社会中占居主导地位的生产形态和生产方式为划分标准,将法律文化分为农业文明型法律文化和工业文明型法律文化等。

10. 社会形态型法律文化。这是以历史发展过程中的不同社会形态为划分标准,将法律文化分为奴隶制法律文化,封建制法律文化,资本主义法律文化,社会主义法律文化等。在主张原始社会有法的学者那里,也会有"原始社会法律文化"之称。

还可能根据别的分类标准,作出新的分类。比如,以法律文化的相对稳定与相对易变状态为标准,将法律文化分为静态法律文化与动态法律文化;以一个社会和国家的国体及阶级主体为划分标准,将法律文化分为奴隶主阶级法律文化,封建地主阶级法律文化,资产阶级法律文化,无产阶级法律文化;以政体形式为划分标准,可以将法律文化分为君主专制型法律文化,民主政体型法律文化等;以经济形态为标准,可将法律文化分为自然经济型法律文化,商品经济型法律文化,计划经济型法律文化等;以阶级状况为标准,将法律文化分为无阶级法律文化,有阶级法律文化,阶级对抗型法律文化等等。

如此之多的法律文化类型,确实令人眼花缭乱。但既然法律文化是一种同社会生活密切相关的社会文化景象,人们就有理由从各个不同的角度,用不同的标准去分辨它,理解它,用来说明自己想要说的问题。从分类本身来讲,它是一种纯客观的技术性描述,在分类过程中,力求在同一标准之下划分,避免背离分类标准,出现交叉、重叠。但实际上,以上诸类分类,有许多在内容上是互相交叉重叠的。比如,中华法系法律文化,有人认为同时就是一种农业文明型法律文化,是一种传统法律文化,也是一种东方法律文化等等。具体采用何种称谓,取决于研究问题过程中的具体对象和目的。此外,分类也只是相对的而非绝对的,不同类型的法律文化之间并不存在一条截然分明的界限。

法律文化的分类,在一定程度上反映了古今中外法律文化在事实上和现象上的一种文化上的差别。分类本身就是一种比较,是比较方法的一种具体运用。它对研究和比较不同的法律文化,促进社会主义法律文化的发展具有一定的意义和价值。

尽管我们可以根据不同的分类标准对法律文化的类型加以划分,但是根据社会发展史和历史唯物主义理论,我认为,最能揭示法律文化运动规律和阶级本质的是对法律文化进行历史的、阶级的、社会形态的划分。即:将法律文化分为奴隶制法律文化,封建制法律文化,资本主义法律文化和社会主义法律文化。把它们加以归类,便可归纳为剥削阶级的法律文化和社会主义法律文化两大类。这两大类型的法律文化在阶级本质及其历史使命上都有着本质的区别。这是由我们对法律文化的核心内容——法律本质的认识相关联、相一致的。其他各种分类,对于认识法律文化这一复杂的社会文化现象,也都有各自的功能和价值。

第五章 法律文化的社会化

法律文化的社会化,是指作为一种极其重要的文化类型的法律文化在整个社会中的普及、传播活动及其法律文化发挥功能和实现程度。按照我们对法律文化的理解,法律文化的社会化,就应包括法律文化中的观念形态在社会中的广泛传播性、普及性,法律制度、法律规范体系在社会生活中得以实现的有效性,以及法律组织机构、法律设施的社会适应性和完善性。法律文化社会化更重要的含义在于要将法律文化作为社会调整文化的重要内容和社会调整机制的重要手段,赋予法律文化在社会生活中高于其他社会调整文化和调整机制的重要地位。这是实现"依法治国、建设社会主义法治国家"理想目标的一个重要前提。

第一节 法律文化社会化释义

当我将本章的命题确定为"法律文化的社会化"时,就已经包含了对这一命题中"法律文化"内容的选择。有的学者认为,"法律文化"来自于社会,本身就是社会化的产物,因此,不存在"社会化"问题。如果我们从社会中客观存在的各种法律文化形态看,这一论点不无道理。但是有一个不容忽视的事实是:社会化是指人及其活动接受社会教化的过程。按照美国社会学者拉尔夫·林顿的解释,"社会化"的本意是指儿童受其文化熏陶的过程,在这个过程中,他们由一种非社会的小生命变成了社会的人[①]。在任何一个社会或任何一个时代,都有一种在这个社会或时代中占居主导地位的(有人称为统治地位)法律文化。从法律文化中的制度文化体系看,它反映和代表了该社会中被国家所认定的、作为社会成员行为模式的一种主导文化。一个社会中社会成员的行为模式只能按照法律规范和制度所确认的准则去行为,去运作。而法律文化中的法律意识形态,其地位和作用也不是等列的,也有一种占主导地位的、为该社会所倡导的法律意识形态(社会学者称之为"主文化")。这种法律意识形态成为该社会中所要求的法律意识形态。一般地讲,它与特定社会和时代的制度文化体系有着某种相关性、适应性。法律文化中的法律制度和法律规范的产生、创制受这种主导法律意识形态的影响。反过来,法律制度和规范一旦形成,便成为一种价值准则,除了继续维护它赖以产生的经济关系和主导法律意识形态外,还有使其他各种非主导性的法律意识向其倾斜的导向作用。

因此,当我们确定"法律文化的社会化"命题时,其中对社会化内容的价值选择便是那种作为社会中占主导地位的法律文化。法律文化虽来自于社会,但一个社会的法律文化是多样性的(多样性主要表现在法律观念形态上)。社会,或国家对多种多样的法律文化并不是放在同一价值标线上的,社会对文化是有选择的。这种

[①] 转引自[美]克鲁克洪著:《文化与个人》,高佳等译,浙江人民出版社1986年版,第83页。

选择基于各种主、客观因素：特定社会的社会形态、意识形态、政治经济关系、物质生产方式、政治制度的性质、阶级利益的需求以及法律文化的适应性、适用性等等。其中，起主要作用的是由特定社会的经济、政治关系所决定的社会制度形态和阶级利益的需求。由此就不难理解，在资本主义国家，占主导地位的法律文化是资产阶级法律文化。而在社会主义国家，占主导地位的法律文化则是社会主义的法律文化。各自不同社会的法律文化的社会化指向便由此而确定。当然，我们不能机械地对此加以理解，只是说明了这样一个客观存在的事实——主导法律文化存在的事实。并不排除非主导性法律文化在社会中所起的实际作用（积极的或消极的作用）。

与此相关，"法律文化社会化"另一个价值选择是：在社会主义社会形态下，作为社会化内容的法律文化，是指一种高水平的、对社会进步能起到促进作用的、作为社会财富而呈"正价值"状态的法律文化。因为"社会化"的一个核心解释是人由个体的人变成社会的人，"文化社会化"就是社会成员在接受社会教化过程中，对文化的学习、吸收和影响，从而使一种文化成为大众化、普及化的产物，使一种文化成为大众文化的组成内容，以及由此带来的社会成员的参与感。正因为此，就不能不考虑到它的社会效果。因此，选择的标准只能是看其对社会进步能否起到促进作用。这是一种文化社会化的使命和目的。否则，可能带来相反的、对社会有害的结果。

在研究法律文化社会化问题时，我将突出作为观念形态的法律文化内容。因为作为制度性的法律文化，其"社会化"一般是（可）借助于国家权力的方式来实现的。埃尔曼指出："如果法律要完成其目标便必须以权力为支持"①。费孝通先生在区分"法治"和"人治"这两个概念时，也讲到："法律还得靠权力来支持，还得靠人来执行，法治其实是'人依法而治'，并非没有人的因素。"② 虽然我们并不认为法律是权力的附庸，但法律离开权力的支持，也是难以实现其历史使命的。一个社会的管理者或统治者，都懂得并善于运用法律的（制度、规范体系等）力量来行使政治统治或管理社会，使法律制度得以在社会中推行。并且，法律规范和法律制度的效力原则（其后盾是国家强制力），为其"社会化"提供了基本的保证。当然，在现实条件下，有些制度性措施，比如法律组织机构的健全，法律设施的完善等，同一定的物质条件相联系，也同国家管理者对其重视的程度相关。至于它的实效如何，实现的程度如何，那当然受多种社会因素的制约。其中，法律文化的观念形态在很大程度上是一个重要的制约因素。因此，我将主要围绕观念形态法律文化的社会化来展开论述。

西方学者一般将法律文化的社会化仅仅看作是法律价值观念的社会化。这同他们对法律文化以及政治文化社会化的理解相关。比如：美国法学家埃尔曼讲到："如果说只有当政治文化领域中大量公民的社会化取得成功，政治结构与过程才能存在的话，法律文化领域中的社会化也必须平行并且同步进行。"③另两位美国学者李·S.温伯格、朱迪思·W.温伯格，则以"法律的动员性"理论表述了公民参与法律生活的特征。按他们的解释，"法律的动员

---

① ［美］埃尔曼著：《比较法律文化》，贺卫方等译，三联书店1990年版，第93页。
② 费孝通著：《乡土中国》，三联书店1985年版，第48页。
③ ［美］Henry W. Ehrmann: Comparative Legal Cultures, Prentice-Hall, Inc, Englewood Cliffs, New Jersey, 1976, p.10.

性"是指法律制度依靠什么途径提起诉讼和是否提起诉讼。美国法律文化中产生了一种反应性动员程序,在这种反应性动员程序中,法律制度主要依靠个人提起案件(诉讼)。这就是许多人在研究美国法律文化时指出的美国人的"好讼"观念及习惯。这实际上是同美国人对法律的依赖性以及法律文化的社会化程度相关联。

第二节 法律文化社会化的途径

法律文化的社会化,可以通过多种途径和方式来实现。大众传播,正规的法律教育和各种非正规的法律教育,高层次的法律研究,法律实践活动中的信息传播、散播、反馈等,在法律文化的社会化过程中都起着不可忽视的作用。在通讯信息技术飞速发展的现代社会,大众传播是法律文化社会化的一个最为重要的途径。在一项关于农民法律意识的调查报告中,当问及"您是通过什么方式获得法律知识的"这个问题时,在给定的四项选择中,答"广播电视报纸"的有283人(占44.13%),答"普法宣传学习"的有223人(占33.58%),答"听人说"的有88人(占13.25%),答"日常工作或生产"的有57人(占8.58%)[①]。由以上可见,大众传播媒介在法律文化社会化中所发挥的重要作用。

---

① 参见郑永流等著:《农民法律意识与农村法律发展》,武汉出版社1993年版,第5页。

一、大众传播

所谓大众传播是指用各种各样的大众文化传播工具作为媒介,将法律文化传播、普及到社会中去,成为社会总文化中不可缺少的一种文化构成,成为公民文化中的一个组成部分。在大众传播中,被称为现代社会的"大众文化传播媒介",像报纸、杂志、书籍、电影、电视、广播等等,起着很重要的作用。

在各种各样的大众传播媒介中,我们不能不突出强调电视这种传播媒介的作用。无疑的,电视是一种物质产品。但电视这种物质产品从它诞生之时,就成了一种文化的载体。电视作为一种新技术革命的成果,它具有覆盖面广、传播迅速及时、形声色并茂等其他传播媒介所不具有的优势。电视利用其特有的优势,使观众的视角和思维空间大大拓展。电视的触角可以伸向文化涉足的每一个领域,对人们的观念和生活方式、行为方式起着直接的或间接的冲击作用。同时,也对社会的整体文化结构和社会成员的文化素养产生很大影响。

随着人们物质生活水平的逐渐提高,电视由过去的一种"奢侈品"变为普通家庭的普及物,成为一种最为普及的大众文化传播工具。由此而形成了一种新型的、被人们称之为"电视文化"的文化类型。电视文化已经成为现代文化结构中的一个重要构成,成为一种现代生活方式进入到千千万万个家庭之中,成为家庭文化的重要内容。它与其他传播媒介一起,形成一种合力,冲击着传统的、封闭的、内向的文化传播和接受方式。电视作为一种广泛的、普遍的信息传播媒介,使人们直接或间接地参与了社会生活。电视以其强有力的渗透力和扩散力,将大量的文化信息传播给社会,成为人们学习知识、获取文化的一个有效途径。

由于电视文化涉足的领域极其广泛,它自然地也成为人们获取法律文化知识的一个重要途径。法律文化作为社会文化的重要内容,是社会生活的重要组成部分,自然地,也就会成为电视文化涉足的一个重要领域。电视文化在法律文化的大众传播过程中发挥着越来越重要的作用。美国法学家经过社会调查后得出结论:电视是美国人接触法律文化知识的一个重要途径。他们说:"那些经常看电视的人比那些偶然看的人好像更加了解宪法上的保障"[①]。法律问题成为越来越多的新闻题材和不同艺术形式所关注的话题。

由于电视节目题材的多样性,它可以利用各种各样的题材和形式向观众传播法律文化的信息。直接的方式有:播放国家颁布的新法律、法规的信息,转播国家立法机关的立法活动情况,议案的辩论讨论情况,立法参与者的发言内容,法律通过的程序,选举程序,国家审判机关的重要审判实况,各种各样的法律知识讲座,法律知识竞赛实况转播等。间接的有:播放涉及法律问题的电视剧、电影、戏剧、相声、小品等等。电视通过这样一些直接的或间接的方式,向观众传播着大量的法律信息。随着法律对现代社会生活的逐步渗透及法律调整社会关系的广泛化、深入化,法律问题会越来越成为电视节目题材中经常涉及的内容,成为电视文化涉足的重要领域。

电视——这种大众传播工具之所以在法律文化社会化过程中

---

① [美]李·S.温伯格,朱迪思·W.温伯格:《论美国的法律文化》,《法学译丛》1985年第1期,第2页。

能起到如此大的作用,主要是由于它的信息接受者的广泛性,以及它寓教育传播于娱乐之中的独有特性。电视的信息接受者的数量是巨大的。在我国,电视拥有量已跻身于世界"电视大国"的行列。在现代化过程中,随着人民生活水平的不断提高,电视的普及和"电视文化"的强化是一个不可逆转的趋势。因此,应当对这种发展趋势有一个客观的、求实的估价和预测,从而重视这样一种广泛的、较为有效的大众传播工具在法律文化社会化过程中的作用。并把它作为一项科学研究的对象进行研究,探索其相应的利用对策,使它发挥更大的、更好的作用。

除了电视这样一种大众化的、较为有效的传播工具外,其他文化传播媒介也应给予应有的重视。像广播、电影、报纸、杂志、书籍等视听工具及其他文化载体。譬如:伴随着法制发展而兴起的一种新的文学形式——"法制文学",在法律文化的传播过程中也起着相当重要的作用。文学,以它特有的、为大众所普遍接受的方式成为文化传播的一种有效形式,拥有着亿万读者(传播对象)。尤其在中国,成长中的亿万青少年更是它的热心的读者群。将法制与文学相结合所形成的"法制文学",在中国法律文化的传播中已经开始发挥它的作用。尽管这种作用有时夹杂着它的消极面。旅居美国的香港记者梁厚甫曾撰文指出:中国大陆提倡"法制文学"是一件好事情。他说,在美国居住20多年,潜观默察美国的社会,在民主生活方面,许多地方,都不见得怎样的成功。而最成功的,就是美国国内极大多数人都能尊重法律。而美国人尊重法律,并不是小学"公民课本"的作用。其造成美国人尊重法律习惯的,却是美国的"法制文学"。美国人对法制文学所下的定义是:提高推广法律观念的文化。"法制文学"承担着令一般人能理解法律、尊重法律的政治使命。在美国东部和中部的大城市中,流行的法律小说和侦探小说,尽管其中难免有庸俗之嫌,但却能收到使美国群众敬畏法律之效果。这是美国文化的一个传统。文艺作家把法律的原理,通过文学作品的形式注入到群众心中,使群众明白法制的重要性,因而产生社会上的制裁力量。养成公民尊重法律的习惯和心理,这是"法制文学"的真义所在。

此外,近年来散见于各专业性的或非专业性的报刊中的法制新闻,法制通讯,法制报道等,也对公民的法律意识的培养起着较大作用。

在法律文化社会化过程中,要求各种文化传播媒介尽可能正确地,而不是歪曲地向社会和公众提供法律信息。无论何种传播手段和方式,都拥有大量的信息接受者。人们是依据所接受的信息而形成的法律意识来选择个人的行为。一种正确的符合法律原则的法律文化信息传播出去,会给社会建立良好的秩序带来帮助。一旦一种被歪曲的法律文化信息传播到社会中,便会在信息接受者中产生不良的社会效果,有可能诱发各种非法行为,给社会的秩序带来破坏。例如,有的"街头小报"利用"法制文学"的形式,刊印不少带有暴力、色情等内容的东西,在社会上,尤其是在青少年中产生了不良影响。还有淫秽录像带、录音带、黄色手抄本等,带来的社会效果是极坏的。德国一位宣传媒介教学理论专家、教育学教授维尔纳·格洛高尔的研究报告证实:恐怖录相带能够把儿童变成杀人犯。这位奥格斯堡大学教授在查阅了德国初级法院和州法院迄今尚未公布的审讯记录后,得出的结论是:至少有十分之一的暴力犯罪都是年轻人干的,而这本来就是宣传媒介应负的罪责。这位宣传媒介教学理论专家说,儿童和青年有一种"竞起效尤"的心理行为和习惯，他们把在录相带和电影、杂志和连环画中看到的一切东西变成流血行为。格洛高尔认为，宣传媒介在向这些年轻人提供犯罪的"动力、动机和榜样"。这位学者认为，黄色录相带在这方面起着决定性的作用。它们所造成的影响和经历会把挺好的年轻人变成杀人犯[①]。黄色录相带往往充当了犯罪"教唆犯"的角色。在我国，大量犯罪个案证明，它也是诱发青少年犯罪的一个重要原因。

此外，有的文学艺术工作者，由于对法律不懂或知之甚少，在其作品中出现了与法律精神相违背的内容。这种现象在文学作品、新闻报道、采访记、电影、电视剧、广播等中也是不少的。有的作品旨在宣传法律，但由于作者的法律修养和素质不高等原因，作品中出现了与法律精神、法律规定及法律程序不相吻合的失误性宣导，有些甚至歪曲了法律的本意，带来的社会效果是不良的。

为保证法律文化社会化的"正效应"，就需要采取一些相应的措施和对策：比如，加强对各种文化传播媒介渠道的法律咨询和监督；加强各类文化传播工作者自身的法律修养，使其作品尽可能避免法律上的失误；完善各种立法，对蓄意传播反法律、反社会的违法犯罪行为，进行法律上的必要制裁。这样，保证法律文化社会化广泛、深入、持久、健康地发展。

二、正规的法律教育

各种正规的和非正规的法律教育，是法律文化社会化的不可

[①] 《是谁把孩子变成杀人犯》，德国《民镜》周刊1991年4月22日文章，转引自《参考消息》1991年5月22日第3版。

缺少的途径之一。这里所说的正规的法律教育,主要是指正规的学校教育。而非正规的法律教育是指除学校教育之外的其他各种形式的法律教育。比如:电视大学、职业大学、函授教育、刊授教育、自修大学、法律进修班、法律培训班以及群众性的普法教育等。前者——即正规的法律教育——承担着为国家培养合格法律工作者、法律职业者的任务。而后者,却以它灵活多样的教育方式承担着培养、训练法律职业者、法律工作者和提高公民的法律文化素养和法律意识的任务,扩大和提高全社会公民法律文化知识的普及程度。

就其实质来讲,法律教育更能体现出一个国家法律文化的发达与否。发达的教育是发达的文化的象征和标志,发达的文化又是发达的教育的一个结果。要建成一个富强、民主、文明的现代化的社会主义法治国家,发展教育,其中包括法制教育,就成为一个刻不容缓的任务摆在国家面前。这是由法治在现代化国家中所居的重要地位所决定的。

在法律教育中,占突出地位的是各类正规的学校教育。法律教育的任务和目的是多重的。其中,法律职业者的培养和训练是最重要的任务之一。法治的运行需要许多法律职业人员,诸如:立法者、法官、检察官、律师、行政执法人员等等。这些法律职业者是法律组织机构的活动主体,是法律生活得以正常、有序、有效进行和运转的重要保证。法律职业是伴随着法律的产生而出现的,法律职业的种类同法律的发展变化密切相关。法律职业是社会分工的一个表现,但它又不同于一般的社会分工,它同法律的职能相联系,并负有特殊的使命。

美国法学家博登海默指出:为履行法律在社会中的职能,就必须要求控制训练法律工作者的方式方法,以使他们称职。如果法律制度的主要目的在于确保和维护社会肌体的健康,从而使人民过上有价值的活跃的生活,那么就必须把法律工作者视为"社会医生"。其服务工作应当有益于法律最终目标的实现[①]。

"社会医生"是对法律职业者的一个很形象的比喻。被赞诩为"社会医生"的法律工作者,在行使其"社会医生"的特殊使命过程中,就需具备一般人所不具有的文化修养、素质和知识。而这一切,都须通过法律教育、训练和法律实践而获得。博登海默指出:"法律工作者必须首先是一个具有文化修养和广博知识的人"[②]。攻读法律的学生如果对其本国历史都很陌生,那么他就不可能有理解该国法律制度的演变以及该国法律制度机构对其周围的历史条件的依赖关系。如果他对世界历史和文明的文化贡献不是很了解,那么他在理解可能对法律产生影响的重大国际事件时便会处于不利地位。如果他不大精通一般政治理论、不能洞察政府机构与作用,那么他在领悟和处理宪法与公法等问题时就会遇到障碍。如果他未接受经济学方面的训练,那么他就无法认识到法律问题与经济问题之间的紧密关系,而这种关系在许多法律领域中都存在着。如果他没有接受过哲学方面的基础训练,那么他在解决法理学和法学理论的一般问题时就会感到棘手,而这些问题往往会对司法和其他法律程序产生决定性影响[③]。上述这些都应作为法律教育和训练的任务和内容,而且这些任务必须放在法律工作者理论专业的非法律部分去完成。

[①][②] [美]E.博登海默著:《法理学——法哲学及其方法》,邓正来等译,华夏出版社1982年版,第489、490页。

[③] 同上书,第490页。

法律秩序越是发达,其对法律职业的要求和责任也就越多。法律工作者除了需要具备丰富的文化修养和知识水平外,还需要具备对有关政治、社会、经济以及道德等力量——它们在法律秩序中起着作用并决定着法律秩序的进程——的有关知识,以及有关法律运用中的技能,比如,逻辑推理能力、判断能力、识别能力、口头表达能力、对事物的敏感性等等。这其中的大部分知识可以通过教育获得,但有些知识和能力,则需要通过对社会现实进行专业的、敏锐的观察以及在法律实践活动中逐步积累而获得。

法律教育对法律职业的特点和法律发展有着重要影响,法律教育和法律培训方法也影响着法律职业者用于实践中的应用技能和观念,并由此形成法律的许多特点。法律教育和法律传统之间互相发生影响。在欧洲大陆法系传统国家,法律教育方式一般较理性化和正规化,法律注释主义成为法律教育的主要特色,由此而带来的是法律规范结构的相对固定化,从而影响了法律的变化和发展。与此相反,在英美普通法系国家,法律教育(确切地说,应该称为法律工作者的职业训练)中的"投师见习制"(或"师徒制"),以及普遍采用的"判例教学法",使法律教育带有浓重的行业主义、实用主义色彩。它的实践性、对社会的适用性和非学术化的训练方式,对于法律职业者的分析问题能力和逻辑推理能力的训练有其一定价值。但同时,也带来了如西方法学家所指出的弊端:过分强调司法官员的重要性,而忽视立法和行政决策的作用。不同的法律教育方式同各自的法律传统有密切关系。而这种教育方式所形成的思维习惯,又进一步巩固了一种法律传统的地位。正如埃尔曼所指出的:不同的学习方法,即关于法律及其运用应该学习哪些东西,以及未来法律专家所经受的训练无不反映着一种法律制度的特性,并且也影响着它的未来发展①。

随着法律的不断发展和变革,两大法系逐渐趋于融合,整个法律教育的方式也在发生着较大的变化。以美国独立后的历史为例,那种"行会式"的培养法律职业工作者的方式已经完全不合时宜。"正规化的学徒制度"也被法学院取而代之了。学院和大学在法律教育中被赋予越来越重要的地位。于是产生了一种介于英国训练方式和大陆法系国家法律职业者必须接受的法学教育之间的制度。

大约恢复于20世纪70年代末的中国法学教育,其教育方式同中国当代法律制度有关。中华法系虽然自成一体,但从中国当代法律的特点看,"制定法"是其主要表现方式。法律教育上也就自然注重的是正规化的理论教育和法律知识的系统培养和传授。其中,对法律进行详尽的注释成为法律教育的一大特点。尽管在教育过程中也掺杂了一些法律实践性教育因素,如:案例分析,模拟法庭审判,直至毕业前的司法实践实习,但总体上并没有摆脱理论传授的方式。法律教育缺少活力。法律学院的学生在毕业之后缺乏从事法律实际工作所需要的许多技能。从最初级的法律文书制作技能,到难度较大的法庭审判技能,辩护技能,口头表达及文字表达能力,以及解决复杂法律问题所需要的综合性素质。这种状况与教育方式和教育手段不无关系。美国埃默里(Emory)大学一位法学教授讲道:法学院的学生们需要工作技能。忽略技能训练会给学生们带来危害。技能应该伴随学生度过他们整个工作生

---

① [美]亨利·埃尔曼著:《比较法律文化》,贺卫方等译,三联书店1990年版,第121页。

涯[①]。

中国的法律教育模式深受苏联法律教育的影响,在法律教育制度方面有许多相似之处,法律教育方式上也有许多共同点。列宁格勒大学教授、法学博士 Л.М.切乔特在对苏联法律教育进行剖析时,非常坦率地指出:苏联学者,大学法学教师队伍的很大一部分人从来不了解实际机关工作。虽然在大学生时代,学生们可以通过科研小组活动,并参加审判或其他实践总结工作,然后进行了解情况的毕业前的生产实习等等。但对教学工作的这方面成绩不容夸大。所有实际部门不是无根据地认为,放手让(法学院)大学毕业生进行独立工作之前,还必须同他们做很多工作。莫斯科律师协会主席(1988年)К.Н.阿普拉克辛说,莫斯科大学毕业生还不适合于职业活动,要给他们(在毕业后)上专修课,而以后许多期间,则要有专人指导。这种情况同样可以指列宁格勒大学和其他法律院校毕业生。而考上助教或科研人员研究班的,以作为未来的教师和科研人员的,都是一些没有在实际部门工作过的年轻人。

切乔特将苏联的这种法律教育制度同他所考察过的汉堡大学的法律培训制度相对照,发现存在着教育制度上的较大差异。在那里,大学生在四年半期间学完主要课程之后,并考察第一门国家考试,必须按专门制定的办法进行实习。实习用两年半时间,并规定在行政部门、法院、检察机关、律师事务所实习,实习结束后,向全由实际部门工作人员组成的委员会考最后一门国家考试。不论

---

① [美]托马斯·D.摩根:《为21世纪培养法律学生》,《法学译丛》1988年第3期,第64页。

是选择法律顾问、律师或侦查员前途的人,还是准备做科研或教学工作的人,都要进行这样的实习。切乔特在比较之后感慨道:可惜我们(苏联)没有这种制度。我们不能为自己的毕业生提供实习的场所,所以,照例在检察机关、律师事务所或仲裁署再教他们[①]。

强调法律教育中的实践环节,一个重要的根据就在于对法律教育职责以及对法律职业或属性的认识上。法律职业人员是一种对"社会疾病"进行诊治的有特殊使命的"医生"。如同一位外科医生,如果只懂得一整套外科理论,而缺少临床经验,那么,这位外科医生的医术就不可能高明。法律职业者亦是如此。如果对社会缺乏了解,不懂得社会是如何运转的,法律是如何操作和起作用的,那么,这样的法律职业者很可能不能适应未来的工作和职业要求。

大约在20世纪80年代中期,作为中国教育改革组成内容的法律教育改革,也成为法律教育工作者和法律研究人员关注的课题。随着国家对外开放,广泛地国际领域的法律文化交流,各种法律教育方式也不断地被介绍进来,它们的利弊得失也引起法律教育和法律研究工作者的思考,有关法律教育改革的研究文章也著于报刊。笔者曾于1986年就我国法律教育的方式作过一些探索,提出应当在继续注重理论教育的同时,采用法律实践性教育方法和手段,引入"案例教学法",以改变法律教育呆板、陈旧、僵化之状况,给法学教育增添活力,使法律专业的学生能适应社会之需要[②]。但是,由于法律教育改革涉及到许多方面,且传统的教学方

[①] [苏]Л.M.切乔特:《法律科学、法律教学与实践》,《法学译丛》1988年第2期,第6页。
[②] 见拙文:《法学教育应当实行案例教学法》,《中国法制报》1986年4月7日,第3版。

式形成为一种习惯定势,以及教育改革的艰巨性等,有关教育改革的理论探讨难以深入下去,也未引起足够的重视。

如果我们对法律教育的任务和目的有一个较为清醒的认识,如果我们承认法律是一种对社会实际生活有用的价值体系,且在社会实践中发挥功用的调整机制的话,那么,对于法律职业者的培养就应以解决社会实际问题为主要目的(当然,对法学教育工作者和法学研究人员的培养,也是法律教育的一个重要内容,但它毕竟不能作为法学院的主要任务)。整个法律教育都要力求以此为目标,来寻找一种最佳的教育手段和方法,以适应现代中国实现法治之需求。法律教育改革应该从理论上有所突破,然后由理论到实践,大胆探索,大胆实践,在实践中摸索出一条路来。

三、非正规的法律教育

同正规的法律教育相比,各种非正规的法律教育在近年来越来越成为法律文化社会化的一个重要途径。正规与非正规只是一种相对意义上的分类,并无截然的分界线或优劣之别。它们服从于不同的目的和任务。有时,一些非正规的教育,也是构成正规的学校教育的组成内容,比如:法律进修教育、职业大学、电视大学等等。"非正规"一词也许不是十分恰当,只是用来区别法学院的教育而已。

各种非正规的法律教育所承担的任务不像正规的学校(法学院)教育那样较为单一,而是呈现为多样性。它既有对法律职业人员进行知识培训或岗位培训的任务(岗前、岗后教育等),也有使一般公民提高法律素质等法律文化知识水平的使命。

近年来,一个突出的表现是,各种职业法律培训体系正在逐步形成。70年代末80年代初,稍晚于大学法学院的全面恢复,中国建立了从中央到省、地三级政法管理干部学院(校),成为中国式法律职业培训的一个较正规的训练基地和场所。那些由于各种各样特殊原因而未能接受法学院教育的各类法律职业者——立法者、执法者、刑侦员、律师等,通过在政法管理干部学院(校)的短期或中长期的教育培训,成为合格的具有法律专业素质和知识的法律职业者,成为国家法律实践活动中的重要力量。

此外,大约从80年代中期开始,中国法院系统逐步创建了以岗位培训为主要任务的全国法院干部业余法律大学。此后成立了中国检察官学院。1997年,又建立了国家法官学院。这样,便形成了一个多层次的法律职业培训体系。一个覆盖面广、参加人数多、多种规格、多种类型、多种渠道的法律干部教育培训体系,已在全国基本形成。

对于公民个人来讲,法律文化社会化的任务较之法律职业者教育和培训要更艰巨些。市民社会中,占主要地位的是处于分散状况的法律心理。这种法律心理可能由历史传统而积淀,也可能由现实社会利益影响而形成,或由个人具体处境而造就,因而表现内容上多式多样。这种复杂的心理状况对法律文化的社会化带来难度。在中国,积两千年之久的封建社会历史中,法律是压迫人民的工具,人民的个人权利很少或几乎被剥夺,人民对法律所产生的仇视心理、排斥心理、拒绝心理和不信任心理等心理积淀是很深的。在这样一种法律心理的社会基础上,要培植起现代的、与社会主义法律制度、体系相适应的法律意识,是一件非常困难的事情。公民社会中的法律文化,掺杂着各种各样复杂的非主导文化因素。

任何一个国家,都不可能像对待法律职业者的培养那样对社会所有公民去进行专门的教育。而主要通过大众化、普及化、社会化的文化形式,通过符号化或形象化的文化手段,传播法律文化信息,使公民从中受到法制教育,完成社会化教育过程,这应视为一种途径。此外,也可寻找一种可行的变通方式对公民进行普及化的法制教育。

开始于1986年的中国全国性普及法律教育活动,就是由国家动员、倡导并支持,由全体公民参加的全国性法律普及教育活动。这是一项巨大的法律文化社会化工程。这项活动,对于作为一个人口众多的大国公民法律文化的社会化起到了重要的作用。国家动员了大量力量,付诸了大量的精力,从人力、财力、物力上对这项活动给予了支持和保证。在此过程中,法学教育工作者,法学研究工作者,以及各类法律工作者,通过多种多样的教育形式,比如,法律讲座、报告会、讲习班、读书班、培训班、进修班等等,使各阶层的公民受到法制教育,并以各种传播工具为媒介,向社会传输了大量的法律知识信息,使法律文化逐步深入社会。一定数量的中国公民从这项群众性的普法活动中获取了很多法律知识。公民的法律意识、法制观念有所提高,遵法守法护法用法的自觉性也随之有所增强。

由国家倡导并支持的群众性普及法律知识活动,它的更深远的意义在于:这项活动作为一种国家活动,本身表明了国家在新的历史时期对法律的重视程度。这样一个声势浩大的普及法律知识教育活动,在新中国成立以来的历史中是没有的。我们过去曾开展过那么多性质不同的"群众运动",唯独没有开展过普及法律知识的教育活动,这不能不是酿成许多悲剧的一个重要原因。这是对新中国历史经验教训进行深刻反思的结果。它向全社会发出讯号:法律是重要的。法律在现代社会生活中并不是可有可无的,而是社会生活的重要组成内容和调整机制。既然如此,作为生活于社会中的每个成员,就应该树立法律的权威意识和至上意识,就应该了解和熟悉为公民生活所不可缺少的法律知识,并逐步学会运用法律。此外,国家对法律的重视程度还表现在:它运用各种政治的、政权的力量,使这项活动广泛开展起来。党通过开展普法的决议,最高权力机关通过普及法律的法律性文件,各级政府机关,尤其是司法行政机关对普法活动作出具体安排部署,成立专门性机构,各种法律教育力量投入到普法的教育活动之中,还有各种传播媒介的广泛投入等等,都可以使公民捕捉到或树立起法律是重要的这样一种信息和意识。

在我国开展群众性的普及法律教育活动,是社会主义民主和法制建设的基础性工作,也是社会主义法律文化中法律意识形态的一项基本建设。这项活动的目的,除了使公民掌握一些具体的法律知识外,更重要的是增强全体社会成员中的法律意识和法制观念,提高全民族的法律文化水平。社会主义法律意识的提高,对于确立社会主义法制在社会生活和人们心目中的权威地位,转变人们对法律的仇视心理和不信任心理,奠定一个思想基础。社会成员法制观念增强了,才能使其不仅自觉地遵守法律,而且能够积极维护法律的尊严,为健全社会主义法制提供良好的社会文化环境。从根本上讲,是要启迪公民的法制觉悟,激发公民的法制热情,为社会主义民主与法制建设创造思想条件。

此外,在社会主义国家,对公民进行法制教育,也是社会主义精神文明建设的题中应有之义,而且也是一项最基础的教育。社会主义精神文明建设的目的,从根本上讲,是为了培养社会主义的"四有"新人。较高的法律和纪律修养是"四有新人"——现代人所具备的素质。在社会主义制度下,一个不具有法律文化修养的人,一个不能遵纪守法的人,不可能是一个有较高道德修养的人,更不可能是一个有理想有觉悟的人。因此,在开展精神文明建设中,要特别重视法制和纪律的教育,着眼于法律意识和法制观念的培养,使公民的法律文化水平有一个大的提高。

在九届全国人大一次会议上,人大代表肖扬讲到:据不完全统计,在"二五"普法期间,有包括社会主义市场经济法律法规在内的200多部法律法规被纳入了学习内容。"三五"普法已于1996年正式启动。在全国8.1亿各类普法对象中,约有7亿人接受了新一轮的法律常识教育[①]。代表们说,通过几年的普法,广大干部和群众的法律意识和法制观念有了很大提高。目前,全国已有4000多个县、区以上政府聘请了近2万名律师担任法律顾问,越来越多的领导干部开始改变单纯依靠行政手段的领导方式,在工作中更多地注重运用法律手段处理各种事务。近几年,我国个人所得税成倍增长,农村80%、城市90%以上的人能够主动申报;公民开始懂得如何运用法律武器维护自己的合法权益,出现了敢于依法论是非的可喜局面;参政议政意识有了明显提高,人民当家作主的观念、权利和义务统一的观念、法律面前人人平等的观念和守法光荣、违法可耻的观念,进一步确立。当然,代表们也指出:现在,公民的法律意识与社会主义法制建设发展的要求相比还有差距,需

---

① 参见《人民日报》1998年3月6日第4版。

要花大力气开展普法工作①。之所以这样说,是因为我国的"普法"是在原来起点很低的基础上进行的。所有的进步、提高只是意味着在原来起点很低的台阶上前进了一步。就法制的要求和现实的社会需要来讲,还存在着很大的差距。对此,应该有个清醒的估价。

之所以说我国的普法教育是在社会成员中的法制观念和法律意识起点很低的基础上开展的,是同我国的历史分不开的。我国有两千多年的封建社会历史,在漫长的封建历史中,盛行的是"专制——人治"统治模式,而且这种影响根深蒂固,民主法治的传统就不可能产生。新中国成立后,由于种种历史原因,对社会主义民主和法制的建设重视不够,也没有开展过系统的法制教育,所以,从全社会总体角度看,社会成员的法律意识和法制观念是淡薄的,不少公职人员习惯于靠行政手段管理各项事业,不少群众则宁愿只依靠道德规范和约定俗成的习惯来约束自己的行为和调整相互之间的关系。人们对法律往往怀有各种各样的偏见,个别人把远离法律,不与法院打交道奉为理想的境界。所有这些,都影响着法治的实现。虽然经过两个五年普法教育,这种状况开始有了转变,但是,社会成员法律意识和法制观念淡薄的状况还没有根本改变。要消除几千年遗留下来的"专制——人治"的传统影响,克服轻视法律甚至敌视法律的思想意识,建立起全新的社会主义民主与法制观念,需要有一个较长时期的社会化过程。

在我国,法律教育已被列入国家的重要议事日程。邓小平同志讲:"法制建设的根本问题是教育人";江泽民同志也讲道,"我们

---

① 参见《人民日报》1998年3月6日第4版。

的一个重要任务就是深入普及法律常识,对全体公民进行法制教育,提高全民族的法律素质。"彭真同志也明确提出:"普法,一个五年规划不行,要继续搞下去。"由此可以看出,国家十分重视对公民的法制教育。在对法制教育的现状及规律性分析的基础上,国家于1996年开始了第三个五年普法教育,并对普法教育的对象、任务、内容等做了具体安排。它将对中国现在及未来的法制建设以及法制发展产生较深远的影响。群众性普及法律教育活动,作为公民法律文化社会化的一个重要方式和有效途径,带有鲜明的中国特点,是中国在实践中一个大胆的尝试和探索。

苏联法学家指出:在社会主义社会中,法律文化的意义超出了法律和法律实践的领域。把高度的法律文化水平普及到全体居民中,就意味着大大提高公民的一般文化水平,确立人们这样的价值标准,它将触及社会生活的一些极重要方面,高度组织性,权利和义务的确定性,严格的秩序和责任,彻底的公正性,个人权利的有保障性,社会关系参加者的经调整的积极性。所有这些以及法律文化的其他许多因素都会被纳入人们行为的一般文化之中,并且在共产主义社会的文明的形成中,无疑将起着重要作用。社会主义社会高度重视社会主义法律教育,其深刻的、根本的原因就在于此,因为法律教育的实质就是要从组织上和思想上施加影响,以保证法律文化达到高度水平,法律意识得到发展。在社会生活、人们的生活中确立一种能说明法是具有重要意义的社会价值的观念[①]。

---

① [苏]C.C.阿列克谢耶夫著:《法的一般理论》上册,黄良平等译,法律出版社1988年版,第222—223页。

四、高层次的法律理论研究

法律理论研究作为一项法律活动,也是法律文化社会化的途径之一。法律理论研究是一种高层次、高智力的抽象思维活动和工作方式。一个国家的法律理论研究现状和程度,是一个国家法学发展的标志,也是评判法律文化发达与否的一个标准。广泛的社会调查,法律信息的输出与反馈,对各类法律问题的理论性解释和阐发,对某项法律制定的必要性以及对现行法的科学性说明等,构成法律理论研究的主要内容。

法律理论研究是通过理论工作者的研究成果来向社会输送法律文化信息和营养。法律理论研究的重要性表现在:(1)法律理论研究的状况影响着一个社会法律教育和法律传播的状况,理论本身所具有的指导作用和地位使该国的法律教育水准和传播现状必然按照理论所达到的水准和程度设计和布局。比如,法律理论研究的新成果不断被各种法律教科书所吸收。对某一理论问题的研究越深入,在法律教育过程中对该问题的讲解就越透彻,大众传播过程中的法律信息传输就较少失误和歪曲。法律理论研究是提高和促进社会法律意识的重要手段。(2)法律理论研究的重要性还在于它对法律文化的表层结构——法律规范、法律制度的制定和实施及法律组织机构的组织活动起着重要的指导作用。弗里德曼讲到:"法典背后有强大的思想运动"。一个国家应制定何种新的法律规范,不应该制定何种法律规范,哪种法律应该废除,社会发生了何种变化,法律对新的社会关系如何调整,对现行法如何修改、补充,应该创设何种法律制度、法律组织机构及设施,等等,诸如此类的问题,越来越离不开法学专家的参与和指导。在制定或修改一部法律之前,广泛的社会调查,科学研究和学术讨论成为不可缺少的准备工作。据报道,中国社会科学院法学研究所的科研人员经常参加多项立法工作,他们的工作方式是:直接参加立法小组,始终参与法律条文的起草制定工作;通过参加立法机关召集的有关讨论会或通过对法律草案提出书面意见的方式为立法工作服务①。实践证明,科研人员参加立法活动有许多好处:可以为立法提供理论上的依据,提供外国的、历史的经验作为立法的借鉴和参考,也可以从科学研究的角度全面地了解和掌握法律体系的全貌,有利于在立法中搞好法律的协调,避免法律之间的矛盾和冲突,还有助于法律条文的规范化等等。(3)法律理论研究的重要性还不仅仅是体现在以上两个方面。对现行法的研究,对人类历史上出现的各种法律思想,法律制度的研究,对法律心理,法律意识,法律观念的研究等,都成为法律理论研究的内容。所有这些研究活动,对于说明法律文化的现状,说明一个国家法律文化的发展历史乃至一个国家的历史,以及法律文化的继承和交流,都是极其重要的。法律理论研究是发展社会主义法律文化的一个前提和保证。

五、法律实践活动中的信息传播和反馈

在法律文化社会化过程中,各种法律实践活动,如立法,司法审判,法律制度的执行,民事纠纷的法律调解等,也是法律文化社会化的一个重要途径。公民通过参与或旁听法庭诉讼,直接从中

---

① 见《社会科学报》1987年5月14日第1版。

获取有关法律的实体内容和诉讼程序的知识;通过了解国家立法机关的立法活动过程,熟悉法律的内容和法律制定程序;通过参与各种法律知识的竞赛,加深对某一法律问题的映象。所有这些,都是公民获取法律知识的有效途径。

在现代社会,法学家们越来越注意到法律实践活动对公民法律价值观的形成所起的重要作用。美国法学家埃尔曼指出:在美国,人们已越来越关心执行法庭裁决问题和由此对社会产生的影响。有的时候,一个公正的法律判决所产生的影响力是巨大的,它可以一下子提高法律在人们心目中的权威地位和法律职业者的形象,使人们对法律产生尊敬、信赖和尊法守法的自觉性;相反,如果法律判决显失公平,便会使法律在人们心目中投下阴影,对法律产生不信任感,影响法律的权威地位。英国哲学家培根有段名言:"一次不公正的裁判,其恶果超过十次犯罪,因为犯罪是无视法律,而不公正的审判是毁坏法律。"这段名言是很深刻的。此外,法律教育、法律宣传等的效果,最终还是要从立法的发展,执法的改善和守法自觉性的增强体现出来。

第三节 法律文化社会化的效果分析

一种文化在社会中传播,必然会影响到人们观念的形成,这种观念便会成为人们的行为准则,对人们的行为起指导作用。一个人从出生到长大成人这一过程中,会不断受到各种文化的影响,接受社会的教化,从中吸收各种成分,形成自己的人生观价值观,完成社会化的过程。"社会化"是使一个孤立的个人变为"社会人"的一个学习过程和中介环节,是个人参与社会生活的一个必经的训练阶段和前提。于是，个人在接受社会教化的过程中，对诸种文化的吸收、学习和选择便处于十分重要的地位。

同时，人类只有在不断的实践中才能对各种文化的价值功能作出判断，个人亦然。任何一个人都不可能是先知先觉。个人在接受社会教化的过程中，常常处于一种自觉与不自觉的混合状态。在某种意义上，不自觉状态更为突出。一个人的人生观价值观的形成，是多种因素的综合反映。作为个人，在其人生观价值观形成过程中，对各种文化是难以选择的。因为一个人在幼年时期不具有鉴赏力和判断力，对文化的判断力和鉴赏力属于成人世界的技能。但是，作为社会，或者说作为成人世界，却负有责任。这个责任主要表现为对于各种文化信息的选择和"供给"上。社会供给什么，个人便接受什么；社会选择什么，个人便注重什么。因此，个人价值观的形成过程，或者说，社会化的过程同该社会流行的价值准则密切相关。

20世纪被人们称作为"信息时代"。科学技术的发现和发明带来新技术革命成果不断涌现，地球变得越来越小。各种信息传播工具和通讯工具日趋发达。这对于个人的文化社会化带来了物质上的便利条件。信息的传播如此广泛、迅速、及时，使人们足不出户便可得知天下大事。近年来，儿童的早熟、成人化现象同日趋发达的讯息传播不无关系。既然如此，各种文化传播必然会带来一个社会效果问题。当然，社会化不光同传播工具相联系。学校、家庭、社会，举凡个人成长过程中的一切场所和环境，都成为接受社会教化的基地。

法律文化的社会化同一般文化的社会化一样，也存在着一个社会效果问题。人们获取法律信息的渠道，以及该信息的真实程度,法律信息的正确或谬误,或虚假等等,都对人们的观念形成产生影响。有位研究大众传播的中国学者指出:大众传播过程中存在着一种异化现象。他认为:"当大众传播作为'管理工具,用于作出决定,说服和操纵别人'时,它在行使着对大众的控制权力,而这种权力所体现出来的媒介意志,将大众引入由媒介营造起来的脱离现实的世界中。媒介在权力和意志的双重辅佐下,彻底垄断对信息进行处理的全过程。这时候大众传播的社会雷达行为彻底改变了原来的作用,媒介发出的脉冲(即信息),往往并不是现实的信号,也很少给出关于现实的完全真实的情况。""大众媒介不仅控制了对事件的传播和对事件的说法,而且左右着人们对现实的理解和判断。"[①] 由此可见,作为现代信息社会的大众传播媒介所传播的信息对人们思想观念的影响之大、之广、之深。在各种信息传播渠道中,人们首先注重的当然是由国家权力控制的各种传播手段,这毫无疑问是一个重要的获取信息的来源。但是,那些非国家因素的,表现为社会性的,诸如:家庭、学校、工作场所等等在内的观念和行为方式,也是十分重要的文化学习基地。法律文化社会化的渠道更多地来源于后者。不然,就难以解释清如下的现实:在同一社会信息传播媒介和教育机制下,个体法律文化素养和行为模式有如此大的差异。不同的教化过程产生不同文化素养的个人,即使在同样的教育条件下,由于个体主客观因素的差异,也仍有不同的结果。

此外,法律文化社会化是一个不断变化的过程。因为社会是变化发展的,法律也在变化发展。法律文化社会化过程不是一次

---

① 李岩:《大众传播过程的异化现象》,《中国广播电视学刊》1997年第10期。

完成的。它必然伴随着社会和法律的变化，不断注入新的内容和因素。

从广义上讲，正规和非正规的法律教育，高层次的法律理论研究以及法律实践活动中的信息传输，同大众传播一样，都是一种文化传播。既然各种法律文化传播的途径在法律文化的社会化中起着巨大的作用，那么，公众据此所得到的法律文化信息是正确的，还是歪曲的，就取决于传播的正确与否了。美国有个律师小组，把1974年到1976年春季播放的有关警察的节目磁带录制并进行研究，以便找出关于警察和法律方面的电视给公众传递的是何种信息。法学家们详细分析了任意选择的一个星期的电视节目，认定有21次是明显地违反宪法的，7次是无视宪法权利的，有15件事例是警察胡作非为或者采取野蛮行动的。因此，他们得出结论是：人们（从电视上）获得的法律知识很可能是大大被曲解的、不准确的，而且对宪法保障麻木不仁①。此类情况在我国的荧屏上也是存在的。

如下这个案例典型地反映了宣传媒介（包括书籍）对于行为人的影响。书籍经常起到了"犯罪教唆犯"的作用。案情是：1995年，美国科罗拉多州博尔德市一家以出版所谓"专业书籍"为主的帕拉丁出版社出版了一本职业杀手手册，书的全名是：《职业杀手：暗杀承包人的技术手册》。这本手册详细介绍了如何杀人而又不被人发觉的种种"窍门"。这本书出版后不久，美国首都华盛顿郊区的劳伦斯·雷恩刚替他残疾的儿子为医疗费事故打官司而获得

---

① ［美］李·S.温伯格、朱迪思·W.温伯格：《论美国的法律文化》，《法学译丛》1985年第1期，第2页。

一大笔赔偿费,他为了独吞这笔钱,便从底特律雇佣了一名职业杀手,于1996年3月3日在他的郊区住宅杀害了他的妻子、四肢瘫痪的8岁儿子和护理他儿子的女护士。案发后,这个名叫詹姆斯·佩里的职业杀手被逮捕。在审讯中,发现他购买了那本新出版的职业杀手手册,而且在作案过程中完全是按照该手册中所规定的27种"操作要领"行事的。佩里被判了死刑,凶杀案的主谋雷恩随后也被缉拿归案。这桩谋杀案案情大白之后,帕拉丁出版社成为"众矢之的"。人们纷纷谴责它起了"帮凶"的作用。受害者的亲属对这家出版社提出了诉讼,美国地方法院以宪法第一条修正案所规定的"言论自由"和"出版自由"为依据,于1996年8月作了帕拉丁出版社不对这桩谋杀案负有法律责任的裁决。受害人的亲属不服提出上诉。这样,又经过一年多的时间,美国联邦上诉法院终于于1997年11月推翻了地方法院的裁决,裁定帕拉丁出版社出版职业杀手手册对这桩谋杀案的发生负有法律责任[1]。而在中国,犯罪人依照书籍或传媒作案的事例也存在着,但还未听说有哪家传媒或出版社为此而承担法律责任。

近年来,随着我国法制建设的不断发展,有关法律题材的电影电视剧越来越多。其中,有的电视剧社会效果较好。但也出现了一些质量偏低的片子。有的电视剧名曰宣传法制却公然违法,有的电视剧明显地存在着许多法律上的漏洞和谬误。这种状况对公民法律意识的培养会带来消极的破坏性作用。

法律文化传播的正确与否直接影响着一个社会多数成员法律意识、法律心理、法律价值观的成长与状况。法律文化传播的广度

---

[1] 参见《环球日报》1998年2月15日报道。

和深度也同样影响着一个社会法律文化深入大众、深入民间社会的广度和深度。在法律文化社会化过程中,应注意法律文化传播手段和方式的多样化。要充分利用各种传统的以及现代化的传播工具和传播渠道,使法律文化深入社会,深入到公民中去,成为社会文化、公民文化中不可缺少的一部分,养成公民尊重法律,遵守法律,自觉地运用法律来维护各种正当权利的习惯和心理。树立起法是重要的、至高的社会调整手段的现代政治意识和法律价值观。

第六章 法律文化的冲突

法律文化的冲突,是法律文化发展变化过程中的一种客观存在的现象。法律文化的冲突理论,是运用文化冲突的一般理论,来分析研究法律文化这种特定的社会文化现象在发展变迁过程发生冲突的一系列相关问题。法律文化的冲突研究有两个层面:一是对它的一般理论形态的研究,诸如法律文化冲突的原因,法律文化冲突的表现方式,法律文化冲突的价值功用等等。另一个是运用这一理论形态对当代中国法律文化的冲突现状作实证分析。为分析当代中国法律文化的冲突问题,有必要对当代中国的社会秩序结构作些研究。因此本章将对这三个问题进行研究。法律文化的冲突研究,对于说明法律文化的发展、变化等等,有着一定的理论价值。

第一节 法律文化冲突的一般理论分析

法律文化冲突的一般理论分析,是从一般理论的角度,对作为人类政治社会中所客观存在着的法律文化冲突现象所进行的抽象性分析。这种分析暂时不涉及具体的国家、社会、民族,而是对其共性的分析。因为法律文化冲突是人类政治社会普遍存在着的一种社会现象,就一定有着一些普遍性的、规律性的、共性的问题存在,对这些带有普遍性、规律性、共性的问题进行研究,就成为法律文化冲突研究的对象和任务。这些问题主要有:法律文化冲突的原因;法律文化冲突的表现方式;法律文化冲突的价值功用等等。

一、法律文化冲突的原因

任何一种文化,都有其产生、形成、发展的社会历史条件和地域的民族的土壤,因而形成各种不同的文化类型和模式。各类文化中所内涵的价值观念存在着很大差异,这种价值观念很可能反映在由此而创制的各种不同的制度体系中。即使在同一文化类型内部,也存在着不同的群体文化意识。正如任何事物的发展在于它的内部矛盾性一样,文化的发展也不例外。文化冲突是不同性质的文化之间的矛盾性的反映和表现。法律文化的冲突,也正是法律文化在发展变化过程中其内在矛盾性的反映和表现。

许多学者在探讨法律文化冲突的原因时,大都倾向于将法律文化冲突看作是发生在不同法律文化发生碰撞和交流过程中所产生的一种矛盾现象。比如,有位学者认为:"法律文化冲突是指不同法律文化体系在相互交流中由于传统的差异和文化模式的排他性而必然引起的矛盾与抵触"[1]。这一论点,虽正确地指出了法律文化发生冲突的主要原因之一,但忽略了导致法律文化发生冲突的内在矛盾性。在研究法律文化冲突的原因时,引入社会学的分

---

[1] 刘学灵:《法律文化的概念、结构和研究观念》,《河北法学》1987年第3期,第39页。

析方法是有益的。除了在法律文化发生交流的过程中,由于异质文化的差异而发生矛盾和冲突外,在同一文化体系内,由于其内在的矛盾性和社会发展而引出的对法律文化的不同需求,也会产生文化冲突现象。因此,探讨导致法律文化发生冲突的原因,应该将法律文化的内在矛盾(内因)和外部交流(外因)等诸多因素综合起来,从多视角来进行考察和分析。

如何对法律文化的冲突进行理论概括,还需进一步探索。依我的理解,所谓法律文化冲突,是指某一具体的国家或民族由其特定的物质生产方式基础上所形成的法律文化,在其发展变迁过程中,由于其内在的矛盾性,已经不适应不断发展变化的社会生活,加之各类不同法律文化之间存在的差异性等因素,所产生的一种社会文化冲突方式。法律文化冲突产生的最根本的原因乃是由于社会物质生产方式的变化所带来的结果。

法律文化的冲突发生于社会变迁过程之中,因而社会变迁的原因也就是法律文化冲突的原因。马克思主义的唯物史观认为:"生产以及随生产而来的产品交换是一切社会制度的基础;在每个历史地出现的社会中,产品分配以及和它相伴随的社会之划分为阶级或等级,是由生产什么、怎样生产以及怎样交换产品来决定的。所以,一切社会变迁和政治变革的终极原因,不应当在人们的头脑中,在人们对永恒的真理和正义的日益增进的认识中去寻找,而应当在生产方式和交换方式的变更中去寻找;不应当在有关的哲学中去寻找,而应当在有关的时代的经济学中去寻找。"[1] 一切

---

[1] 恩格斯:《社会主义从空想到科学的发展》,《马克思恩格斯选集》第3卷,人民出版社1972年版,第424—425页。

社会的、文化的变迁,都有一个现实的基础,即由于生产力水平发展到一定阶段,原有的生产关系与它不相适应所发生的变革。这种不适应在法律文化方面表现为一系列冲突现象。

同时,马克思主义的唯物史观也认为,任何历史事变和社会文化的变迁都是极为复杂的,经济基础的变化是社会文化变迁的最决定性的历史因素,但不是唯一的因素。其他各种社会因素,如科学、技术、政治、法律、哲学、宗教、文学、艺术以及人们头脑中的传统观念等等,都是交互发生作用的。恩格斯讲:"整个伟大的发展过程是在相互作用的形式中进行的。"[1] 不注意这些相关因素的交互作用,就会成为庸俗唯物主义者。

法律文化的冲突,主要发生于社会经济的、政治的以及文化的变迁过程之中。在相对稳态的社会结构中,法律文化冲突的表现可能会小些。但在剧烈变化的社会结构中,不论是经济、技术、科学、政治或者文化,每一个系统的变化都可能引起法律文化的冲突。马克思主义的唯物史观,以及社会变迁理论,为我们分析和研究法律文化冲突原因提供了一种理论上的指导。

我认为,法律文化冲突的原因有以下几个方面:

(一)社会物质生产方式的变化

法律文化作为法律上层建筑,如同其他上层建筑一样,都是建立在特定的社会经济基础之上——即物质生产方式基础之上的。在构成一个社会的宏观结构中,生产力的变化,乃至于物质生产方

---

[1] 恩格斯:《致施米特》,《马克思恩格斯选集》第4卷,人民出版社1972年版,第487页。

式的变化,是最迅速、最活跃的因素。在社会结构之中,经济活动经常处于一种变动状态。劳动的发展,技术的发明,劳动力素质的更新和提高,都会给经济生活注入一种活力。与此相反,作为经济生活反映的上层建筑——如政治、法律、思想文化等等,却常常处于一种相对稳定状态。它们同经济生活相比,常常有一种滞后效应,跟不上变化迅捷的经济生活。于是,由此而导致,便会产生一种文化上的冲突。一方面,在社会生产力和生产方式发生大变革时代,作为上层建筑主要内容的法律文化,如果跟不上这种变革的步伐,便会同社会经济基础产生矛盾,由此而产生冲突;另一方面,即使在社会生产力和生产方式发生某些微观的变化时,比如新技术的发明,新生产力因素的出现所带来的新的经济活动内容的产生等等,法律文化如果不能及时调整自身,同样也会产生矛盾和冲突。这就是我们常常说的法律落后于社会(经济),法律难以适应社会(经济活动)的需求。社会生产力和物质生产方式的变革是法律文化发生冲突的一个终极性的社会根源。

费孝通先生在40年代写的《乡土中国》一书,用很多的篇幅比较了传统中国社会步入现代社会过程中所面临的一系列文化冲突。费先生指出:在社会学里,有两种不同性质的社会,一种并没有具体目的,只是因为在一起生长而发生的社会,一种是为了要完成一件任务而结合的社会。前者是礼俗社会,后者是法理社会,礼俗社会是熟悉人组成的社会,调整人们相互之间关系是礼俗社会形成的规矩,规矩不是法律,规矩是"习"出来的礼俗;法理社会(即现代社会)是个陌生人组成的社会,各人不知道各人的底细,所以得讲个明白;还要怕口说无凭,画个押,签个字。这样才发生法律。在乡土社会中法律是无从发生的。乡土社会靠得是熟人们之间的信任和信用,这种信任和信用就是乡土社会的规矩。费先生指出:这种办法在一个陌生人面前是无法应用的。在我们社会的激速变迁中,从乡土社会进入现代社会的过程中,我们在乡土社会中所养成的生活方式处处产生了流弊。陌生人所组成的现代社会是无法用乡土社会的习俗来应付的[①]。两种不同的社会,两种不同的社会调整方式,在一种社会向另一种社会过渡中,必然会发生较大的文化冲突。

(二)社会的变革

社会的变革也是法律文化冲突产生的一个重要原因。广义地讲,社会的变革是指社会结构的诸方面发生的变革,包括社会经济、社会政治和社会文化等等。但在这里主要是指社会政治的变化。社会政治虽然是社会经济的集中表现,但社会政治有其相对独立性。政治居于一个社会上层建筑的最高层,它的变化也常常带动着其他上层建筑的变化。一个社会的政治机制发生变化,也常常给法律文化带来较强烈的冲击力。尤其是在剧烈的政治变革时代,新的政治制度取代旧的政治制度之后,原有的法律文化显然不能适应新的政治制度的需求,冲突便由此而生。当然,在通常情况下,法律文化中的制度性文化会伴随着政治制度的变革而相应发生变革,但作为一种社会调整性文化,它还有一个较长的适应期。而原有的观念性法律文化,其变化的时限则更为漫长。因此,在这个过程中,新旧文化之间的冲突是难以避免的。

除了这种大规模的剧烈的政治变革时期法律文化发生冲突之

---

① 参见费孝通著:《乡土中国》,三联书店1985年版,第5—7页。

外,在以和平方式所进行的社会改革或社会改良过程中,法律文化也会发生冲突,只不过是这种冲突的性质和表现形式有所不同。最典型的例子是,现阶段中国所进行的改革,这种改革是一个对社会主义制度的自我完善过程。其中,主要内容有:改革原有的高度集中的政治管理体制,代之以社会主义的民主政治;改变原有的计划经济模式,代之以社会主义的市场经济模式。原有的法律文化是很难适应这一新的政治经济秩序的要求和目标的。在由以适应高度集中的计划经济模式的法律文化向社会主义市场经济模式的法律文化的过渡之中,两种法律文化之间所蕴含的所有矛盾和冲突便会全部展现出来,并有可能存在于改革的全过程之中。因此,社会的变革,是法律文化发生冲突的一个重要原因。

(三)各种异质文化的影响和冲击

一些学者在探讨法律文化冲突时,都将各种外来文化对一种文化(本土文化)的冲击和碰撞,作为产生冲突的一个主要原因。的确,从文化冲突的表面形式来看,它主要是各种不同文化在交流、传播过程中,发生碰撞、排斥、抵触的结果。但将各种异质文化的影响和冲击看作是产生法律文化冲突的一个主要的外部原因似乎更贴切些。文化从其本质上讲,应该是一个开放体系。各民族的文化都是世界文化的组成部分。各民族的文化都不可能只封闭在本民族的狭小的圈子里,这样的文化是缺少生命力的。各种文化都会冲破狭小的民族界限,到世界各民族中去交流。这样,既丰富了世界文化,也同时使本民族的文化不断得到提高和进步。但是,对于一个相对独立的特定社会和民族来讲,文化又各有其相对独立的特征和体系,这就是文化的民族性。某种外来文化对一民族的文化发生影响和冲击,虽然可能有一些传播上的因素,但究其实质,它同本民族和社会的内部需求有关。也就是说,特定民族和社会的内部需求、内在矛盾是各种异质文化发生影响和冲击的主要原因。最明显地是,在本世纪20年代,马克思主义作为一种外来文化思潮,被先进的知识分子传入到中国,被中国工人阶级以及中国共产党的创始人所接受,主要是因为马克思主义作为全世界被压迫被剥削的劳动者争取解放的革命学说,对于解决中国社会的阶级矛盾,解决中国革命中的各种问题提供了理论指南。它符合中国当时的社会实际状况。因此,各种外来法律文化是法律文化冲突的外因,是催化剂,它通过内因而起作用。

当各种不同文化类型的法律文化传入到某一具体的社会或国家之后,由于它们同该社会原有的法律文化存在着质的或非质的差异性,这种差异性便成为导致法律文化发生冲突的一个重要原因。这种冲突可能表现为不同法律文化整体结构间的冲突,也可能表现为新的制度文化同旧的观念文化的冲突,或者是新的观念文化同旧的制度文化的冲突。

(四)法律文化的适应性

法律文化作为社会生活和社会文化的组成内容,必然要求其同社会有某种内在的适应性。否则,冲突便不可避免。所有的法律文化冲突原因都同法律文化的适应性相关。法律文化冲突和法律文化适应是一对不可分割的矛盾体。一种法律文化,如不能适应于社会,便会产生冲突;同样,法律文化发生冲突,正好说明了这种法律文化已不能适应发展着的社会。不论法律文化的冲突产生于社会经济原因,或社会政治原因,或外来文化的影响,都是因为法律文化不能适应社会的缘故。

所谓法律文化的适应性,其含义主要是指一种法律文化对于解决特定社会的经济、政治和社会矛盾及调整特定社会各种社会关系的能力、价值和功用。具体讲,就是指它具有解决各类社会矛盾的有效性,调整各类社会关系的有序性和有用性,及对社会发展的进步性功能和价值。一种法律文化,如果具备上述功能和价值,就可以说它具有适应性,反之,则缺乏适应性。法律文化在缺乏适应性状态下,它同社会便格格不入,便同社会抵触,便会产生冲突。说明这一点,对于寻找解决法律文化冲突的途径有所助益。

法律文化的适应性,除了同社会的适应性之外,还有如下一种含义,即在法律文化的内部结构中,制度形态同观念形态的相互适应性。我们知道,在有的情况下,法律制度文化同法律观念文化是相吻合的,也就是说是相适应的。但在有的时候,制度文化同观念文化之间也存在着严重的不相适应,即存在着严重的冲突。这种冲突既同制度文化和观念文化的不同表现形式有关,也同两者之间的相对易变和相对稳态有关。此外,两者的冲突不仅在社会大变革时期表现剧烈,就是在常态的和平状态中,也常常相互发生冲突和抵触,只不过表现方式较为隐蔽些和和缓些。

二、法律文化冲突的表现方式

由于形成法律文化冲突的原因有多种,因而法律文化的冲突在表现形式上也呈现多样化。研究法律文化冲突的表现方式,不能只局限于其自身的冲突,而应将冲突置于社会学的视野之内,将它同社会及相关体系联系起来,从社会学的角度来对各种冲突现象进行分析。

(一)法律文化与社会的冲突

法律文化与社会的冲突主要发生于社会发生转型时期或变革时期。社会转型或社会变革,都同社会经济基础有关。作为社会结构中最活跃的生产力常常处于一种变动之中。这种变动会带来社会的变动。但法律文化对这种变化一般是"迟滞"的。西方一位学者指出:尽管法律是一种不可缺少的具有高度裨益的社会生活制度,但它同人类创建的大多数制度一样也存在某些弊端。法律有其自身的缺陷,法律常常有一种保守主义倾向。这种倾向根植于法律这样一种性质之中,即法律是一种不可以朝令夕改的规则体系。一旦法律制度设定了一种权力与义务的方案,那么为了自由、安全和预见性,就应当尽可能地避免对该制度进行不断地修改和破坏。但是当业已确定的法律同一些易变的、迫切的社会发展力量相冲突时,法律就必须为这种稳定政策付出代价。一位法律学者曾指出:"社会变化,从典型上看要比法律变化快。"在发生社会危机时,法律常常会瘫痪,为间断的调整有时是为大变动的调整让路[①]。

事物从来都具有二重性。人们一般都坚守法律的稳定性,并且笃信这种稳定性对社会有益,极力反对对法律的随意改动。但如果将这种法律的稳定性推向极至,很可能使法律成为一种僵化的、守旧的、保守的势力。在社会发生变化之后,法律如果不能适

[①] [美]E.博登海默著:《法理学——法哲学及其方法》,邓正来等译,华夏出版社1987年版,第388页。

应这种变化,同社会发生冲突,从而有可能变成阻碍社会改革和进步的障碍。

美国法学家博登海默指出:法律文化同社会的冲突中所表现的"时滞"问题会在法律制度的各种不同层次中表现出来。他说,如果一部宪法的规定极为详尽具体而且不易得到修正,那么它在某些情形下就可能成为进步和改革的羁绊。一个立法机关在履行其改革任务时,可能会受到一些在维持现状方面具有一种既得利益的有影响的群体的阻碍。另外,立法进程往往是缓慢而棘手的,且立法者易于更为迅速的重视即时政治利益,而对修改过时的法典或使充满传统性的司法法律现代化等问题反应迟钝。从很大程度上来看,法官们很少进行改革,而且就是改革,也是犹豫不决的,填隙式的。他们可能会遵循过时的先例,即使他们有权推翻这些先例[1]。

一个社会的法律创制者的重要任务之一,就是应适时地对社会变化作出反应,根据不断变化的社会生活,来及时地创造出适应性的法律调整机制。德国法学家约瑟夫·科勒曾指出:每种文明的形态都必须去发现最适合其意图和目的的法律。没有永恒的法律,因为适合于一个时期的法律并不适合于另一个时期。法律必须与不断变化的文明状况相适应,而社会的义务,就是不断地制定出与新的情势相适应的法律[2]。

但是,人类法律实践证明,法律的变化很难跟上社会的变化。曾任第七届全国人大常委会委员长万里在分析当时中国的立法现

---

[1][2] [美]E.博登海默著:《法理学——法哲学及其方法》,邓正来等译,华夏出版社1987年版,第389、133页。

状时指出:"现在的问题是立法赶不上经济的发展"[1],也就是说法律落后于社会生活。社会的变化是迅捷的,法律的变化是缓慢的,因而法律的"迟滞","时滞"现象似乎难以避免。在某种意义上可以说,只要社会处于不断变化前进的状态,法律文化同社会的冲突将是不可避免的,这种冲突促使新的立法的产生,新的法律调整手段的出现,由此而不断提高法律文化的社会适应能力,提高法律文化的调整水平和加快法律文化的进步步伐。

(二)特定社会、民族的法律文化同外来法律文化的冲突

特定社会、民族的法律文化同外来法律文化的冲突也是法律文化冲突的表现形式之一。这种冲突,其内在原因是基于社会经济基础的变化。但通过文化传播、交流等手段引入的各种外来法律文化同本民族的法律文化相碰撞,是发生冲突的直接导因。日本学者千叶正士指出:"不言而喻,现在法律移植的问题不在同文化之间,而在于异文化之间。正如近代以后非西欧各国移植西欧法的实例所指明的那样,产生了移植法与移植主体的固有法相互冲突或同化的相反的现象。特别是在不是自发(这里指继受法)而是强制移植(即我所说的强加的法)的情况下,冲突非常严重。"[2]

法律文化同任何一种文化一样都具有双重性。一方面,各种不同文化在相互交流过程中有融合性,相互之间可以吸收不同的

---

[1] 见《经济日报》1992年4月1日第1版。
[2] [日]千叶正士著:《法律多元——从日本法律文化迈向一般理论》,强世功等译,中国政法大学出版社1997年版,第244页。

文化内容或形式,以丰富自身的文化;但各类文化之间也具有一种被文化学者所概括的"排他性"(或"排外性")。这种排他性同文化的区域性有关。不同的文化产生于不同的区域,具有不同的特性。"当一种外来文化传入时,区域文化的封闭体系就会产生一种排外性,因而发生文化冲突。"[1] 法律文化也与此同理。当然,"排他性"只是对区域文化属性的一个客观概括,并无褒贬之意。"排他性"在某种情况下,可能会成为排斥先进文化的吸收,使文化趋于僵化、保守、缺少活力的文化保守主义的根源;但在另外一种情况下,区域文化的"排他性",对于抵御一些外来不良文化的侵入,保持民族传统文化的健康成分具有积极功用。一切都得依据当时当地的实际情况才能作出分析和判断。

特定社会、民族的法律文化同外来法律文化的冲突,一般总是伴随着大的社会革命或社会改革而到来。突兀的、纯粹地外来文化的传入,也许可以通过某些文化传播媒介或思想家的介绍而引入异地,但如果没有社会革命和社会改革的历史背景,一般很难引起社会的热烈反响和震荡,因而表现在法律文化上,也很难引起大的、激烈的冲突。

有位学者在研究了中国近代法律文化发展历史后指出:起始于19世纪初叶,终结于20世纪中叶,绵延近150年的中国近代法律文化是在中国传统法律文化向中国现代法律文化转型、递嬗过程中形成的一种特殊形态的法律文化系统。这个过程是中国社会历史剧烈变革和创新的时代。在这一过程中,中国的传统法律文化遭遇到了空前的挑战。并且,这种挑战具有特殊的意味。一方

---

[1] 司马云杰著:《文化社会学》,山东人民出版社1987年版,第372页。

面,建构于自然经济、宗法关系及专制政体基础上的中国传统法律文化,在近代中国商品经济发展的猛烈冲击下,存在着一个自身如何适应新的经济条件的问题。这实际上表明了中国传统法律文化与近代商品经济文明的内在冲突,而这种冲突则是两种不同的文化价值体系对立的一种映现;这幅文化冲突的图景,乃是近代中国由传统社会向现代社会转变过程中产生的一种突出的社会现象。另一方面,这一挑战在近代西方文明的压力下变得更加尖锐,因而更具有危机感[①]。

中国近代法律文化的历史,是同中国近代社会历史的发展分不开的。孙中山先生领导的辛亥革命,推翻了几千年的中国封建帝制,同时也使中国封建法律文化从总体上,尤其是从制度层面上得以瓦解。同时,外来文化,包括外来的法律文化,大量地被传入中国,使中国的传统法律文化受到强烈的冲击。"西方法律文化在中国的广泛传播,导致了中西两种不同质的法律文化之间剧烈撞击和冲突。这是两种价值体系的冲突,因为中国法律文化与西方法律文化是在不同文化条件下生长出来的两种法律精神的载体形态,它们之间无疑有着巨大的历史差异性。"[②]

这位作者还进一步指出:近代中国社会的历史转型或变迁,实际上是一种文化的转型或变迁,即从传统文化向现代文化的转型或变迁。而法律文化变迁的过程,交织着异常复杂的矛盾和冲突。……在剧烈的法律文化冲突过程中,固有的传统法律文化体系产生了深刻的变化,它逐渐地吸收和融合了外域(主要是西方)法律

[①][②] 公丕祥:《冲突与融合:外域法律文化与中国法制现代化》,《法律科学》1991年第2期,第3、7页。

文化的某些因素,导致法律价值取向的巨大转变,进而适应新的社会条件,开始了新的法律文化体系的整合或重建过程,并且由此获得了新生命力。因此,近代中国法制现代化过程是一个传统法律文化与西方法律文化的冲突过程,也是传统法律文化迎接挑战、扬弃自身、进而实现创造性转换的过程[①]。

这位学者对中国近代法律文化历史的分析也许过于乐观。一些法律史学者则认为,中国传统法律文化的近代化是没有完成的,是不成功的。主要原因在于中国的近代化(或资本主义化)是失败的[②]。暂时撇开这些争执,仅从中国近代法律文化的历史分析,可以说各类异质法律文化发生冲突,都是同该时代的特定的社会历史背景相关联。离开了这种历史大背景,离开了对社会经济、政治、文化发生变革的根本因素的分析,我们就有可能陷入"唯文化主义"的泥淖之中。外来文化的传播引入,是导致法律文化发生冲突的一个外部因素,这种外部因素通过特定的社会内在矛盾和原因而发生作用。

(三)法律文化与其他调整文化的冲突

在一个社会中,有多种调整文化存在。法律文化作为一种调整文化,它同其他类型的社会调整文化之间存在着一些差异。这种差异是由各自调整文化的不同性质所决定的。法律文化中的制

[①] 公丕祥:《冲突与融合:外域法律文化与中国法制现代化》,《法律科学》1991年第2期,第7页。
[②] 1991年7月在江苏无锡召开的"中国儒学与法律文化"研讨会上,有的学者发表了这种观点。

度文化体系,带有国家强制力、约束力和全体社会成员一体遵行的法定效力,是社会政治、经济、文化生活得以运转的调整机制,是指导社会成员个人行为的价值准则,是必须在社会中得到执行和实现的一种调整机制,它不以社会成员的个人好恶为标准而转移。除了法律文化这样一种较为有效的社会调整文化外,一个社会还存在着其他一些调整文化体系,比如:习惯风俗调整文化,道德调整文化,政策调整文化,等等。这些调整文化都在不同程度上,不同的空间范围内对人们的行为进行规范和指导,因而在社会生活中也发挥着其自身的调整功能。但是,由于诸类调整文化具有不同的内容、表现形式和特质,因而常常同法律调整文化发生冲突。冲突的规模由各类调整文化的强度而定。

1. 法律文化同习惯风俗调整文化的冲突

习惯和风俗,作为人类社会早期调整文化,在社会生活中充当着主要的调整角色,发挥着调整功能。恩格斯在对人类早期原始社会的社会调整机制进行分析之后指出:在氏族公社制度中,"一切问题,都由当事人自己解决,在大多数情况下,历来的习俗就把一切调整好了。"[①] 习惯和风俗是原始社会人们的行为准则,也是处理社会事务的主要依据。随着原始社会的解体,私有制和阶级的出现,某些为阶级社会所需要的习惯被赋予了法律特性,成为"习惯法调整文化"。这种"习惯法调整文化"为后来的成文法调整文化积累了大量的文化元素。到了成文法时代,法律调整文化成

---

① 恩格斯:《家庭、私有制和国家的起源》,《马克思恩格斯选集》第4卷,人民出版社1972年版,第92页。

为社会生活中占主导地位的调整文化。习惯和原始社会解体过程中的习惯法调整文化逐渐让位。但是,这并不等于习惯调整文化全部瓦解或消迹。习惯仍以其顽强的生命力遗存下来,成为人们的心理积淀或意识表现,在社会生活中以隐文化形态发挥功用。一般来讲,旧时代遗存下来的习惯或风俗,从总体上多带有落后性和保守性,它同反映时代进步特征的法律文化之间存在着矛盾、对立和冲突,对法律文化有一定的破坏作用。当然,对此也不能一概而论。

除了人类早期遗存下来的习惯文化之外,人类在发展进程中还常常创造着一些新的习惯。某些新的习惯在人类社会进入法律时代的社会生活中居于不太重要的地位。譬如:有关服饰、礼节或有关重大生活事件的仪式等。这类习惯一般与占主导地位的法律文化冲突较少。但也有某些新的习惯,对社会生活影响较大,它产生一些较为具体的"权利"、"义务"或"责任"。譬如:有关子女的财产继承,各类纠纷的解决方式,婚姻的缔结与解除等等,这本应属法律涉足的领域,但在法制不发达的社会或区域内,往往是依照着一些与法律文化相悖的习惯文化来加以调整,而且在该社会或区域内,这种调整方式得到多数人的默认和赞许。这种状况不能不同法律文化发生冲突,而且由于其具有较为深厚的社会基础,往往是习惯在冲突中占据上风。

习惯不仅是早期法律文化中法律的渊源之一,而且在现代社会,习惯仍在某种特定情况下成为现代法律的渊源之一。这一点尤其表现在民法文化等私法文化之中。当司法过程中出现法律尚未能涉足的领域或问题时,允许法官依习惯处置。这虽然只是一种法理上的解释,但在司法过程中,此种情况比比皆是。现代法律尽管发展到如此精细的地步,也难以囊括所有的社会生活领域。这也许是法律的缺陷之一。

允许法官依习惯断案,就可能带来种种问题。虽然法律上可以规定,对习惯的引用需设置许多前提。这种前提一般总是确定为:法无明文规定,或政策无明文规定,并且要引用的习惯与法律和政策精神或公认的社会道德准则不相抵触等等。但在实践中,或者由于执法者的自身素质的原因,缺少对一种习惯的判断能力,或者由于一种习惯具有超常强力,司法判决就难免出现与法律精神相悖的结果。如此等等,都可能是法律文化与习惯文化发生冲突的原因和表现。

2. 法律文化与社会道德调整文化的冲突

社会道德作为一种观念形态,也是一种社会调整文化形式。社会道德以一些社会公认的价值准则为内核,来指导和制约着人们的个人行为,它也具有社会规范的功用,因而我们可以将它称之为"社会道德调整文化"。社会道德调整文化同法律文化的关系非常复杂。在某些情况下,二者可能是一致的,某些公认的社会道德也可能被制定为法律,成为法律文化的渊源之一。但在另外情况下,社会道德可能与法律文化不相吻合,两者存在着矛盾、对立和冲突。近些年,人们所提出的"合理的不合法"、"合法的不合理"等有关"合法"与"合理"问题的争论和悖论,实际上反映了两种调整文化的内在矛盾。

法律文化与社会道德调整文化的矛盾,导源于这两种不同文化的价值特性。一般来讲,法律文化,尤其是其中的制度形态,总是力求建立在科学地分析基础之上,它力求反映社会多数成员的利益需求，并以特定的阶级目的为指向，但并不一味地迎合大众；而社会道德调整文化，一般属自发性的大众文化。一种被社会多数成员认可的价值准则或行为方式，很可能成为公认的社会道德观念被固定下来，没有多少人会去探究其中蕴含着多少科学的真理成分。这种社会道德观念一旦形成，便成为人们判定是非的标准和尺度。前些年，司法判决中所披露的一些案件，比如"蒋爱珍杀人案"在社会上引起的关注和争论，就是一个典型的例子。从法律上讲，杀人是犯罪行为，应受到司法制裁；但是从社会道德来判定，人们又对被告寄予很多同情。这实际上反映了法律与社会道德标准间的深刻矛盾。

此外，就纯粹的道德领域本身来看，也存在着一些难以协调的矛盾。公认的社会道德观念同某一群体的道德观念之间也存在着严重的冲突。这种冲突有可能扩及至法律文化领域。比如，近些年西方社会愈益泛滥的同性恋已成为一个严重的社会问题。在一般的社会道德观念看来，同性恋行为是丑恶的、违犯人伦的、不道德的，但是，在同性恋者的社会或群体中，则认为这是正常的，符合道德的（至少是不违反道德的）。他们常常以群体方式出现，要求所谓"同性恋者的合法权利"，实际上是要求对同性恋行为取得法律上的认可。并且在某些社会区域，他们也取得了这种"合法权利"。据报载：美国旧金山市政府决定，凡是同性恋者，只要两人自愿提出要求，政府均将开具证明，承认其为"合法伙伴关系"。这一"爆炸"新闻一经公布，那些同性恋者急不可待，电话祝贺，奔走相告，认为这是他们"经过长期奋争而得到胜利"的一件"大喜事"[①]。

---

① 参见《人民公安报》1991年6月10日齐可文章。

问题的严重性在于:旧金山市政府的这一决定,是在众多同性恋者的强烈要求下,就同性恋合法化问题举行了一次公民投票,而结果表明,多数市民赞成同性恋合法化。

此外,就世界范围而言,某些重大问题的争论已成为社会道德文化和法律文化发生冲突的导火线。比如:安乐死问题,妇女堕胎问题,人工遗传,人工生育问题,性别转换问题等等。围绕这些问题展开的争论,有宗教文化的原因,或者政治文化的原因,但更多地则是集中于社会道德文化与法律文化的领域,也是两者发生激烈冲突的领域。

3. 法律文化与政策调整文化的冲突

在人类脱离了以习惯调整文化为主的原始社会、跨入阶级社会之后的社会中,除了法律文化作为占主导的社会调整文化之外,都存在着政策调整文化。同其他类型的调整文化相比,在表现形式上,政策调整文化更接近于法律调整文化。并且其文化强度更大,调整功能更强,发挥作用更广泛,因而在社会生活中作用也就更大。正由于此,它同法律文化的冲突也就更为剧烈。

政策是社会规范的一种重要形式。政策调整文化同社会道德文化、习惯风俗文化有所不同,它一般都带有国家意志属性和一定的约束力,因而在调整强度上比这两类文化都大。但恰因为这一点,它取得了同法律文化相抗衡的力量。政策一般表现为国家政策或执政党政策。国家政策,主要是指国家为完成某些政治任务或国家事务,处理一定的经济关系和政治关系,以国家的名义规定和颁发的路线、方针、规范和措施等等。执政党政策则是指执政党为执行该党对社会实行国家领导的方针、原则和措施等等。西方学者有时称其为"公共政策"[①]。而对这一术语的解释主要指尚未纳入法律中的政府政策或惯例，或者更具体地说，是指"政府行为计划"[②]。这里所说的政策，同被赋予法律效力的法定政策和法律政策相区别。后者已属法律文化的范畴。

同法律文化相比，政策调整文化以其自身的灵活性和原则性特征，行使着管理社会、调整社会关系的职能。而恰恰正是因为它的灵活性和原则性，同法律的相对稳态性和相对具体化形成对照，两种文化冲突的根源正在于此。

在某种意义上说，政策调整文化比法律调整文化有着更强的社会适应性。它可以根据不断变化着的社会生活，适时地变换自己的调整内容和调整方式；而法律调整文化机制做不到这一点。法律的产生程序，法律的相对稳定性的法治要求，都无法与之比拟。但是，如果政策的变化过于迅捷，过于频繁，或者说，如果滥用这种灵活性，那不但使社会生活容易出现混乱，而且，也易同既定的法律规范、法律制度发生冲突。

这还不是主要原因。关键在于，政策和法律按其属性，都有各自不同的社会分工。政策的原则性决定了政策调整属于一个国家或社会的路线、方针、措施的原则性调整，而法律调整则属于一种在"大政方针"指引下的社会性调整，它为社会或个人确立一种行为方式或价值准则以及处理具体事务的标准界限，具有一种相对的长期稳态效应。如果变化过于频繁的政策涉足法律调整领域，并且同相对稳定状态的法律规定互相矛盾或互相抵触，那就有可

[①][②] [美]E.博登海默著：《法理学——法哲学及其方法》，邓正来等译，华夏出版社1987年版，第449页。

能破坏这种社会和谐,导致社会生活混乱和法律秩序、社会秩序的紊乱,同样达不到治理国家的理想目标和掌握政权阶级的历史使命。

以上是对社会常态状况中政策文化和法律文化关系的一种描述。暂时排除了非常态社会时期,比如:社会革命或社会改革时期的特殊情况。关于非常态社会时期的法律文化所处的地位,在"法律文化与社会的冲突"中已略有陈述。实际情况是,大规模的社会革命或社会改革,常常是在打破这种社会定势的状况下,由政策调整作为先导,率先进行变革,进而对既定的法律文化产生冲击,并逐步创立新的法律文化体系,来适应这种变革时代的新的社会需求。

如果细究起来,这里面的问题并非如此简单。首先,社会革命和社会改革,属于不同质的社会变革。两者对原有的法律文化的态度也迥然不同。社会革命是社会变革的突变形式,它自然地是以打破旧的政治制度,建立新的政治制度为主要任务和内容。因而打破旧的法律制度及法律文化体系,建立全新的法律文化体系也就成为社会革命的任务和目标之一。而社会改革是一种在保持既有的政治制度的前提下,对该制度中不适应社会生产力发展和进步的某些方面进行一些变革,以使该制度更好地发挥功用,实现其改革目标。因而在对待法律文化的态度上,自然也就是改变其中不适合社会生产力进步和发展的部分,创建对社会进步和发展有促进作用的法律文化。从这个意义上讲,改革既是一种政策调整,同时也是一种法律文化的调整。调整的规模,程度,都以改革实践的需要而定。

在社会改革进程中,法律一般总是落后于改革的发展。这种落后可能表现在法律同改革的关系上,也可能表现为由改革而带来的人们的观念进步和传统法律的关系上。但改革本身也是一个逐步探索和实践的过程。未知的领域很多,其中也蕴含着一些深刻的矛盾。如果一味地想突破现有的法律规范和制度,势必会带来一系列社会矛盾和社会问题。因而改革仍需法律的指导。但法律如何指导改革?是否采用一些学者所倡导的"超前立法"?这在实践中的可能性和现实性如何?改革和法律的关系到底如何处理?等等,确是值得深思的问题。其实质是政策调整文化和法律调整文化之间的矛盾和冲突问题。但有一点应该肯定,在保持社会稳定、维护改革秩序、为改革创造一个良好的社会环境方面,法律文化是可以发挥作用、也必须发挥作用的。这是一个无可替代的社会调整机制和控制手段。

(四)制度性文化与观念性文化的冲突

法律文化中的两大结构——制度性法律文化和观念性法律文化,由于其自身内容、表现方式、文化载体、形成过程等存在着较大区别,因而二者之间也常常发生冲突。这种冲突,在发展中的社会中尤为明显。并且,它同社会的转型、变革、外来文化的传播引入,以及社会各类调整文化的影响都有关系。

法律学者在研究一些国家法律发展史或当代法律发展状况时,常常提到一种被称为"二元法律"或"二元法律文化"并存的现象。学者们对此的解释也不相同,一般大约有两种理解:第一种理解是:二元法律文化是指在一个社会的某一发展阶段,存在着两种不同价值内核不同文化体系的法律文化,这两种不同的法律文化同时并存构成该社会特定历史时期的法律文化概貌,在社会生活中发挥作用。学者们经常引证的最为显著的例子是日本法律文化。有位学者指出:日本法最明显的特征之一就是大量吸收继受了西方的法律,甚至达到一提起日本法便自然会联想起西方法的地步。而另一方面,日本又是一个东方国家,自古就深受以中国和印度为代表的东方文化影响,其传统的法律文化与西方法律文化不同,具有浓重的东方色彩。由于法律的继受并不像进口物品那样简单,外来的法律文化不可能轻易地取代传统法律文化的地位,因此,在明治之后的日本出现了以西方法律文化为基础的继受法和具有东方色彩的传统法律文化并存的局面,二者差异很大,却同时对调整各种社会关系发挥着本身所固有的功能①。日本法文化学者千叶正士指出:"日本人主要以非官方法律规则和非官方法律原理以及某些官方法律条款的形式,来保存他们的固有的法律文化,同时,他们又移植了带有普遍性特征的现代西方法律文化,以便建立官方法律规则和官方法律原理的国家体系。如果每一方都过分自信自己的文化价值的话,没有彼此的同化和冲突,固有的法律文化和移植的法律文化就不能共存。但是,大体上说,日本已成功地调和了这些冲突,要么使一些固有法吸收到官方法中,要么修正一些移植法以便与固有法相适应,要么就是在实际应用时将不能互相适应的固有法和移植法的各自管辖范围分开,即从中将固有法作为与法律无关的东西从官方范围内驱逐出去。"②

"二元性"既是日本法律文化的一个显著特征,也是日本社会

---

① 夏华:《近代日本法的启示》,《比较法研究》1990年第4期,第69页。
② [日]千叶正士著:《法律多元——从日本法律文化迈向一般理论》,强世功等译,中国政法大学出版社1997年版,第213页。

自明治维新以来直到现在的日本文化的一个总体特征。这同日本近现代历史发展进程有直接的关系。日本在地理位置上是一个东方国家,但由于文化上的西化,经济上的发达,使人们常常将它视为西方体系。这也反映了日本二元文化的深刻印迹。

还有位学者在研究当代伊斯兰法文化的变革与趋向问题时,指出当代伊斯兰法文化正经历着一种宗教法与世俗法二元化的发展格局。这位学者指出:近代以来,社会变革的世界性的冲击波,已经掠过穆斯林海岸,使堡垒最为坚固的伊斯兰法迈向了自身改革的里程。中世纪神圣统一、包罗万象、亘古长存的伊斯兰法观念已经打破,代之而起的是伊斯兰法的西方化、世俗化、现代化和多元化发展。当代伊斯兰国家的法律文化是传统伊斯兰宗教法律文化与西方法律文化相结合的产物。接受外来思想,仿效西方模式是近代以来伊斯兰法发展的主体。这位学者指出:"当代伊斯兰国家立法机关制定的世俗法正在增多,沙里亚与世俗法相互融合并行不悖,构成伊斯兰国家二元化的法律格局。……在当代,大多数伊斯兰国家逐步认可了宗教与国家、宗教与政治分离的事实,改变着视宗教思想为唯一法源的理论。国家立法机关已制定许多法律法典,构成伊斯兰国家法律体系的世俗部分。教法的适用范围受到不同程度限制,只保留宗教信仰和伦理规范的内核,沿用于婚姻家庭遗嘱继承等穆斯林私人身分关系。在宪法、行政法、民商法、刑法、诉讼法等法律领域,则明显地抬高着世俗法的地位。这便形成了伊斯兰国家宗教法与世俗法的二元化,前者与宗教教义融为一体,旨在调整宗教信仰与私法关系;后者由国家发布执行,广泛控制政治事务、经济生活与公共秩序。世俗法独立地位的默认,可谓伊斯兰法律发展史上的重大事件,它使独一无二、万法归宗的伊斯兰教法从此有了一个与之抗衡的异化力量。"[1]世界上大多由传统社会迈入现代社会的国家,大都要经历一个由传统法文化向现代法文化转轨的历史进程。在这一历史过程中,无可避免地要经历一个传统法文化与现代法文化二元并存的格局[2]。

第二种理解是:二元法律文化是指在一个社会的法律文化整体结构中,存在着两种不相协调、相互冲突的制度文化体系和观念文化体系,两种文化同融于法律文化的整体结构之中,使该社会的法律文化呈现出一种二重性特征。我们这里所说的"二元",主要是指法律制度性文化与法律观念性文化的二元。

制度性法律文化与观念性法律文化的冲突在不同的历史阶段有不同的表现形式。当一个社会的政治制度、法律制度阻碍着社会发展和进步时,并且该社会受到内部的矛盾运动法则和外部的先进文化观念的影响和冲击时,这种冲突就可能表现为先进的观念文化同落后的制度文化之间的冲突。这种情况在社会革命中尤为明显。一般地讲,社会革命除了源于社会内部的矛盾性外,总是首先以思想文化革命为先导,为其突破口。中国近代以来的辛亥革命、五四运动,莫不如此。马克思主义在中国的传播,是中国新民主主义革命得以发生、发展的主要文化动因。

另外一种表现形式是:当一个社会经过社会革命或社会改革之后,在该社会确立了一些新的适应于社会发展和需要的法律制

---

[1] 汤唯:《伊斯兰法文化的变革与趋向》,《法律科学》1998年第2期,第23页。

[2] 中国社会作为一个转型中的社会,在其转型期内也不可避免地存在着一种"二元"或"多元"法律文化。对中国的分析,我将在本章第二节中以"当代中国的社会秩序结构"为题作专题研究。

度体系,但由于社会成员的观念文化滞后于这种制度的革新和变化,仍残存着一些落后陈旧的法律文化观念,抗衡着法律制度在社会生活中的实现。这时,这种冲突就表现为先进的制度性法律文化同落后的观念性法律文化之间的冲突。

制度性法律文化同观念性法律文化的冲突,对一个社会的法律制度的实现带来较大的困难。在一个社会经过革命之后,确立了新的法律制度和规范体系,就力求使这种制度成为有效性的社会调整手段,这就需要一系列的内外部条件,包括社会成员的法律观念的配合和支持,否则,法律制度就难以实现。美国法学家埃尔曼指出:"那些深深地根植于诸如家庭、手工业作坊和村户的传统和价值制度通常更顽强地抵制着现代法律"[①]。"当法律规定和根深蒂固的态度和信念之间展开鸿沟时,法律就不能改变人们的行为。规范和行为的冲突的结果会危及社会;至少法律不能造成变化。"[②] 埃尔曼在此虽然言及的是法律的制定要考虑到社会成员的观念,但同时也指明了法律制度同法律观念间的差异和冲突所可能带来的后果。

三、法律文化冲突的价值功用分析

法律文化的冲突既然是一种客观存在的现象,那么,如何看待这种冲突的性质和功用,也是一个值得探讨的问题。

一些学者在研究了法律文化的冲突现象后,对法律文化冲突

---

① ② [美]亨利·埃尔曼著:《比较法律文化》,贺卫方等译,三联书店1990年版,第278、277页。

的性质和功能持一种乐观主义态度。一位学者认为:"文化冲突与文化压力常常是文化演化与发展的重要动力。正是在文化冲突的过程中,固有的文化体系产生新的分化,并且在新的基础上走向新的整合。在剧烈地法律文化冲突过程中,固有的传统法律文化体系产生了深刻的变化,它逐渐地吸收和融合了外域法律文化的某些因素,导致法律文化价值取向的巨大转变,进而适应新的社会条件,开始了新的法律文化体系的整合或重建过程,并且由此获得新的生命力。"[①] 美国学者埃尔曼先生在谈到急速现代化的社会中所导致的"二元法律"状况时也认为,这种状况"并非完全有害",它所具有的能动作用,可能像经济学家所说的"不平衡的经济发展所具有的那种能动作用"一样[②]。其意是说"二元法律"的状况有可能成为法律发展的一个动力。

从历史发展的观点看,上述结论不无道理。法律文化的冲突不管其表现方式如何,都是社会矛盾运动的一种反映。矛盾运动的法则同样适用于法律文化冲突的运动法则。如同任何事物都是在不断斗争和冲突中成长、前进的一样,法律文化在变迁过程中,经过不断的冲突、斗争、锤炼,实现文化整合,淘汰陈旧内容,补充、丰富、发展适合社会需要的新的法律文化,使其得到不断完善和提高。冲突为发展提供契机,提供挑战,提供机遇。法律文化在经历一个不断的否定之否定的过程之后,扬弃旧文化,产生新文化,成为现代文化的一个重要组成内容,才能发挥自身的价值和功用,为

[①] 公丕祥:《冲突与融合:外域法律文化与中国法制现代化》,《法律科学》1991年第2期,第3页。

[②] [美]亨利·埃尔曼著:《比较法律文化》,贺卫方等译,三联书店1990年版,第280页。

现代社会所需要。否则,法律文化就有可能成为阻碍社会进步和发展的因素。

但是,在对法律文化的价值功用从历史观的角度作出以上乐观主义分析的同时,也应看到它的二重性。任何一种冲突表现方式,都存在着使既有的社会秩序(或法律秩序)遭到破坏的可能(这里暂时抛开对其进行阶级的或政治的等价值分析)。因为冲突意味着矛盾、对立和斗争,它同社会稳定、社会和谐等目标指向是相悖的。埃尔曼讲道:"规范和行为的冲突结果会危及社会",另一位学者也指出,二元结构式的状态会给社会稳定发展带来负面作用,不应当长时间持续下去,应当尽快促其转化[①]。因此,法律文化冲突就形式上来讲,对社会起的是一定的破坏作用。这就是它的另一重属性。

当然,如果我们对法律文化的冲突引入价值分析,比如,对各种特定历史时期的冲突现象进行阶级的、政治的或文化的分析,就有可能得出两种不同的甚至截然相反的结论来。因此,对法律文化冲突的功用进行判断时,就不能只限于一般地抽象的结论,而应该进行历史的、阶级的分析,才有可能得出符合历史实际的科学结论,也才能不使其结论出现荒谬。

第二节　当代中国的社会秩序结构

为了分析当代中国法律文化的冲突现状,我们应该对传统中

[①] 公丕祥:《中国法律文化现代化的概念分析工具论纲》,《南京社会科学》1990年第1期,第68页。

国社会的社会秩序结构和当代中国社会的社会秩序结构作一些分析。虽然当代中国社会不同于传统中国社会,其间发生了"翻天复地"的巨大变化,但因为当代中国社会是由传统中国社会延续而来,传统中国社会的社会秩序不能不对当代中国社会秩序的形成发生较大影响。而在对传统中国社会秩序的分析研究中,我认为,费孝通先生于40年代撰著出版的《乡土中国》一书中所提出的"礼治社会"、"礼治秩序"是对传统中国社会秩序较为准确的定位和概括。下面我将主要介绍费孝通先生对传统中国社会"礼治秩序"的分析和观点。

一、"礼治秩序"——传统中国社会秩序结构的主要特征

费孝通先生在《乡土中国》一书中,将以"乡土社会"[①]为特色的中国社会秩序称之为"礼治秩序",以与现代社会的"法治秩序"相区别。他是从分析"人治"和"法治"这两个概念展开分析的,他认为这两个概念不足以区分出中国社会和西洋社会的差别。他说:普通常有以"人治"和"法治"相对称,而且认为西洋是法治的社会,我们是"人治的"社会。其实这个对称的说法并不很清楚的。法治的意思并不是法律本身能统治,能维持社会秩序,而是说社会上人和人的关系是根据法律来维持的。法律还得靠权力来支持,还得靠人来执行,法治其实是"人依法而治",并非没有人的因素。

[①] 我认为,费孝通先生的"乡土社会"概念,不是指的"乡村"或"农村",而是指的当时包括城市社会在内的中国社会,否则,他就不会用"乡土中国"作为书名。

……法治绝不能缺乏人的因素。费先生进而提出问题:那么,人治和法治有什么区别呢？如果人治是法治的对面,意思应当是"不依法律的统治"了。统治如果是指社会秩序的维持,我们很难想象一个社会的秩序可以不必靠什么力量就可以维持。人和人的关系可以不根据什么规定而自行配合的。如果不根据法律,根据什么呢？望文生义的说来,人治好像是指有权力的人任凭自己的好恶来规定社会上人和人的关系的意思。他说他很怀疑这种"人治"是可能发生的。如果共同生活的人们,相互的行为、权利和义务,没有一定规范可守,依着统治者好恶来决定,而好恶也无法预测的话,社会必然混乱,人们会不知道怎样行动,那是不可能的,因之也说不上"治"了。因此,他得出结论:所谓人治和法治之别,不在人和法这两个字上,而是在维持秩序时所用的力量,和所根据的规范的性质。

  费先生又进一步分析了乡土社会的社会秩序的维持所依据的社会规范。他指出:乡土社会秩序的维持,有很多方面和现代社会秩序的维持是不相同的。可是所不同的并不是说乡土社会是"无法无天",或者说"无需法律",乡土社会并不是这种社会。假如我们把法律限于以国家权力所维持的规则,那么,我们可以说这是个"无法"的社会,但是"无法"并不影响这社会的秩序,因为乡土社会是"礼治"的社会。而"礼治社会"并不是指文质彬彬,像镜花缘里所描写的君子国一般的社会。礼并不带有"文明"、或是"慈善"、或是"见了人点个头",不穷凶极恶的意思。礼也可以杀人,可以很"野蛮"(就如鲁迅先生当年所批判的那样,礼治社会是一个"吃人"的社会)。"礼是社会公认合式的行为规范。如果单从行为规范一点说,本和法律无异,法律也是一种行为规范。礼和法不相同的地方是维持规范的力量。法律是靠国家的权力来推行的。'国家'是指政治的权力,在现代国家没有形成前,部落也是政治权力。而礼却不需要这有形的权力机构来维持。维持礼这种规范的是传统。"①"传统是社会所累积的经验,……在乡土社会中,传统的重要性比了现代社会更甚,那是因为在乡土社会里传统的效力更大。"②

费先生还分析了"礼治"、"德治"与"法治"的区别:礼并不是靠一个外在的权力来推行的,而是从教化中养成了个人(对传统)的敬畏之感,使人服膺;人服从礼是主动的。礼是可以为人所好的,所谓"富而好礼"。这显然是和法律不同了,甚至不同于普通所谓道德。法律是从外限制人的,不守法所得到的罚是由特定的权力所加之于个人的。人可以逃避法网,逃得脱还可以自己骄傲、得意。道德是社会舆论所维持的,做了不道德的事,见不得人,那是不好,多人吐弃,是耻。礼则有其于道德:如果失礼,不但不好,而且不对、不合、不成。这是个人习惯所维持的。十目所视,十手所指的,即是在没有人的地方也会不能自己。礼是合式的路子,是经教化过程而成为主动性的服膺于传统的习惯。费先生还说到,礼治在表面看去好像是人们行为不受规律拘束而自动形成的秩序。其实自动的说法是不确,只是主动的服于成规罢了。礼治的可能必须以传统可以有效的应付生活问题为前提。乡土社会满足了这前提,因之它的秩序可以礼来维持。在一个变迁很快的社会,传统的效力是无法保证的。尽管一种生活的方式在过去是怎样有效,如果环境一改变,谁也不能再依着老法子去应

---

① ② 费孝通著:《乡土中国》,三联书店1985年版,第48—51、52—53页。

付新的问题了。

费孝通先生最后概括道:法治和礼治是发生在两种不同的社会情态中。这里所谓礼治也许就是普通所谓人治,但是礼治一词不会像人治一词那样容易引起误解,以致有人觉得社会秩序是可以由个人好恶来维持的了。礼治和这种个人好恶的统治相差甚远,因为礼是传统,是整个社会历史在维持这种秩序。礼治社会并不能在变迁很快的时代中出现的,这是乡土社会的特色[①]。

费先生指出:礼治就是对传统规则的服膺。生活方面,人和人的关系,都有着一定的规则。行为者对于这些规则从小就熟悉,不问理由而认为是当然的。长期的教育已把外在的规则化成了内在的习惯。维持礼俗的力量不在身外的权力,而是在身内的良心。所以这种秩序注重修身,注重克己。理想的礼治是每个人都自动的守规矩,不必有外在的监督。但是理想的礼治秩序并不常有的。于是,乡土社会必然向现代社会、法治社会转变。而费孝通先生当年就已指出:"中国正处在从乡土社会蜕变的过程中"[②]。

我们今天虽然还不能说,中国社会已从乡土社会中"完全彻底"的蜕变出来,但今日中国社会从主流上讲毕竟已步入现代社会行列。但传统中国社会的"礼治秩序"仍在现实中发生着影响。这种影响是以两种方式起作用:一是作为一种历史文化遗留,以观念的方式作用于现代社会的法律秩序之中;一是由于中国社会发展的不平衡,在那些狭义的"乡土社会"(即农村社会)中,它还实际地发挥着维持社会秩序的规范作用。

---

① 费孝通著:《乡土中国》,三联书店1985年版,第48—51、52—53页。
② 同上书,第55—58页。

二、"多元混合秩序"——转型时期中国社会秩序结构的主要特征

按照费孝通先生的观点,现代社会应该是一个法理的社会,是一个依靠法律来调整人与人之间关系的社会,也即"法治"的社会。那么,20世纪末的中国社会是不是一个"现代社会"?也即中国社会是不是已从"乡土社会"转化为"现代社会",从"礼治秩序"转化为"法治秩序",完成了由传统向现代的社会转型?这是一个大问题。对这一问题,不可以简单的回答"是"或"否",需作分层次的分析。这实际涉及到判定社会形态的标准是什么这一重大问题。

我认为,这里有两个分析视角,即制度层面的视角和实际社会层面的视角。虽然制度也是构成社会现实的重要元素,是"社会存在"的一种表现方式,但由于制度毕竟是精神性的产物,它同"纯粹"意义上的实际社会的"社会存在"之间仍是有差异的。从制度层面分析,应该说从主流上讲,或从主体社会来讲,中国社会基本上属于现代社会形态。"中华人民共和国"是现代中国社会的社会形态,中国社会的具有现代形态的宪法制度和法律制度通行于整个中国社会。没有哪一个角落,即使最偏僻、边远的社会也不可能游离于这个主权国家的现代制度的统辖和管理之外。制度层面的另一个显著标志是:现代政权结构形式是全中国的社会基本政权结构形式,未曾听说还有哪一个范围、社区是农奴制或封建制政权结构形式。因此,从制度层面上讲,中国应该是已步入现代社会形态。但从实际社会的层面来分析,我认为,费孝通先生40年代所作的"中国正处在从乡土社会蜕变的过程中"的判断对20世纪

末的中国社会也仍是一个准确的精确的恰如其分的判断,即中国社会仍然处在或经历着由传统社会向现代社会的转型过程之中,也即未完全步入现代社会,而是正在向现代社会迈入。其标志是中国社会还没有完全形成"法理社会"和"法治秩序",而只是向"法理社会"和"法治秩序"转轨和过渡。否则,中国现代化建设事业以及实现现代化和法治国家的目标和任务也就成了无的放矢了。

同转型和过渡时期的中国社会相伴随,当代中国社会的社会秩序形态呈现出一种极为复杂的情况。我将它概括为"法治秩序"与"礼治秩序"、"德治秩序"、"人治秩序"、"宗法秩序"等组合而成的"多元混合秩序"。这是一种对当代中国实际社会秩序的概括和描述。它同国家追求的理想社会秩序结构即"法治秩序"结构形态不相一致。

于是,在国家致力于现代化的过程中,大力倡导并上升为治国方略的"依法治国,建设社会主义法治国家"也随之出台,成为当代中国社会占主导地位的社会秩序思潮和实践,也成为当代中国社会主流法律意识形态。这一主导社会秩序思路显然同"多元混合秩序"的现实发生冲突。由于"多元混合秩序"的现实存在,也由于人们的认识的不同,采取何种社会秩序形态就成为政治家、学者们关注和研究的焦点。其中最为突出的就是有一些学者主张应该予"多元混合秩序"以合理的存在。一些学者为此进行了大量的研究[1],并论证了它们存在的合理性。

---

[1] 其中,最主要的研究成果集中在由王铭铭、王斯福主编、中国政法大学出版社1997年12月出版的《乡土社会的秩序、公正与权威》一书中。此书是以该书名为主题于1997年8月在北京召开的一次学术研讨会的文集,它集中地反映了中外研究者们对此问题的调查报告及分析结论,及学者们研讨评议的各种观点。

比如，青年学者田成有在《中国农村宗族问题与现代法在农村中的命运》一文中，论述了"宗族"的地位问题，他认为：中国社会实际上存在两种运作机制，一是由国家或法律确认的维持体现新价值的法理机制；二是由宗族或村落维持的体现旧价值的礼俗机制或称"民间法"。宗族制度实质就是具有中国传统特色的"准法"。他认为，在没有法律传统的中国社会（尤其是乡村社会），不仅人们的权利意识淡薄，而且运用权利的能力还十分低下。据一份调查数据反映，50％以上的农民不懂得自己有些什么法律上的基本权利，有 80％以上的农民没有请过律师。在中国漫长的历史时期，社会调控的能量不高，"天高皇帝远"，社会秩序（实则是法律秩序）很难扩展到四野八荒的农村，法律没有内化为人们的价值观或内心需要，对社会的控制、影响极为有限。这种有限，促使宗族关系有条件外化为一种秩序。既然法律所起的作用是有限的，那么允许宗族作为一种法外资源或手段存在，在现今社会得到改造和利用就是可能的。宗族制度作为一种传统社会的处理问题模式，具有手段简单、易行、有效、经济等特点，所以它至今仍在很大程度上影响着乡村的社会生活，为现今的村民所接受。尤其是在处理那些地区范围比较小，人们之间的关系比较亲密，争执时间较长，争执的性质和后果不大的纠纷时，运用具有"私"法性质或礼俗规范机制的宗族制度就非常有效，特别是在解决家族内部的财产纠纷、赡养纠纷、婚嫁丧娶纠纷和口舌纠纷等方面作用更大。他还认为，在社会控制的大系统中，各类规范机制的功能是经常互相交叉渗透，共同协同作用的，它们分别从不同的角度表明人们向社会提出管理模式的不同要求。过分倚重于国家法律的控制手段，轻视宗族的作用，社会控制机制就会失衡,不利于从根本上圆满解决问题。宗族的存在,在一定时期和一定范围内丰富或弥补了国家制定法控制机制的不足,成为一种有效的补救手段和协同方式,宗族的合理运用是国家制定法的"延伸"部分和重要的支持系统,是社会支援和规范控制的一个重要源泉,是农村社区中基本聚合力量和维持社会秩序在常态下运转的重要保证。他提出:在中国这种非西方化或缺少法律传统的国度里,让渡一些非国家行为来调控乡土社会,利用带有礼治规范或"民间法"性质的宗族制度来解决某些范围内的纠纷是值得重视和研究的。当然,他也认为,法理型的统治是社会的主流,而利用宗族的范围和力度都必须是有限的,过渡的[1]。

如果说田成有先生上述论述还算温和的话,那么,梁治平先生对此的观点[2]则显得更为激进和强烈,他实际上是对目前流行于作为中国主流法律意识形态的"法治"理论进行了激烈地质疑和批判。

他首先引用了费孝通先生40年代在《乡土中国》一书中所列举的一个案例,费先生的案例是当年一位兼司法官的县长和他亲自谈到的案子:有个人因妻子偷了汉子打伤了奸夫,在乡间这是理直气壮的事情,但在法律上和奸(即通奸)没有罪,何况又没有证据,殴伤却有罪。那位县长问他,这样的案子怎么判好呢?这位县

---

[1] 参见田成有:《中国农村宗族问题与现代法在农村的命运》,《法律科学》1996年第2期,第5—7页。
[2] 梁治平先生对此问题的观点分别见《法治进程中的知识转变》(《读书》1998年第1期)和《乡土社会中的法律和秩序》(载王铭铭、王斯福主编:《乡土社会的秩序、公正与权威》,中国政法大学出版社1997年版)。

长也明白,如果是善良的乡下人,自己知道做了坏事决不会到衙门里来的。但这些凭借一点法律知识的败类,却会在乡间为非作恶起来,法律还要去保护他。这种情形不能不让那位县长感到进退失据。费先生分析了这其中的原因:中国正处在从乡土社会蜕变的过程中,原有对诉讼的观念还是很坚固的存留在广大的民间,也因之使现代的司法不能彻底推行。第一是现行法里的原则是从西洋搬过来的,和旧有的伦理观念相差很大。在中国的传统的差序格局中,原本不承认有可以施行于一切人的统一规则,而现行法却是采用个人平等主义的。这一套已经使普通老百姓不明白,在司法制度的程序上又是隔膜到不知怎样利用。在乡间普通人还是怕打官司的,但是新的司法制度却已推行下乡了。那些不容于乡土伦理的人物从此却找到了一种新的保障。他们可以不服乡间的调解而告到司法处去。费先生说,在理论上,这是好现象,因为这样才能破坏原有的乡土社会的传统,使中国能走上现代化的道路。但是事实上,在司法处去打官司的,正是那些乡间所认为的"败类"的人物。依着现行法去判决(且把贪污那一套除外),时常可以和地方传统不合。乡间认为坏的行为却正可以是合法的行为,于是司法处在乡下人的眼光中成了一个包庇作恶的机构了。费先生当年的结论是:现行的司法制度在乡间发生了很特殊的副作用,它破坏了原有的礼治秩序,但并不能有效的建立起法治秩序。法治秩序的建立不能单靠制定若干法律条文和设立若干法庭,重要的还得看人民怎样去应用这些设备。更进一步,在社会结构和思想观念上还得先有一番改革。如果在这些方面不加改革,单把法律和法庭推行下乡,结果法治秩序的好处未得,而破坏礼治秩序的弊病却已先发生了①。

梁治平先生用50年后的一部中国电影《被告山杠爷》的故事②作例子,认为50年前费孝通先生所注意并揭露给我们的问题今天仍然存在。他认为,如果以为这只是因为农民思想愚昧观念陈旧,以为通过加强农民教育,提高农民觉悟,就可以解决农村法律问题,那又是过于天真了。事实上,与一般的看法相反,法律并不总是比农民更高明。法律上的解决每每不能够满足当事人的要求。法律上的专断、生硬和不切实际却可能造成新的问题。在比如"山杠爷"生活的那个小山村,法律既不允许人们依照他们认为有效的方式保护家庭和惩治不孝,自己又不能提供恰当的解

---

① 参见费孝通著:《乡土中国》,三联书店1985年版,第58—59页。
② 关于"山杠爷"的故事,梁治平先生做了如下的简述:"山杠爷"是那种土生土长的乡间权威,虽然没受过什么教育,但是刚正、果决,阅历丰富,治村有方。不幸的是,他也是个"法盲"。他那些治理山村的办法,虽然行之有效,但是于法不合,以至最后他竟成为"被告",被押上警车带走。在他的各种罪状里面,有一项是非法监禁村民。被监禁的村民是一个酒鬼,他虽有家小,但是不仅不能养家,反倒把家里最后一点值钱的东西也要"喝"掉。其妻不堪其扰,哭哭啼啼地求助于"山杠爷",每当这种时候,"山杠爷"定要对那酒鬼痛加训斥,如果情形严重,还要命村里的民兵关他一夜,直到他清醒之后,悔过认错。一次,两名下乡(调查山杠爷问题)的检察官恰巧碰到正被关禁闭的酒鬼,他们当即指出这是违法行为,并将酒鬼放还。获得解放的酒鬼顿觉扬眉吐气,并乘机用"法律"向村民说了一堆"山杠爷"的坏话。可以想象,有了"法律"的仗恃,那酒鬼会更加不可救药。还有,有一家人的媳妇虐待婆婆,被婆婆告到"山杠爷"处,"山杠爷"就罚她为村里人放电影一场(并且将此作为一个"规矩"立下来,来惩罚那些虐待婆婆的人),同时请来了她的父母,当众要他们管教好女儿。那媳妇受了羞辱,愈加恼怒,回去后变本加厉地虐待婆婆,这次"山杠爷"也不留情,让民兵将她一索子绑了去游街(导致这个媳妇最后上吊自杀)。(电影中还反映了"山杠爷"私拆他人信件,以及为造福乡里子孙后代修水库而强迫村民出劳力出钱等等事件)。这些显然都是违法之举,因此把"山杠爷"推上被告席也不冤枉他。不过,"山杠爷"并不认为自己做错了什么,(更为重要的是)他的那些违法举措在大多数村民看来也都在情理,说他犯法把他定罪,怎能不让人感到迷惑?上述参见梁治平:《法治进程中的知识转变》,《读书》1998年第2期,第17页。

决办法,这就不能不令人对其合理性感到怀疑。他还举了另一个"颇具讽刺意味的事例"即有关赡养的法律。虽然现行赡养法规有意宏扬"民族传统美德",但其作用最多只是把赡养问题简化为每月固定的钱财供应,结果是使不孝子女合法地解脱,而间接地造成更多的赡养问题。说到底,法律上的"赡养",同传统所谓"孝"和"养"不过貌合而已,而在农村各种传统的组织、制度、观念、仪式和生活习俗都被当作旧时代的遗迹破除,新的权利话语业已渗入到每一个家庭之后,"传统美德"缘何生存?

在论述了上述问题之后,梁治平先生对作为流行的主流法律意识形态的"法治"理论提出了质疑和批判。他指出:在中国现代化进程中,在新国家成长并试图确立其合法性的过程中,历史被重新定义,社会被重新界定。乡土社会中的观念、习俗和生活方式,被看成是旧的、传统的和落后的,它们必将为新的、现代的和先进的东西所取代。根据同一逻辑,中国社会的"现代化"只能由国家自上而下地推行和实现,从这里,便衍生出包括"建立民主与法制"在内的"规划的社会变迁",这一过程一直延续至今。他指出,80年代以来,在"民主"、"法制"和"依法治国"一类口号下,国家法律开始大规模地进入乡村社会。通过"普法"宣教和日常司法活动,自上而下改造旧文化、旧习俗和旧思想观念的过程仍在继续。然而,这里所涉及的并不是单纯的知识进步。因为"法治"本身就不是一个抽象和无差别的普遍事业。它所要求的不仅是知识,同时也是权力,是支配和控制。正因为如此,通过法制或者法治来实现的"社会进步"有时就不但是残酷的,而且是非理的。他认为,法律家们为法律王国的建立和扩张而欢欣鼓舞,对通过完善法制而实现社会进步深信不移。他们要求改变一切不利于法治的思想和观念,但对自己的立场却缺乏反省。他们热烈地鼓吹"权利",推进"法治",却不了解权利的意蕴,更不去问这是什么样的法治,如何推进的法治,不去问中国究竟需要什么样的法治,怎样去实现这种法治。他们不了解,即使是民主和法治这样可能的目标,一旦被从具体事件和场景中抽离出来,变成不证自明的普遍价值,一样面临被意识形态化的危险。事实上,他们在积极推进"民主与法制"的过程中,确实参与了制造这种意识形态。因此,今天所需要的应当不再是这种法治的鼓吹者,而是具有高度自省能力和批判能力的法律家[①]。

梁治平先生的这种对流行的法治理论和"鼓吹"法治理论的法律家们的批判不可谓不尖锐。但全部问题归结为一点:当代中国"应然社会秩序"和"实然社会秩序"的冲突和矛盾。在转型时期中国社会处于"多元混合秩序"的社会现实状况下,是建立一种应然的法治秩序,还是赋予各种多元混合秩序(如宗法、礼俗、习惯)以合法性和合理性存在?在社会秩序方式上,是不是就真成了"凡是存在的,就是合理的"?在多种秩序明显存在冲突的情况下,社会对各种秩序方式有没有一种价值选择?还是任其自然存在下去?中国选择建立"法治秩序"的社会目标有没有错?如果我们默许或允许家族制度、礼俗制度、习惯等"民间法"的"合法性"地位,那么,现代法治秩序如何才能建立起来?而最实质的问题是:家族制度、礼治制度、习惯等中的明显同时代进步相背的落后因素如何剔除?

---

① 参见梁治平:《法治进程中的知识转变》,《读书》1998年第1期,第18—19页。

通过什么方式来同法治相衔接？因为它们如果作为一种社会调整秩序存在，它就是一种社会秩序方式，在它发挥作用的领域和范围内，现代法律是难以插足的[1]。更进一步，法律如何改造这些明显看来是同社会进步相悖的秩序方式？法律推动社会改革、前进的功能又如何体现？等等。归结为一个问题：我们选择一种什么样的社会秩序方式。这些问题恰恰是社会实践需要解决的问题[2]。

如果我们仔细分析费孝通先生的观点，他并没有反对建立现代社会的法治秩序。他认为，现代法在乡间的实行，在理论上是个好现象，"因为这样才能破坏原有的乡土社会的传统，使中国能走上现代化的道路。"费先生所强调的重点是：法治秩序的建立不能单靠制定若干法律条文和设立若干法庭，重要的还得看人民怎样去应用这些设备。更进一步，在社会结构和思想观念上还得先有一番改革。这是费先生强调的重点，而这是一个颇具建设性的意见。费先生并没有因为法治秩序的实现遇到传统礼治秩序的阻

---

[1] 因为持此论者所主张的是要将法律之外的社会秩序方式作为"准法"，或"活法"来使用，那势必要冲击或取代法律调整领域。因为固然对于同一领域和范围或同一事件同一行为来讲，可能有两种秩序方式同时存在，但在解决问题时却只能选择一种秩序方式。

[2] 田成有先生提出了中国法制建设的稳健与成熟应走一条"本土化"的道路。而所谓"本土化"道路要求在立法时，必须充分考虑农村的实际和民俗。但他同时又强调不能光注重国家制定法，也要注重国家制定法律之外的"活法"、"民间法"的作用。这一思路前后是矛盾的。立法考虑农村的实际和民俗，是由立法解决的问题，是应该充分考虑的因素；但让"民间法"发挥"准法"的作用，是另外一个问题。他还提出，将"民间法"等"活法"在条件成熟时，有意识地吸收、认可，并融入、提炼到相应的法律法规之中，使之成为制定法的一部分。这一思路等于又回到他所批判的"大司法"路线。参见田成有：《中国农村宗族问题与现代法在农村的命运》，《法律科学》1996年第2期，第8页。

障,而主张退回到乡土社会的礼治秩序上去。因为费先生看到了乡土社会的礼治秩序随着社会的进步和发展,迟早是要让位于现代社会的法治秩序的。比如,他在40年代就指出:"中国正处在从乡土社会蜕变的过程中"①。他反复强调:"在一个变迁很快的社会,传统的效力是无法保证的。尽管一种生活方式在过去是怎样有效,如果环境一改变,谁也不能再依着老法来应付新的问题。"②在"一个变动中的社会,所有的规则是不能不变动的。环境改变了,相互权利不能不跟着改变。""现代的社会中并不把法律看成一种固定的规则了,法律一定得随着时间而改变其内容。"③

如果要进一步深入研究这一问题,关键还在于我们对中国乡土社会现实状况的认识。中国的乡土社会在经历了近一个世纪的现代化冲击和洗礼之后,是否发生了某些变化?中国的乡土社会是不是就是一个静止不变的"超稳定结构"的社会?对这一问题的思考有两个不同的参照对象:一个是理论家们脑子里所存在的那个乡土社会,或者艺术作品中所反映所表现的乡土社会(就像田成有先生文章中所指的中国农村的宗族现象和梁治平先生所例举的中国电影《被告山杠爷》中所表现出的中国当代农村社会,以及朱苏力先生曾着力分析过的中国电影《秋菊打官司》中的当代中国农村社会)。这样的"乡土社会"难免有某种程度的臆想成分和虚构成分。虽然我们也承认艺术作品在某种程度上及某些方面反映和再现了某种社会的现象,或反映了某种社会的观念现实状况,但毕竟它是虚构的,而非真实的,它和现实的社会状况或真实的个案还

---

① ② ③ 费孝通著:《乡土中国》,三联书店1985年版,第58、53、57页。

是有重大区别的①。另一个参照对象即实际的社会调查。尤其是对当代中国的乡土社会到底处于一个什么样的发展阶段,呈现一个什么样的发展样式和水平等诸如此类的重大问题,不能建立在理论家们的臆想上,也不能倚重于时过境迁的材料上,而应以现实的实际的社会调查材料作依据,从而作出符合实际的分析和结论来②。

循着后一种思路,我们来看看当代中国的乡土社会发生了哪些变化,是一个什么样的社会秩序结构。在从事这一工作时,也同样地面临着一个文本的选择问题。社会调查资料很多,且资料本身也可能存在着倾向性,研究者对文本的选择则更是带有倾向性。

---

① 这是一个比较大也比较尖锐的问题,即作为艺术虚构形式的艺术作品能否作为我们研究社会问题或法律问题或进行个案分析的真实依据?这涉及到法学研究方法论的一个重要问题,即文本如何选择?有些法律学者认为,艺术作品不能作为研究法律问题的依据,因为它是虚构的,而非真实的。把原本虚构的而非真实的艺术作品作依据而进行的分析以及得出的结论难免有失偏颇。这是一个可能会遇到许多人反对的观点。因为在西方及中国许多经典著作中,艺术作品一向有作为研究法学、政治学、社会学、伦理学等社会科学分析对象的传统。但笔者赞同这一观点。因为对社会问题的研究,最重要的是要以真实的社会客观实际为文本,为依据,而不能以虚构的东西为文本和依据。尽管所谓"真实性"、"客观性"也是一个被解释学和后现代理论所反复诘辩的概念,但实际的现实社会总比虚构的艺术作品中的社会相对来讲要更接近实际社会本来面目。据此所进行的分析以及所得出的结论更富有现实意义。当然,在后现代理论看来,不存在什么客观的和真实的世界,世界的存在与否取决于人们的认识,人们认识中的世界才是真实世界,在认识之外,什么也不存在,真可谓"我思故我在"。但这样一种否认客观世界存在的看法,笔者是不能赞同的。由此而引出的法学研究的文本选择,确是一个既可能刺激许多人,但也不乏其重要意义的尖锐问题,笔者在此提出这一问题,是想引起学者们的关注和争鸣,因为它对我们的研究结论关系重大。

② 其实,梁治平先生也是十分注重实际的社会调查资料的,他的《乡土社会中的法律与秩序》一文,引用了大量的、丰富的社会调查资料,分析了当代中国乡土社会的法律和秩序状况。但他用电影《被告山杠爷》作分析依据而得出的一些分析结论,则显然不能作为实际的社会调查资料和真实状况。

但我们不妨选取两种对象、观点不同的资料来作分析,以使对实际的状况有个基本的了解。其次,由于中国社会(尤其是乡土社会)发展的不平衡以及乡土社会的地方性特征,一个地方、社区的状况很难类同于另一个地方和社区,更不可能有具有全国性典型意义的代表性范型。但我们的关注点在于从中发现转型时期中国乡土社会秩序结构中一些带有规律性、普遍性的问题。虽然中国的乡土社会发展不平衡,但诚如费孝通先生所说到的,乡土社会总是要向现代社会转变的。静止不变的乡土社会是不存在的。因此,"变"是绝对的,"不变"则是相对的,只不过在"变"的问题上,或迟或早,或先或后,或快或慢,程度不同而已。既然如此,乡土社会在变化过程中,总是有一些共同的、普遍的规律和法则在发挥作用。

我们先选一个民间社会秩序遭到瓦解了的农村社会的社会调查报告[①]。1997年第4期《开放时代》杂志发表了吴重庆、单世联两位学者对广东番禺南村的社会调查报告,题为《经济发展与农村社会组织关系的变迁》。这篇调查报告涉及了1949年新中国成立前后,尤其是1979年改革以后南村的民间宗法权力结构系统的演变、瓦解及现代政权结构的建立过程,及如何看待1979年改革后民间宗法权力和礼俗的回潮及其作用等问题。

吴重庆、单世联两位学者的调查报告指出:1949年前,南村具有较完备的宗法系统,一方面是由于其长期聚族而居所致,另一方面也是为了应付来自西北方向的"黄阁佬"(指番禺黄阁镇的为非

[①] 这篇调查报告所选取的调查对象是一个处于中国改革开放较前沿的、且已步入都市化行列的广东地区的农村社会。虽然我们不能以此作为中国乡土社会的一个范型,但作为一个解剖个案,它有助于我们认识中国的乡土社会在向都市化演变过程中,社会秩序结构所发生的变化,以及这些变化的重要意义。

分子)的侵犯,为此,南村不得不借助宗法力量成立自治组织。若把当时的国民党基层政权在南村的设置视为正式权力系统的话,那么,在南村这个自治的小社会中,一直存在着一个发达的、非正式的潜在权力系统——民间宗法系统。而国民党的权力系统事实上只控制到乡一级,在村一级,只能作一些渗透。在村里,仍然需要潜在的权力系统发挥作用,所以在部分情形下,事实上是换汤不换药。在南村沦陷于日寇手里时,因兵荒马乱,民间宗法系统与正式权力系统都趋于瘫痪。1949年以后,宗法系统开始瓦解,其重要标志是地方乡绅阶层的消亡。党在乡村设置基层政权的着手点便是推毁地主乡绅阶层。宗法系统的瓦解也使传统伦常道德失去依托与对象,而这一切都导致系统的崩溃。南村村民在经过土改平分到田地之后,与中国的其它农村一样,也经历了互助组、初级、高级农业合作社、人民公社化(大队、生产队)发展过程,这个发展过程事实上是不断统一和集中农业生产的管理权和分配权的过程,也是南村一体化行政权威的形成过程。在高度一统的局面下,社员们行动一致,生活水平基本一致,来自个人利益的冲突基本没有,个人的生存与发展空间极窄,民间潜在权力系统的调节功能消失,生产队长已成为正式权力系统中的"家长"。乡村社会的纠纷矛盾降到最低水平。"文革"时,由于派系争斗,南村村民过着一种高度一统,半军事化的日常生活,这是党在南村所建立的一体化行政权威的顶峰体现。

1979年后,南村基层权力结构随着国家改革也进行了重组。联产承包责任制导致了农村的社会结构和权力关系一体化的解体。行政权力控制开始松动,权力开始收缩,村的权力职能开始转换,行政村权力开始简化。在这种情况下,一些民间礼俗活动开始恢复,民间权力系统开始重现。但作者指出:一些民间礼俗活动的恢复只是意味着出现了政治组织以外的民间文化活动,而不标志着一个民间社会的完全确立。事实上,无论是传统的还是现代的民俗礼仪在南村社会生活中都是边缘性活动,村民们并不普遍认为有参与的必要。与此同时,作为一切民间关系基础的亲属关系实际趋向形式化,儿子结婚后就和父母分开,此后来往不多。兄弟姐妹之间几乎没有什么成功的合作经营。既没有强有力的血缘亲属关系,也没有独立的经济利益集团。改革后的南村并未能建构民间社会,自然也就没有什么民间权威,即使在日常生活中,也只有村干部或他们委托的人才有发言权,才能调解民事纠纷。年长者、辈高者、有钱者均不具有充分的权威性。作者认为:可见,在30多年的政权一体化之后,传统农村的礼治结构、士绅阶层、长者权威等已被彻底摧毁。改革后政治控制相对放松,但与旧时完全不同的社会经济条件又不能催化新的民间社会,因此村民自我组织能力很差,全部活动还是以家庭个体为单位。一涉及到集体性活动,只能靠行政权力系统及其派生机制来组织。

1992年6月,南村归入了广州市南沙经济技术开发区,结束了南村300多年的农村史,改名为南村管理区,走向了都市化。这一剧变带来了南村社会的两个显著特点:一是行政权力和经济控制权的整合,二是民间礼俗活动中的经济杠杆作用日显突出,三是社会权力控制的紊乱。民间礼俗本是一个社区共同体的庆典性、公共性活动,但现在的南村,社区共同体差不多已解体,居民之间正在摆脱过去的血缘、邻里、生产协作关系的束缚,逐步转向社会化的都市居民。民间礼俗活动失去了社会基础,只能是一级行政组织的工作,于是,即使是自愿的参加者也要求一定报酬。作者也指出:经济条件好转后,基本上家家都有收音机、电视机,它部分取代了民间传统社会的功能,这也是民间活动消解的主要原因。

这两位学者在上述调查的基础上,发表了他们对于中国农村社会结构的一些看法和结论。这些看法和结论是具有启发性的且值得我们重视的。他们认为:农村的社会组织结构和权力控制是与经济方式相适应的。改革后民间宗法礼俗的回潮并未根本改变社会组织关系,它的流变及被大部分地废弃,使其根本无助于民间权威的重新树立,更说不上对现行行政权力的制衡,改变社会组织关系。当代农村社会组织的主体仍然是经济利益调节下的行政权力系统。宗法礼俗的回潮和重现仍然只是农村生活主流之外的支流,既未能突破行政权力系统对农村生活的控制,也未能根本改变原有的农村组织结构。首先,行政权力虽然积极、甚至部分放弃对村民日常生活和经济活动的控制,但它仍然是目前农村唯一合法权力机制,在利益分配、民事调解方面仍然保持着最后判决权。经过 30 年的政治洗礼,农村原有的宗法关系、礼俗活动已被根本摧毁,不可能回复从前。第二,改革的社会心理动力是以利益的一定满足,在整个中国现代化、世俗化背景下,利益动机、经济标准已无可置疑地成为社会生活准绳;以亲情为基础,以传统为导向的宗法礼俗已无法与经济力量抗衡,只能作为它的配合和辅助。在高度一体化的行政权力控制松动之后,公共权力运作过程中的超越宗法关系的私人利益交换及时地取替了亲情关照,从而使宗法力量在公共权力被私有化的过程中丧失了独特有效性。第三,现代文化观念向农村的大举渗透,青年一代已不再全面认同传统生活方式和文化观念,挟带着巨大经济利益的都市文化在农村找到越来越多的接受者。现在农村只有 50 岁以上的人,才对传统民间礼俗文化有点了解,要想在当代农村重建宗法民俗是完全不可能的。因此,作者认为,虽然当代农村确实出现了传统宗法关系和民俗活动,但从南村的调查中可以看出,这类活动基本上是由行政权力机构组织,或配合政治宣传,或为经济铺路,或作为农村文体活动,无论哪种类型,整个过程都是由经济作为动力和杠杆的,它们都不是传统意义的民俗活动。所谓民间社会、民间权威等也未出现。

作者又指出,经济关系和利益原则已重新梳理和编织当代农村社会网络,民间社会和礼俗关系趋于消解,社会结构和人际关系日益简单,农村的真实面貌与一般设想的大相径庭。农村权力系统的运作,已明显经济化。许多活动都是通过金钱手段来完成的。农村的一些民俗活动,也不再是能唤起认同意识凝聚群体情感的活动,原先具有强大凝聚力的人伦亲情已逐渐退居幕后,利益不但可以解释现行农村活动,更成为社会组织的真正内核。在现在的农村,我们已不大可能发现特别的社会形态和组织关系。作者也指出,目前农村的行政权力系统在保证转型期社会秩序稳定,完成初步的资本积累中,既不可少又存在很大弊病,需要不断调整和改革。现行组织系统之所以承担这些使命,只是因为它是目前农村唯一的,没有受到挑战的权力控制者,而不是因为获得现代洗礼,合理地拥有发展经济,成为组织现代农村生活的能力和权力的人。改革的目标是随着现代化的演变,重建农村权力控制系统[1]。

由作者以上提供给我们的调查报告及其分析结论,我们可以把它看作一种对于发展变化较大且较迅速的中国农村社会的写

---

[1] 参见吴重庆、单世联:《经济发展与农村社会组织关系的变迁——广东番禺农村社会调查报告》,《开放时代》1997年第4期。

照。在像南村这样的社会中,社会秩序基本上已经是法律型的,国家权力型的,礼俗秩序、宗法秩序基本上已被瓦解,同都市化社会秩序形态非常接近。所存在的问题是国家权力型的社会秩序中暗含的弊端(像权力腐败)等及其改革问题。

同上述调查报告反映出的问题及得出结论所不同,梁治平先生的《乡土社会的法律与秩序》[①]一文,采用了大量的社会调查资料,最后得出结论认为,当代中国农村呈现出一种正式制度与非正式制度并存的局面。梁先生认为:在最近50年里,中国社会发生了极具戏剧性的变化,在此过程之中,社会结构出现了根本性的转变,国家与社会的关系更呈现出前所未有的局面。曾有一度,国家权力不仅深入到社会的基层,并且扩展到社会生活的所有领域,以至在国家权力之外,不再有任何民间社会的组织形式,这些,不能不对当代中国社会的法律秩序产生深刻的影响。而梁先生对80年代以前中国农村社会秩序的演变过程的描述,与吴重庆、单世联对南村基层政权演变过程的描述并无二致,因为全中国的农村基层政权都经历了一个国家权力渗透的历史过程。梁先生指出,国家正式制度在进入社会基层的过程中,不但结束了乡族自治的传

---

① 需要指出的是:刊载此文的由王铭铭、王斯福主编的《乡土社会的秩序、公正与权威》一书,集中了一批中外学者对中国乡土社会秩序的调查报告、问题及其评论,这是我们了解中国乡土社会秩序结构不可多得的宝贵资料。该书主编王铭铭在"前言"中谨慎地讲到:"考虑到乡土社会的区域性差异,我们不想说,本书代表了中国乡土社会的全貌,而且,我个人常强调,'代表性'问题虽然重要,但是如果没有深入的社区考察,'代表性'只能是空泛的口号。……本书的一个优点,也许正在于它重视在小型的社区中展示和反思时代的主题,而不在于寻求社会的代表性。"尽管如此,该书对我们认识当代中国乡土社会极富帮助意义。如此丰富的调查材料我们不可能在此详介。而我选取梁治平先生的这篇文章作介绍,是因为作者在此文中对当代中国乡土社会秩序状况有一个宏观的判断和分析结论。

统,而且逐渐地影响、改变和控制民间的非正式制度,直到将它们取而代之。但对于80年代以后的中国农村社会秩序的分析,梁先生明显地发表了与前述两位学者不同的结论。他认为:自1980年以来,乡村社会中出现了"旧事物"引人注目的回潮。家族制度的复苏,宗教仪式的再现,使我们注意到民间非正式制度的复兴,注意到当代中国农村正式制度与非正式制度并存的局面。

梁先生所注重的非正式制度在汉民族中主要以家族作为代表,在各少数民族居住的广大地区,则存在着各种基于血缘、地缘和宗教而形成的民间组织,这些在今天都得到某种程度的恢复。梁先生认为,这两种制度形式(正式和非正式的)发生着一种互动关系。并且他引用了大量的资料着力分析了非正式制度(自治性和民间性的规范)在农村中的表现方式[①]。他最后得出结论:以上关于当代中国乡村社会中社会组织、行为规范和乡土知识的描述远非所谓民间知识和民间秩序的完整图像,而且,表现于家族组织、村规民约以及非正式的婚姻和家庭制度中的特点,也不足以揭示民间秩序的全部特征。尽管如此,它们确实表明,一个不同于正式制度所构想和构建的乡村社会的秩序是存在的。梁先生将此现象概括为"秩序的多元化",这种秩序的多元化令人信服地表明了当代中国社会的复杂性:发展的不平衡和内在的不同一性[②]。梁先生认为:正式的法律并不因为它们通常被认为是进步的就必然

[①] 王铭铭、王斯福主编:《乡土社会的秩序、公正与权威》,第426—430页。
[②] 这同我将当代中国社会秩序结构概括为"多元混合秩序"是一致的。但分歧在于对这种社会秩序结构的价值认同上。我认为,这是一种"实然性"的描述和概括,不具有"应然性";而梁先生在后面的分析中,则主要地谈论的是这种社会秩序结构中非正式制度存在的"合理性"。

地合理,反过来,乡民所拥有的规范性知识也并不因它们是传统的就一定是落后的和不合理的。重要的是去了解农民的生活世界,努力理解和尊重他们的自主选择。农民们秉有很强的实用理性,他们善于灵活地运用各种可以利用的资源去追求自己的目标。而且,农民也不是传统的奴隶,他们之所以尊奉一些长期流行的习惯,首先是因为这些习惯具有根植于社区生活中的合理性,因为它们为社区成员所能带来的好处更多于它们的害处。他也强调:指出这一点绝不意味着民间的知识和秩序具有自足的优越性,更不是主张国家政权应当从乡村社会中彻底退出,而只是要揭示出强烈的国家的、现代的和理性的取向下被长期遮蔽的一些东西,并在此基础上重新看待正式制度与非正式制度之间以及国家与社会之间的关系。他认为,未来可能是一种多种知识和多重秩序(或多元法律格局)并存局面的长期存在[①]。

以上两个不同的社会调查和研究报告及分析结论,可能都较真实地反映了当代中国乡土社会的秩序结构。南村的实践可以作为已摆脱农村化,向都市化迈入的农村社会典型,而梁治平先生所作的宏观调查和分析结论,对于尚未迈入都市化社会的农村社会来讲,可能更具有普遍性意义。"多元混合秩序"结构的存在是当代中国社会的一个现实存在。如果我们从更为广泛的意义上来理解"秩序"这一概念,这一概括就不仅仅适用于当代中国的乡土社会,也适用于当代中国的都市社会,它是对"当代中国社会"的一个宏观概括。问题在于如同笔者在前面所反复提出的,对于这样一

[①] 参见梁治平:《乡土社会中的法律与秩序》,载《乡土社会的秩序、公正与秩序》,中国政法大学出版社1997年版,第416—467页。

个现实的社会秩序结构持一种什么样的认识,在现代化的进程中我们如何建立一种更为有效的合理的社会秩序结构。中国选择以"法治秩序"作为社会秩序模式,是不是出了什么问题,这仍然是一个需要深入研究的课题。而要回答这一问题,离开对具体社会秩序形态中所包含的内容,以及解决问题的方式的价值判断和价值选择,是难以得出一个合理的结论的。

第三节　当代中国法律文化的冲突与选择

任何一个国家的历史,既是一部经济和政治的发展史,同时也是一部文化的发展历史。而作为一部文化发展的历史,它的发展变化的过程,就是一部充满着矛盾、冲突、斗争、选择的历史。旧的事物被逐渐淘汰,新的事物逐步产生、发展,随之又被更新的事物否定和代替。历史的发展就是这样一个汰旧建新、不断改革、变化、发展的过程。文化作为一个社会政治、经济、社会生活方式的概括和载体,它充分记载、反映和再现了这一不断矛盾、冲突、选择、再冲突、再选择的历史。因而,我们可以说,一部社会发展的历史,就是一部文化发展的不断冲突和不断选择的历史。

在我们对法律文化冲突的一般理论进行了一些探讨,并对当代中国的社会秩序结构进行了一些分析之后,就应该对当代中国法律文化的冲突问题作一些分析。当代中国法律文化的冲突是法律文化冲突具体形态的特殊表现。通过这种探讨和分析,为寻找解决冲突的途径及现实目标选择打下一个基础,其最终目的是促使法制现代化的实现。因为在选择一种解决方案和手段时,最重要的是对于现实状况的科学分析,它也是构成我国现实国情的组成内容。

一、当代中国法律文化现状的理论概括:二元结构

当代中国法律文化的现状,是同当代中国社会的现状紧密相连的。法律文化是社会文化的构成内容,是社会生活的组成部分。因而,法律文化的现状也就同社会生活的发展变化密切相关。

当代中国社会所进行的体制改革,给社会生活注入了生气和活力,同时,也由此引发了许多新的社会矛盾和社会冲突。这些新的社会矛盾和冲突便会直接反映到法律文化的冲突上。首先,它表现为新旧两种体制的冲突。改革的一个主要目标,是在坚持社会主义根本制度的前提下,改变那些与社会生产力发展与人民群众日益增长的物质文化需求不相适应的体制,它包括政治体制、经济体制和文化体制。改革的这一要求必然使新旧体制之间产生矛盾和冲突;其次,由于体制的变化而带来了人们观念的变化,这种变化使新观念与旧观念之间、传统文化与现代文化之间的矛盾和冲突不可避免;再此,由与改革同步进行的对外开放,各种外来文化思潮传入中国(其中有先进的文化思潮,也有腐朽落后的文化思潮),它们都会对中国的文化思想产生影响,由此也必然会发生冲突。除此之外,由于中国处于社会主义初级阶段,初级阶段的社会结构和社会现实决定了各种社会调整文化都发挥着作用,因而他们同法律文化之间在基本精神和价值上虽然有其相统一的一面,

但由于其文化特质和文化形式上的差异性,在特定的时空条件下也存在着冲突现象。因此,法律文化冲突的几种形式,在当代中国法律文化的冲突中都有不同程度的表现。

在一个社会中,社会冲突乃至法律文化的冲突,其表现形式从来都不是单一的,而是呈现一种多样化形态。社会生活是多方面的,因而所产生的社会矛盾也是多方面的。但是,在一个社会中,总是有一个主要的文化冲突形式,也就是哲学上所说的"主要矛盾"。寻找和判定这个主要矛盾是很重要的。如同医生对患者的病症确诊一样,作为被诩为"社会医生"的法律职业者(包括法学家),寻找和判定法律文化的这一主要冲突形式,进而探索解决冲突的途径和手段,关系到法律文化健康发展乃至法制现代化实现的历史使命。

在对当代中国法律文化的现状分析之后,我认为,当代中国法律文化的现状,主要表现为"法律文化二元结构"并存。以此为思考点,当代中国法律文化冲突的主要表现形式是:制度性法律文化与观念性法律文化的冲突。这一冲突贯串在法制产生、形成、运转、实现的全过程,并影响着其他形式的法律文化冲突表现。

法律文化的二元结构,是运用法律文化结构理论分析我国当代法律文化现状得出的一个概括。"二元结构"是指:在当代中国法律文化整体结构中,存在着两种不相协调,相互冲突的文化现象和构成。即,以适应现代化社会潮流的较为先进的制度性法律文化和以传统社会为根基的较为落后的观念性法律文化,这两种相互冲突的法律文化共融于当代中国法律文化的整体结构中,使得当代中国法律文化呈现出一种二重性特征。这种二重性特征就是法律文化的二元结构。

法律文化的二元结构,是对当代中国法律文化内在冲突和矛盾的一种理论概括。以此为思考点,对于揭示和展现当代中国法律文化的现实状况有所助益。

二、当代中国法律文化二元结构的现实表现

中国是一个农业文明较发达的国家。在农业文明基础上所产生的农业文化是中国文化的主要内容。中国人的文化心理、价值观念、生活方式、行为方式,直到社会组织结构和政治结构,无不打上农业文化的深刻烙印。作为一个社会中起着主要政治功能的政治文化和法律文化也是如此。自秦统一中国至清王朝的灭亡,几千年中国封建社会大一统的高度集权的政治体制以及由此而产生形成的封建的政治文化和法律文化,是旧中国社会中占据统治地位的文化。

1949年,中国共产党领导的新民主主义革命取得胜利。革命的成功打破了中国封建社会延续下来的封建政治体制和法律体制以及占统治地位的封建政治文化和法律文化格局,代之以新的社会政治体制,也使中国文化朝着新生的社会主义文化转变。但是,由于文化本身所具有的特殊的滞后性和相对稳定性,旧的文化因素并不能也不会伴随着革命的成功而自然消失。革命可以在短时间内打碎旧的国家机器、政权结构和法律制度,但革命不可能在短时间内消灭旧的政治文化和法律文化(观念性的)。一位青年学者撰文指出:"法律制度、法律规范及法律操作,能够在短时间内彻底

更新,而凝聚着长期历史积淀的法律心态、法律认同、法律行为却不会轻易改变。"① 法国比较法学家勒内·达维德也讲过这样一个观点:"立法者可以大笔一挥,取消某种制度,但不可能在短时间内改变人们千百年来形成的,同宗教信仰相连的习惯和看法。"② 这就给革命后新生的政权和当代中国人留下一个非常艰巨的任务:新文化建设的任务。

我们从以下几个方面,对当代中国法律文化二元结构的现实表现作一些分析:

1. 制度性法律文化的现代特征

如果我们比较客观地研究一下我国现行的法律规范和法律制度,我们不能不承认,在新中国成立后的近50年中,虽然几经曲折,几经磨难,但我国还是建立起了一个以宪法为核心的、具有现代形态的法律制度体系,把这个法律制度体系同其他类型的法律制度体系加以比较,它是一种较为先进的、和现代社会结构基本适应的法律制度体系。譬如:我国建立了现代的宪法制度,审判制度,诉讼制度,辩护制度,陪审制度,检察制度,时效制度,申诉制度,破产制度等等,我国的法律规定了法律面前人人平等原则,罪刑法定原则,罪刑相适应原则,上诉不加刑原则,法不溯及既往原则,民事权利主体平等原则,企业经营独立自主原则等等,这些法律制度和法律原则,构成了当代中国法制的基本框架,为当代中国现代化社会结构所需要的制度性法律文化环

---

① 蒋迅:《中国法律文化的现代化》,《法学》1987年第7期,第14页。
② [法]勒内·达维德著:《当代主要法律体系》,漆竹生译,上海译文出版社1984年版,第467页。

境创设了基本的制度条件,并且在当代中国现实社会中起着不可估量的重要作用。

但是,如果我们以此为依据,就断言当代中国法律文化已现代化了,那就会陷入认识上和判断上的误区。这种由法律规范、法律条文规定的法律制度毕竟只是一种字面上的东西,它只代表了一个社会法律文化结构的一个方面。法律规范、法律条文、法律制度能否在社会中得到贯彻和实施,变为一种现实的社会关系,还需要一系列政治的、经济的、文化的条件,尤其是观念性法律文化的配合。武汉大学教授、《当代主要法律体系》一书的中文译者漆竹生先生认为:"法的实施方式甚至法的职能都决定于与法律制度密切相联系的、一定的社会秩序观念。"[①] 法律条文并不等于社会现实。对中国法有深刻造诣的法学家瞿同祖先生在40年代末就揭示了这一点。他说:"研究法律自离不开条文的分析,这是研究的根据。但仅仅研究条文是不够的,我们也应该注意法律的实效问题。条文的规定是一回事,法律的实施又是一回事。某一法律不一定能执行,成为具文。社会现实与法律条文之间,往往存在着一定的差距。如果只注重条文,而不注意实施情况,只能说是条文的、形式的、表面的研究,而不是活动的、功能的研究。我们应该知道法律在社会上的实施情况,是否有效,推行的程度如何,对人民的生活有什么影响等等。"[②]

如果客观地分析一下我国社会法律实践的现状,我认为,我国的法律体系在社会实践过程中发挥其功能和作用方面远非达到了

[①] 漆竹生:"译者的话",载《当代主要法律体系》,上海译文出版社1984年版,第2页。

[②] 瞿同祖著:《中国法律与中国社会》,中华书局1981年版,"导论",第2页。

立法者对其法律制度和法律原则所期望的理想化状况和目标。原因何在？自然，我们可以找出很多社会的、政治的、经济的原因来说明。但我认为，在发达的中国农业文明环境中长期形成和积淀下来的传统的观念性法律文化是阻滞制度性法律文化发挥其应有功能和作用的最为重要的原因之一。有位青年学者经过研究得出这样一个结论："中国固然制定了不少的法律，但人们实际上的价值观念与现行法律是有差距的。而且，情况往往是，制度是现代化的或近于现代化的，意识则是传统的或更近于传统的。"① 一个较为现代的制度性法律文化缺少与之相协调的观念性法律文化的配合，使其法律制度常常不能得到正常运转。因而，在社会的法律实践中，法律制度很难发挥作用并可能会丧失其应有功能和预期目的。

2. 观念性法律文化的现实表现

当代中国观念性法律文化的表现状况如何？观念性法律文化又是如何影响着制度性法律文化发挥其功能和作用？等等，要回答这些问题，应该从事大量的社会调查，以取得第一手的实证材料，才能说清楚。近几年，围绕中国公民法律观念的现状，一些学者在一定范围内进行了一些专题性的调查，取得了一些调查数据。比如：关于农民法律意识的调查（如郑永流等《农民法律意识与农村法律发展》），关于行政诉讼法实施情况的调查（如龚祥瑞主编的《法治的理想与现实》），关于公民权利问题的调查（如夏勇主编的《走向权利的时代》），关于当代中国村落家族问题的调查（如王沪

---

① 梁治平等著：《新波斯人信札》，贵州人民出版社1988年版，第101页。

宁著的《当代中国村落家族文化》），关于中国政治文化的调查（如闵琦著的《中国政治文化》）等等。以上调查研究报告对于我们认识当代中国的法律意识现状，提供了不可多得的珍贵的资料。此外，中外许多学者也从理论上进行了一些讨论，发表了他们的见解。

法国比较法学家勒内·达维德在分析中国法律传统时讲道："中国人民一般是在不用法的情况下生活的。他们对于法律制订些什么规定不感兴趣，也不愿站到法官面前去。他们处理与别人的关系以是否合乎情理为准则。他们不要求什么权利，要的只是和睦相处与和谐。"①"中国人尊重的传统是，解决争端首先必须考虑'情'，其次是'礼'，然后是'理'，只有最后才诉诸'法'。"②中国人"在处理交往关系中，最应该研究的是和解精神与协调一致。判刑、惩罚和多数裁决的办法都应尽可能避免。争端应该加以'消除'，而不是判决和仲裁。"③"中国人很不相信法学家。在任何情况下，解决争端的办法应不受法律框框的局限，而要符合公正和人情的原则。"④"直至本世纪为止，儒家思想一直占支配地位而法并未引起中国人的关注，他们通过其他途径寻求实现公正的办法。法律只起补充的作用，为以礼为基础的社会服务"⑤。"传统的观念在中国继续存在，除了某些限制以外，继续主宰着中国社会的实际生活。法典与法律在中国只有在符合人民的公正和礼的观念的情况下才被援用，当他们与传统发生抵触时就不起作用。中国人不愿打官司，那是因为他们或者对自己的权利不了解，或者不愿遭

---

① ② ③ ④ ⑤ 均见［法］勒内·达维德著：《当代主要法律体系》，漆竹生译，上海译文出版社1984年版，第487、486、495、489、491页。

到社会舆论的谴责。在很多案件中,中国法官甚至会继续按照儒家的准则而不是实施成文的法规条例。在中国,法治原则遭受蔑视"①。

勒内·达维德对中国法的上述分析是建立在中国"文化大革命"中所流行的一些错误观点之上,有些结论难免失之偏颇,没有客观地反映出新中国法制的进展情况。但他对中国法律传统,尤其是对中国法观念传统的总体把握仍是比较切合中国的实际的,对分析现时代中国法律文化观念仍具有参考意义。

美国比较法学家亨利·埃尔曼在其《比较法律文化》一书中比较各个不同法律文化类型时讲:"在儒家思想的影响占统治地位的国家,像传统的中国和日本,社会秩序的基础是礼而不是法。这些社会中,既不把立法活动,也不把司法程序,作为维护和恢复和谐的正常手段。"②

邓小平同志说:"旧中国留给我们的,封建专制传统比较多,民主法制传统很少。"③ "我们这个国家有几千年封建社会的历史,缺乏社会主义的民主和社会主义的法制。"④

中国著名学者王亚南先生在分析中国官僚政治的表象时讲道:在中国,一般的社会秩序,不是靠法来维持,而是靠宗法、靠纲常、靠下层对上层的绝对服从来维持。于是"人治"与"礼治"便被宣扬来代替"法治"⑤。

---

① [法]勒内·达维德著:《当代主要法律体系》,漆竹生译,上海译文出版社 1984 年版,第 491 页。
② [美]Henry W. Ehrmann: Comparative Legal Cultures, Prentice – Hall, Inc, Englewood Cliffs, New Jersey, 1976, p.18.
③ ④ 邓小平:《邓小平文选》第二卷,人民出版社 1994 年版,第 332、348 页。
⑤ 王亚南著:《中国官僚政治研究》,中国社会科学出版社 1981 年版,第 48 页。

武树臣先生撰文指出：中国传统法律意识的最大特征就是"礼"。"礼"是社会差异性的理论术语，是人们政治等级（君臣上下贵贱）和生理等级（亲疏长幼男女）的集合体，几千年来，"礼"支配着法律实践活动的内容和形式，它不仅被法典化、制度化，使古代法律制度的每一个关节都散发着公开的等级不平等的气息，而且还支配着人们的思维形式。武先生还对中国传统法律意识的构成进行了描述：(1)泛神主义的等差意识；(2)"亲亲"的宗法意识；(3)"尊尊"的权力意识；(4)静止的私有权意识；(5)轻法贱讼意识；(6)"混合法"意识[①]。

上述学者的分析说明，中外学者间有一个共识：儒家法律文化观念（或叫"礼治文化观念"）是渗透于中国古代以至近现代法律文化观念的重要文化基因和内容，也影响和渗透到当代中国人的法律文化观念之中，并发挥着它的作用。

3．法律文化整体结构的内部冲突

在研究当代中国法律文化的现状时，有的学者认为，当代中国法律文化的冲突是两种不同类型的法律文化整体的冲突，简称为"文化整体冲突论"，即：传统法律文化与现代法律文化的冲突，或"人治文化"与"法治文化"的冲突。如果我们客观地对当代中国法律文化的现状作以分析和判断，当代中国法律文化的冲突并不主要表现为两种不同类型的整体性法律文化的冲突，而是一种法律文化内部结构的冲突。即：制度性法律文化与观念性法律文化的冲突，简称为"文化结构冲突论"。"文化整体冲突论"忽略了新中

[①] 武树臣：《中国传统法律意识探索》，《自修大学》1987年第5期，第34—37页。

国成立以来尤其是改革开放以来中国现代法律制度体系初具雏型这个客观事实,混淆了现时代中国制度性法律文化和观念性法律文化的较大差异,使中国法制现代化缺乏一个明晰的目标选择和现代化进程中需要解决的主要问题的准确判断。

　　法律文化二元结构的冲突现象,在当代中国社会的法律现实中比较普遍。比如,我国建立了以人民代表大会为国家最高权力机关的现代代议制度,但要真正实现这种最高权力机构的最高权威尚需做出艰苦的努力;我国建立了一套现代诉讼制度,法律也规定了一系列公民的诉讼权利,但由于中国传统法观念中的无讼观念、忌讼心理的影响,使得这种诉讼制度不能很好实现,许多公民对其合法权利不会或不愿享用,打官司上法庭对许多中国人来讲依然被认为是一件丢面子的事情。费孝通先生40年代在分析当时的诉讼状况时也指出:"中国正处于从乡土社会蜕变的过程中,原有对诉讼的观念还是很坚固的存留在广大的民间,也因之使现代的司法不能彻底推行。"① 我国建立了现代的财产继承制度,但由于中国传统的男尊女卑观念的影响,大多数女子的合法继承权不能得到兑现;我国规定了法律面前人人平等的现代法治原则,但由于中国几千年封建等级法观念、身份观念、上尊下卑观念的影响,使一些案件的判决失却社会公平效应,一些案件的处理不是以事实为根据,以法律为准绳,而以当事人的身份、职务、地位以及社会背景为依据,该重判的却轻判或不判,该轻判的则重判;我国的法律规定了民事权利主体平等原则,但由于传统的等级观念、隶属服从心理,使民事权利主体在经济活动中不能处于平等地位;我国

---

① 费孝通著:《乡土中国》,三联书店1985年版,第58页。

的法律规定了婚姻自由制度,但包办婚姻、买卖婚姻却仍然存在于中国社会的穷山僻壤;原始的血亲复仇、同态复仇的习惯和风俗从我国的法律制度中已经绝迹,但它在一些落后的农村仍然成为一种解决纷争的方式,村落间的群斗、聚斗现象时有发生和披露,等等。

从以上的分析,我们可以更深刻地理解"法律意识(或法律观念)是法律现实的组成部分"的深刻含义。制度性法律文化体现了一个社会的立法者希望实现和达到的社会秩序状态和理想目标,但这种状态和目标却常常会由于该社会的经济、政治条件和社会成员文化心理观念上的不相协调使其难以实现。因此,法律文化的冲突实际上也是一种法律理想与法律现实的冲突。这种制度上的理想要求和观念上的滞后状态成为影响法律制度得以贯彻、实施、变为社会现实的严重障碍。

分析现实是为了探求未来,提出问题是为了解决问题。"文化结构冲突论"揭示了当代中国法律文化的内在矛盾与冲突,指出了中国法制现代化中制度建设与观念变革之间的差异和不相协调,进而为探讨中国法制现代化的道路提供了一个可供分析的理论根据。

以上对当代中国法律文化二元结构的判断,是就其总体价值趋向而言。"现代的制度性法律文化"并不意味着中国的法律制度已现代化了,尽善尽美了,不需要再加以创建、革新、变化了,恰恰相反,法制改革的任务还相当艰巨。"传统的观念性法律文化"也并不意味着全体社会成员的法律文化观念全是落后的、陈旧的、保守的,而是就中国公民法律价值观念的基本倾向而言,它不适应发展变化较为迅捷的社会生活和法律制度及社会实践的需要,并不否定中国社会主义新文化对法律文化观念的影响作用以及改革开放以来中国公民在法律文化观念上所发生的巨大变化，也不否认在我国，还存在着改革所带来的一些先进法律观念与那些过时的法律制度之间的冲突现象。

三、当代中国法律文化的出路与选择

文化冲突理论认为，文化冲突是文化发展的重要动力。文化冲突实际上是文化竞争和文化比较发展的过程。没有竞争，没有比较，文化就不能发展自己的个性，也就不能获得巨大成就而具有普遍意义。文化冲突理论还认为，文化冲突的结果必然是走向文化整合。而文化整合，是指不同的文化相互吸收、融化、调合而趋于一体化的过程。文化整合实际上是不同文化的重新组合。原来渊源不同、性质不同以及目标取向、价值取向不同的文化，经过相互接近，彼此协调，它们的内容与形式，性质与功能以及价值取向、目标取向等也就不断修正，发生变化。特别是为共同适应社会的需要，相互间渐渐融合，组成新的文化体系。文化整合实质上是文化选择的一个过程。

当代中国法律文化也面临着一个重新选择的过程。这种选择是由中国现代化建设和改革开放所要求和决定的。现代化建设和改革开放使社会结构及人们的观念发生着巨大的变化。如何适应这些变化，是中国法律文化面临的一个比较现实的问题。

1. 中国走向法治的困惑

中国现代化对法治的要求是迫切的。法治不仅仅是中国现代化得以顺利进行、目标得以实现的唯一手段,而且法治本身就是中国现代化所不可缺少的组成部分,是中国现代化建设的自身内容和自我要求。不能想象,一个没有法治的国家会是一个现代化的国家。这是中国领导人、理论界、法学界对法制建设走过几十年曲折道路经历反思之后所取得的一个重大突破性成果。

法治在中国现代化建设中的重要地位和作用虽然已渐被人们所认识,但是,实现真正的法治,并非是一蹴而就的事业。观近20年来的中国法制建设,国家确实做了大量工作。1982年颁布了新宪法,相继又创制了一大批与社会政治、经济、文化生活有重大关系的部门法群,如宪法法群,刑法法群,民法法群,经济法法群,涉外法法群,科技文化法法群等,初步形成了一个以宪法为核心的社会主义法律体系。据全国人大常委会法制工作委员会副主任乔晓阳在九届全国人大一次会议期间召开的记者招待会上介绍的情况:在1978年党的十一届三中全会之后的近20年间,全国人大一共制定了328件法律和有关法律的决定,其中第五届全国人大及其常委会制定了60件、第六届制定了63件、第七届制定了87件、第八届制定了188件。在八届任内,国务院制定了700多部行政法规;各省、自治区、直辖市人大及其常委会制定或批准了5000多件地方性法规[①]。这些法律的创制和颁布,对改变中国原有的社会政治组织结构,调整范围广泛的各种社会关系,起到了不可估量的巨大作用,为中国现代化奠定了一个法律制度文化环境。法律组织机构也得到了恢复和发展健全(当然,像我们一再所强调的那样,制度文化建设的任务还相当

---

① 见《人民日报》1998年3月14日第4版毛磊报道。

艰巨，远远没有达到预期的理想目标，同社会的适应性还有较大的差距）。

但是，如果我们从法律文化的结构来分析，上述都表现为法律文化表层结构的变化和发展。近20年来中国公民在法律文化的深层结构上，在观念性法律文化的变化发展上虽有较大变化，但同法律制度的建设相比，还存在着较大差距，两者形成一个落差。尽管我国开展了全国性的普法教育活动，但就中国公民最基本的法律认同和法律价值观来讲，仍然滞后于法律制度的变化和发展。法律还没有成为调整社会生活和社会关系的调节器，法律的效力、权威、尊严还没有在政治结构和权力运行过程以及社会的日常生活中树立起来。一些非法律的调整文化，如政策、道德风俗、习惯甚至远古遗风常常不时地替代和行使着法律的功能，一个为现代化建设所需要的法律秩序还未真正建立起来。产生以上现象的原因，除了政治经济环境制约以外，主要是观念性法律文化的阻滞。法律文化二元结构的存在，法律文化结构内部的互相冲突，是影响中国走向法治的最大障碍。

对一个农业文明发达的国家来讲，传统文化中的惰性因素，它的巨大影响力和渗透力是不可低估的。在研究中国文化的发展时，我们必须清醒地认识到这一点。中国有部电视纪实片《狂潮》，其中所反映的某市山区少数民族在瓦房里面盖茅屋的情景，虽然也可能表现了一种民族的传统生活方式，但也说明了一种文化传统对生活方式和行为习惯以及抵制现代文明的巨大影响力和渗透力。一个社会的文化结构，我们可以花气力去改变它的文化物质外壳，但要改变它的深层文化内核，是一项极为艰巨的工作。

2．当代中国法律文化的出路与选择

美国一位学者对"现代化"这一世界性思潮和进程进行研究之后指出："那些完善的现代制度以及伴随而来的指导大纲,管理守则,本身是一些空的躯壳。如果一个国家的人民缺乏一种能赋予这些制度以真实生命力的广泛的现代心理基础,如果执行和运用着这些现代制度的人,自身还没有从心理、思想、态度和行为方式上都经历一个向现代化的转变,失败和畸型发展的悲剧结局是不可避免的。再完美的现代制度和管理方式,再先进的技术工艺,也会在一群传统人的手中变成废纸一堆。"[①] "那些先进的制度要获得成功,取得预期的效果,必须依赖使用它们的人的现代人格、现代品质。无论哪个国家,只有它的人民从心理、态度和行为上,都能与各种现代形式的经济发展同步前进,相互配合,这个国家的现代化才能真正得以实现。"[②]

美国法学家博登海默也认为："为了使行为规则能够有效地起作用,行为规则的执行就需要在这些规则得以有效的社会中得到一定程度的合作与支持。"他还引用了另一位学者的话说："与一个社会的道义上的观念或实际要求相抵触的法律,很可能会由于消极抵制以及在经常进行监督和约束方面所产生的困难而丧失其效力。"[③]

上述学者的论述,都旨在说明了一种制度与该制度发挥作用

[①][②] [美]英格尔斯:《人的现代化》,殷陆君编译,四川人民出版社 1985 年版,第 4、5 页。

[③] [美]E.博登海默著:《法理学——法哲学及其方法》,邓正来等译,华夏出版社 1987 年版,第 373 页。

的人民的观念之间,必须有一种相互一致、相互配合和相互支持的关系。否则,这种制度很可能在社会生活中得不到较好的实现,至少是给制度的实现带来阻碍。

当代中国法律文化的现状有如前述,在法律制度上我们已步入现代形态或近于现代形态,但整个国民的法律文化观念却停留在传统之中,跟不上变化了的制度。传统的文化积淀依然深刻地存在于国民心理之中,影响着人们的行为,进而影响着已经颁布的法律制度的实现。许多法律在生效后并没有得到较好的实施。这是中国走向法治的最大困惑。

法律文化作为社会文化的一种形态,它本身就是一个不可分割的整体和系统。要发挥这样一个整体(系统)文化的社会功能和政治功能,其文化结构内部的相互协调是十分重要的。在此,结构主义的一些理论给我们一些启示。结构主义学者皮亚杰认为:"一个结构,必须具备三个要素:整体性、具有转换规律或法则、自身调整性。"[1]一个文化结构,其内部结构必须维护整体性原则,并根据结构间的互相变化情况来不断进行自我调整,以适应新情况。

如果我们承认二元结构是当代中国法律文化的一个现实,二元结构的存在是中国走向法治的最大障碍,那么,要实现中国法制现代化,其出路就应是:打破二元文化结构,寻求法律文化结构的内部协调,实现文化整合;中国法制建设的战略选择就应是:在不断完善以法律制度为核心的制度性法律文化的同时,应高度重视

---

[1] [瑞士]皮亚杰著:《结构主义》,倪连生等译,商务印书馆1986年版,"译者的话",第2页。

公民的法律文化心理和法律价值观的培养和教育,使其由传统形态向现代形态转变,使观念性法律文化与制度性法律文化相协调,实现文化整合。只有在高度文化整合的前提下,法律文化的功能才能发挥较大的效益,字面上的东西才能变为现实的东西,才能加快中国法制现代化的步伐,为实现法治创造条件。

第七章 法律文化的现代化

法律文化的现代化问题,是法律文化基本理论研究的一个重要问题。法律文化现代化,既是文化现代化的一个重要内容,也是社会现代化的组成部分。在当代中国,它更是构成中国现代化运动的一个不可缺少的内在机制和组成部分。中国法律文化现代化,是实现中国法制现代化的重要条件和保证;而中国法制现代化,又成为实现中国社会现代化的重要内容和保障机制。因此,研究法律文化现代化问题,不论在理论上和实践上,都有其重要的价值。

第一节 法律文化现代化之特质

法律文化现代化这一命题,首先是建立在对"现代化"的理解和认识基础上的。现代化,从其实质意义上讲,是指的一种社会发展进程。更进一步地讲,是指社会不断发展、变化和进步的一个过程。从这一意义上认识,现代化是人类社会历史永无止境的过程。但是,在一个相对固定的历史阶段和时期,现代化又具有某些相对确定的价值内涵和指数。这些相对确定的价值内涵和指数便成为现代化的标志或标准,成为社会为之奋斗的目标。因此,现代化具有动态与静态两重特性。

现代化意味着一种变化,一种发展。因此,在国际社会,现代化常常与"发展"概念通用。西方有些学者认为,"现代化"这一概念最初是由技术进步和发展概念演化而来,后来渐渐扩及到社会的其他领域[①]。法律文化现代化,也就含有法律文化的发展与进步的价值内涵。这种发展与进步,是同社会的发展和进步相伴随、相同步的。这当然是法律文化发展与进步的一般状态,或理想状态。有时,正如我们在前面所分析的那样,法律文化的发展与进步有时可能滞后于社会的进步和发展,这是由文化的"滞后性"或文化的"惰性"所决定的。但是,从人类历史发展的总规律看,法律文化总是经历着一个由低级到高级,由愚昧到文明,由低文化状态到高文化状态的发展过程,这是历史发展和法律文化发展的总趋势。

以下,我将从静态和动态两个方面,来探讨一下法律文化现代化的特质。

一、法律文化现代化的静态分析

法律文化,作为一种独特的丰富体系和整体内容结构的社会文化,有着自身区别于其他社会文化类型的内容体系和特性。在我们分析它的现代化特质时,可以将它静态化,以探求它的现代化特征。从静态意义上,法律文化的现代化,意味着法律文化整体结构、体系、内容的现代化。根据我对法律文化的理解,法律文化现代化就应该包括如下内容:法律制度的现代化,法律规范的现代

---

① 参见[美]费正清等主编:《剑桥中华人民共和国史(1949—1965)》,中译本,上海人民出版社1991年版,第25页。

化,法律组织机构的现代化,法律设施的现代化,这是法律文化表层结构的现代化内容。从法律文化深层结构来讲,它还包括法律心理的现代化,法律意识、法律价值观念的现代化,和法律思想体系的现代化。以上内容,涵盖了法律文化现代化的目标指向。实质上也是法律文化现代化的内在要求。

法律制度的现代化,意味着一个社会法律制度能够适应现代化社会的社会需求,能够对现代社会的各种纷繁复杂的现实社会关系给予法律调整,使其呈现一种有序状态。它既包含法律对社会生活调整的广泛性和深入性,同时也包含了法律对社会生活调整的有效性和有用性;它不但能够对一个国家社会内部的政治、经济、文化生活给予指导,也要在国际间的经济、政治、文化交往方面发挥作用。法律制度的现代化,还意味着法律制度本身的体系化、配套化、完善化、完整化。法律制度体系必须是相互统一的、合理的、有层次的、互相适应、互不矛盾。从内容上讲,法律制度现代化,还意味着它是现代文明的所有成果和因素的集中表现,剔除了人类法律史上那些野蛮、愚昧、落后的旧制度残余。更重要的,法律制度的现代化,意味着它是代表人类历史前进趋势的现代社会先进阶级的意志和愿望的体现和表现。法律制度现代化是法律文化现代化的核心内容和主要标志。

法律规范的现代化,是指法律规范作为法律的主要表现形式,它必须集中体现现代人类社会文化发展的最新和最高成果。不论在形式上或内容上,都应力求反映具有时代进步特征和现代特征的所有要求。必须使法律规范建立在明确化、周密化、严谨化的基础上,使法律规范呈现一个门类齐全、结构严密、层次分明、前后照应、互相连贯、和谐一致的严密体系;此外,法律规范也应力求适应现代化大生产的需求,使现代化建设进程中的重大政治、经济、文化生活领域能够得到法律的调整和指导,使其规范化、制度化、有序化,使其有法可依,有章可循,避免主观随意性和盲目性。法律的一个重要功能就是对现实社会生活进行指导,而法律规范恰好是行使法律这一功能的重要形式和手段。

法律组织机构的现代化,是指法律组织机构按照现代化社会分工的要求,能够充分行使法律创制、法律操作和法律实施的职能,它是法律能够得以运转和执行的重要保证,是法律制度和法律规范能够在社会生活中得到实现,字面上的法律能够变为现实的社会关系的重要保证。它包括组织机构的精细化、专门化;履行法律职能的有效化,工作程序的规范化、制度化;与此相关连,它还意味着法律组织机构的主体——法律职业者素质的现代化。一大批经过专门法律教育和职业训练,具有现代文化知识和修养的职业法律工作者活跃于法律组织机构之中,是法律组织机构现代化的重要条件。

法律设施的现代化,是指从法律文化的物质条件方面,能够将最先进的科学技术成果和设施,运用于法律创制、法律执行等法律运转的实践活动之中。现代化科学技术成果和设施在法律活动中的运用,对于完善法律创制的机制,提高立法的质量,提高法律操作水平,提高法律运转的质量和效率,都会带来很大帮助。

法律心理现代化,是指在一个社会中,法律能够得到大多数社会成员的基本认同,成为公民心理文化的重要构成内容,强化法律在公民心理中的地位,使那些与法律相悖的心理因素逐渐趋于弱化,形成社会公民对法律的信任心理、依赖心理和崇敬心理,逐渐消除公民心理文化中的耻法、畏法、厌法、远法等心理成分,使公民有一个健康的法律文化心理积淀。

法律意识、法律价值观念的现代化,是指在一个社会的公职人员和公民意识中,应该确立以现代法制为内容的法律意识和观念,培养出尊重法律、遵守法律、执行法律、运用法律、有法必依、执法必严的良好意识,逐渐剔除与现代法制不相吻合的旧的法律意识和法律价值观。树立法律是重要的,是现代社会生活不可缺少的政治意识和法律价值观。将法律视作社会生活的重要内容,视作是促进社会进步与发展的不可缺少的社会文化机制,形成依法办事的良好社会习惯和工作习惯,确立法律在现代社会生活中应有的重要地位。法律意识的现代化还意味着法律得到全社会性的普及。

法律思想体系的现代化,是指那些领社会之先的法学家、思想家,应当在对人类历史及现代社会的深刻总结反思及解剖分析的基础上,提出能够对当今社会进步和发展起推动作用的法律思想、主张和观点,使之逐渐获得社会认同,并通过不断的实践,使之上升为立法,进入法律调整领域,对社会生活给予科学地指导,为社会进步服务。法律思想体系的现代化,还意味着法学家们应该探索人类社会发展的规律性,总结出一套科学的、系统的、完整的法律学说,使法学真正成为建立在科学基础上的社会科学,成为指导法律实践乃至社会生活的理论体系,为社会实践服务。

以上是从法律文化现代化的静态意义上,对法律文化结构诸要素的现代化特质、目标及要求的一个概要的描述。要实现这些要求,是非常艰巨的任务。相对来讲,法律文化表层结构的现代化伴随着社会的发展及法制的发展,可能会逐步实现,而法律文化深层结构的现代化,则需要经历一个相当艰巨和漫长的时期,它是同整个社会文化的发展状况及现代化程度相照应的。

二、法律文化现代化的动态分析

静态意义上的法律文化现代化,是将法律文化看作一个具有相对固定内容和结构的社会文化,这种社会文化具有相对特定的价值内涵和实体内容,它的现代化便意味着这些特定价值内涵和实体内容的现代化,即具有一些相对确定的现代化指数或标准。法律文化的现代化便意味着对这些特定的现代化指数和标准的追求,法制建设的重要任务之一便是围绕这些现代化指数和标准而展开自身的全部工作。

同时,如我们前面所指出的,现代化具有静态和动态二重属性。现代化意味着社会政治、经济、乃至文化的一种更新,一种进步,一种发展。法律文化的现代化,自然地也包含了它自身的不断更新、进步与发展。而要实现这一过程,就需要从法律文化动态的角度,来分析和探究其现代化过程中应具备的一些基本要素,以完成法律文化现代化的进程。

首先,法律文化现代化的一个最基本的要求,是在整个社会公共生活中严格贯彻法治原则。法治原则,有其广泛的社会政治含义,比如,法治与民主相联系,现代社会的法治是民主政治的产物;法治与宪政相联系,没有宪政就没有法治;法治与人治、专横专制相对立;等等。但西方学者在解释法治原则时,认为"法治"最原初的、最基本的含义就是实现"法律的统治"。当然,这种形式主义的解释并没有涉及法治作为一种独立的文化价值体系的内容。由"法治——法律的统治"这种形式主义的解释引申出法治的两层含义:(1)法治意味着公民应当服从法律,接受法律的统治;(2)法治也意味着政府也必须由法律来统治,即政府的全部行为必须有法律依据,必须有法律授权,无法律授权的行为不得视为政府行为,这种行为无法律效力,且常常是违法的[①]。

按照我们的理解,在整个社会生活中严格贯彻法治原则,其最基本的精神就是用法律和制度来治理国家,管理国家。从法治本身的含义看,首先是指以法律和制度来组织、管理、协调国家的一切事务,即国家治理步入法律和制度轨道;其次,法治还意味着用以宪法为核心的国家最高规范和与此相配套的法律和制度体系治理国家而呈现的一种有效的和有序的社会秩序状态。实现法治,即意味着实现了这种状态。我国在法制建设中提出的"十六字方针",即:有法可依,有法必依,执法必严,违法必究,这四者的完整结合,既是"法制"的理论概括,也构成了形式法治的最基本内容。

因此,要实现形式法治,就必须具备以下条件:(1)必须有以宪法为核心的较为完备、协调配套的法律制度体系,使国家治理有法可依;(2)法律一旦颁布并生效,就具有不容置疑的法律效力和权威性,国家的一切活动(包括政府行为和公民个人行为)必须依法办事;(3)执法机关在执行法律过程中,必须严格执法,对于违反法律的现象和行为,必须依法追究;(4)国家机关工作人员和普通公民都必须自觉遵守法律,将法律作为其行为规范和守则,并运用法律来行使正当的合法的权力和维护自身的合法权益。上述四点是实现形式法治的最基本条件,也是国家实现形式法治的主要标志。

其次,法律文化现代化还意味着在社会生活中确立一系列与

---

① [英]约瑟夫·拉兹:《论法治原则》,《法学译丛》1990年第5期,第7页。

现代法制和法治原则相吻合的现代法律价值观和行为方式。比如,法律至上的观念和地位,法制统一的法制状况,法律独立的特定地位,法律制度的严格实施,法律规范的严格遵守等等,所有这些,实际上是法治原则在整个社会生活中的全部展开。

法律至上,是法治原则的最重要体现。法律至上既是一种观念,同时,也标志着法律在法治国家和社会生活中的最高地位。实行法律至上原则,意味着在法治国家中,法律具有高于一切的决定性作用。既然法律是人民意志和利益的体现和反映,那么,法律至上,也就意味着人民的意志和利益至上。实行法律至上原则,实质上为一切国家的职能工作确定了严格的法律界限,并确保尊重广大人民的尊严和维护公民的不可分割的权利。

苏联学者斯·弗·鲍鲍托夫、德·伊·瓦西里耶夫指出:"法律至上意味着以人民名义通过的并表现人民主权意志的宪法和相关法律,对于国内一切现行规范性文件说来,居于优先地位。因此,一切从属于法律的文件,包括主管机关的决议、指示和命令,都必须接受宪法的监督。也就是说,对它们都可以提出抗议和控告,然后依据相应的审判程序,或者予以确认,或者以违反法律为由加以废止。"[①]他们还指出,法律至上原则产生出国内颁行规范性文件的位阶规程,从政府的指令,各部门和主管机关的命令和指示,直至地方权力机关的决议。

法制统一原则,也是法治原则的基本要求。这一原则首先要求一个国家法律制度、法律规范的统一。以宪法制度和规范为核

---

① [苏]斯·弗·鲍鲍托夫等:《法国模式的法治国家》,《法学译丛》1991年第1期,第3页。

心,所有的法律制度和法律规范都应以此为基准。各种部门法律和地方法律,都要服从于宪法,统一于宪法,不得与宪法相冲突,相抵触。法律制度之间,法律规范之间,也应相互统一,相互照应,不能前后矛盾,相互冲突。其次,法律统一还意味着法律制度、规范体系与法律观念体系的统一。高度现代化的法律文化,意味着整个法律文化结构的高度整合。那种处于发展中社会的法律文化二元结构状况,要伴随着现代化的进程逐步得到消除,经过文化整合,逐步转化为相互统一,相互协调的整合型文化结构,否则,法律文化二元结构的长期存在,对法律秩序会带来较大的冲击和影响,进而也影响着法律文化的现代化发展程度。此外,法律统一原则体现在法制方面,还包括司法统一和行政执法统一,这就要求反对司法上的地方割据和所谓的"地方保护主义",维护法律统一原则在实际生活的贯彻执行。

法律独立原则,也是法治原则的一个基本体现。其中最重要的是司法独立。代表人民意志的法律在创制之后,要使它在社会生活中得到实现,就需要有一系列法律保障机制,司法独立是一个重要环节。要实现司法独立,首先要从制度上确保司法机关和其他法律执行机关独立的依法履行自己的职权,不受任何外来因素的干扰和影响。司法机关对法律负责,也就是对人民负责。其次,司法机关要严格执行法律程序,依法办事,严格贯彻以事实为依据、以法律为准绳的法制原则,与此相关,就要形成一支经过严格职业培训和教育的,具有较高法律素养和职业道德的法律职业队伍,提高司法水平。

法律制度的严格实施,意味着要在社会生活中确立法律制度的权威地位和权威意识。要将法律制度看作是社会进入有序状态的基本保证。社会政治生活的民主化,经济生活的秩序化,精神文明建设的健康化以及文化生活的丰富和繁荣,都要以法律的制度化、规范化作前提。制度一经确立,就应严格实施,发挥其应有的社会政治功能。

法律规范的严格遵守,是实现法治的重要保证。一般地讲,法律规范,是在总结人类实践经验的基础上,对现实社会生活进行科学分析之后,将解决同类性质问题的具体方法进行抽象而形成的共同行为准则,它在特定历史时期具有一定的科学性。这是人类文明的结晶和体现。因此,法律规范一经制定并生效,就应严格遵守,将其作为社会生活和个人行为的规范和准则。法律秩序的内容之一,就是对法律规范的严格遵守,它也是法律权威性的体现和标志之一。

一位学者还将"法律干预"和"法律参预"也视作法律文化现代化的两个基本指标。法律干预是指法律全面进入现代社会,控制所有国家活动,调整一切重要的人际关系以及人与自然的关系,渗透大部分公共生活和公民私人生活领域,几乎没有什么关键的社会生活不受法律调控;法律参预则指公民参预法律生活的能动性或主动性。内容有:法律在多大程度上提供公民广泛参加立法、司法过程的可能性,公民利用这种可能性的热情与积极性程度怎样;公民对法律价值取何种态度;公民是否重视法律信息,并渴望接受某种法律启蒙等等[①]。

除了上述要求之外,我们还可以从法律文化活动的角度,列出一些现代化的指标或要求,比如:法律传播的科学化、普及化,法律

---

① 蒋迅:《中国法律文化现代化》,《法学》1987年第7期,第13页。

教育的深入化、专门化,法律操作的公平化、公正化等等。总之,一切与现代化社会相适应的,符合现代法治精义的价值标准和法律行为方式都应属法律文化现代化的内容。

第二节 法律文化现代化的实现途径

法律文化现代化的历史过程,实际上是法律文化由传统形态向现代形态转变的过程,是法律文化整体结构发生变化、更新的历史过程。一种法律文化,由传统形态转变为现代形态,其间经历着许多曲折复杂的历史矛盾和冲突,也经历着一个持续不断的文化选择与整合,进步与发展的过程。因此,法律文化的矛盾与冲突,选择与整合,进步与发展等构成法律文化发生历史性变迁的主要内容,也贯穿于法律文化现代化历史性变化的全过程。而所有这些变化,又是与整个社会现代化过程中的矛盾与冲突,进步与发展分不开的。

当我们对法律文化现代化问题进行思考时,我们就需要对法律文化现代化的实现途径进行一些探索。既然法律文化现代化的过程是法律文化发生历史性转变的过程,那么我们就必须从这种转变过程入手,来探究法律文化现代化的实现途径。

一、法律文化的矛盾与冲突

任何社会的进步与发展,都是在社会内部或外部的矛盾与冲突中展开的,法律文化也不例外。法律文化现代化的历史过程,也是在法律文化的矛盾与冲突中展开的。产生这种矛盾和冲突的原因,有基于社会经济的发展,政治的变革,也有基于文化自身的矛盾和冲突。由于法律文化是社会结构的组成部分,因此,法律文化的矛盾与冲突,同社会自身有着千丝万缕的联系。

在分析任何一种社会进步乃至法律进步时,经济因素是我们应予高度重视的一个历史动因。以自然经济为基础的传统封建社会,社会关系受其经济结构的制约,人与人之间存在着等级、差别、尊卑、贵贱,这种不平等的社会关系反映到法律上,得到法律的确认,使其合法化,构成传统社会法律制度的主要特征,到了现代资本主义社会,市场经济成为社会经济的主要形态,市场经济所要求的平等交换,打破了传统封建社会中自然经济状态下人与人之间的等级关系,代之以相互间的"平等"关系。尽管这种表面上的平等关系隐罩着许多事实上的不平等,但毕竟在人类历史中迈出了一大步。而这一进步,也促进了法律文化的深刻变化,使法律文化发生了革命性的重大变革和发展。

社会主义的确立,为法律文化的进步与发展及法律文化现代化的实现提供了历史性的契机,促使法律文化由传统形态向现代形态的转变。但是,我们也应看到,这种历史性的转变并不是直线的,而是曲折的。法律文化的发展变化是在各种错综复杂的矛盾和冲突中进行的。新的经济形态、经济关系与原有的经济形态、经济关系之间存在着差异和矛盾,这种差异和矛盾会直接反映在政治以及法律的冲突上。而这种差异、矛盾和冲突正好为法律文化的发展创造了契机,提供了机会。按照历史唯物主义,新生的事物总是要战胜旧的事物,取得占主导地位、优势地位或统治地位。法律作为对社会经济形态、经济关系的一种确认和反映,它总是维护新的社会经济形态和经济关系。法律的废、改、立,就是对新的社会关系的一种确认和适应过程,从总体上说它是逐渐趋向于进步和发展着的现代社会形态。没有新旧之间的对立和斗争,没有新旧之间的矛盾和冲突,法律文化的这种进步和发展是不可能的。

有位学者在分析了马克思的法律思想之后认为,马克思在考察法律文明的历史运动时,始终围绕着社会经济关系与人的价值、地位之间的相互关联这一主线来展开。在马克思看来,个人在生产上的和需要上的差别,形成了商品经济赖以产生的基本条件,并由此促进了交换关系的建构,推动了商品经济的发展。"商品经济这一社会人类学的历史运动,同时伴随着文明社会法权关系与法律文化的深刻改变。"① 马克思历史唯物主义分析方法的精义在于:"着眼于自然经济向商品经济的转变,进而寻找法律文化现代化的历史道路。"② 将法律文化的发展同经济形态相联系,同商品经济相联系,不啻为一种深刻的见地。它可以帮助我们认识法律文化现代化与商品经济之间的内在关系及其动因。

除了经济因素之外,政治的变革以及文化自身的以及一种文化与外来文化之间的矛盾和冲突,也是法律文化发生变化的重要动力。无论是政治革命或政治改革,它都可能打破原有的社会稳态局面,使各种社会矛盾暴露出来,进而寻求解决矛盾的办法,实现新的社会进步。无论是法国、英国的资产阶级革命,还是中国的辛亥革命,都对封建君主专制和封建的政治法律制度给予了沉重的打击,使法律文化发生了历史性变化。有的学者认为,1911年孙中山先生领导的辛亥革命,开创了中国法律文化现代化的历史

---

① ② 公丕祥:《中国法律文化现代化的概念分析工具论纲》,《南京社会科学》1990年第1期,第65页。

先河[①]。这实际上是对政治革命与法律文化的更新和发展内在关系的一种描述。1949年中国共产党领导的中国新民主主义革命的胜利,更是中国法律文化发生本质变化的历史性开端。

观近20年来中国的改革开放,它使中国法律文化发生了重大变化。改革开放,社会主义市场经济和社会主义民主政治建设指导方针的确立,给中国社会注入很大活力。新的经济和政治关系要求法律的确认和支持。近20年来中国法律文化的变化是显而易见的。这种变化同社会主义市场经济的发展和民主政治的建设有密切的关系。市场经济既为法律文化的发展提供了经济基础,同时也为法律文化的发展提供了物质的社会的需求。法律的发展无不同某种社会需要相联系。没有社会需要,法律便难以发展。

法律文化的发展与进步,是在法律文化的矛盾与冲突中,通过制度更新与观念变革来实现的。新旧经济形态、经济关系的矛盾,必然反映在新旧法律制度及观念的冲突上,而最终结果,旧的法律制度被废除、被淘汰,新的法律制度得以建立,成为指导新经济关系和政治关系的准则,这一制度更新过程同观念的变革相适应。而制度的更新有时会促使人们的观念发生变化。整个这一由旧到新的变化过程,实际上也就是法律文化进步和发展的过程。

二、法律文化的选择与整合

法律文化的发展与进步以及法律文化的现代化过程,实际上

[①] 见公丕祥:《冲突与融合:外域法律文化与中国法制现代化》,《法律科学》1991年第2期,第6页;但也有学者认为,中国法律文化现代化肇始于1903年清朝设立的法律修订馆,见蒋迅:《中国法律文化的现代化》,《法学》1987年第7期,第13页。

也是一个持续不断的法律文化选择与整合的过程。文化选择,实际上是对各种形态的文化从内容到形式的择优汰劣的过程。社会的进步,经济的发展以及政治的变革,必然引起文化(包括法律文化)的分化。根据不断变化着的社会关系,旧的文化已经变得不相适应,因此,就需要新的文化选择。文化选择,实际上是对新的变化了的社会的一种价值选择和重新适应过程。社会变化了,发展了,进步了,需要新的法律价值观念,也需要确立新的法律制度和规范体系。新的法律价值观念的确立以及新的法律制度和规范体系的建立过程,就是一种法律文化选择的过程。

法律文化的选择同法律文化的整合是相连带的。所谓法律文化整合,就是指不同的法律文化相互吸收、相互融合而趋于一体化的过程。法律文化发生分化之后,必然要经历一个文化整合的阶段,以形成新的文化体系。法律文化的整合,是在法律文化的选择过程中进行的。各种法律文化之间的相互吸收和融合,实际上也就是一种文化选择。法律文化的整合,不仅使原有的法律文化有内容上的变化,而且也有形式上的变化。法律文化的整合,既是法律文化发展的一个特性,也是法律文化发展的一个规律性。法律文化通过持续不断的选择与整合,创造新的法律文化体系,促使法律文化现代化的实现。

三、法律文化的进步与发展

法律文化的进步与发展,是法律文化现代化的必由之路。法律文化在自身以及外部的矛盾与冲突中,经过持续不断的文化选择和整合,实现自己的进步和发展目标,这一过程,也就是实现现代化的过程。

法律文化的进步与发展,表现为法律文化整体结构的进步与发展。以法律制度为核心,法律文化进步和发展的首要标志是现代法律制度和规范体系的确立,这需要经历一个不断的制度更新的过程。法律能否适应以工业化为主体的现代社会生活,首先取决于有无一个适应于现代社会生活的制度和规范体系。这就要求对传统社会的一整套行为规则和价值体系进行审视,看其是否符合现代社会的要求,并及时地对其进行调整。其次,法律文化的进步和发展还表现为法律组织机构的进步和发展。它包括法律组织机构的现代化,法律操作等法律实务水平的提高,法律职业队伍的专业化,等等。法律文化的进步与发展,还表现为法律文化价值观念的更新。社会的进步既需要价值观念的更新作先导,同时,也需要价值观念作配合。如果在一个变化了的现代法律制度体系内,社会成员的法律价值观念仍囿于传统的巢厩,那还不能完全说明法律文化的进步和发展。此外,就一个民族和社会来讲,法律文化的进步和发展还表现为它对人类法律文化有所贡献。法律文化作为人类文明智慧的成果和结晶,它的进步与发展就应该成为人类共同的经验和财富,为人类的进步和平与发展服务。

第三节 中国法律文化的现代化

20世纪中国法律文化的历史演变,可以简括为中国法律文化现代化的运动过程,它是中国社会现代化运动的一个重要组成部分,它同中国社会的现代化进程相伴而生,也随着中国社会的现代化的演进而发生变化。中国法律文化现代化作为世界法律文化现代化的一个重要组成部分,自然地应同世界法律文化现代化的普遍要求相符合、相衔接,其现代化的价值内涵、目标指向、特定指数、实现途径也无二致。但是,对于中国这样一个有着几千年悠久传统法律文化积淀的国家,在其现代化发展道路和历史进程中经历了一个怎样的发展过程?在这一过程中,哪些因素成为实现中国法律文化现代化的历史动力?中国法律文化现代化与中国传统法律文化的关系是什么?在中国法律文化现代化的历史进程中,如何对待西方法律文化?等等。这些都是涉及到中国法律文化现代化进程的重大理论和实践问题。本节将对这些问题作些分析和研究。

一、20世纪中国法律文化现代化的历史回顾和历史动力

任何一种社会文化的运动和发展变化,都是建立在一定的社会基础上的历史运动过程。法律文化的现代化作为一个历史运动的过程也概莫能外。20世纪中国法律文化的历史进程,围绕着一个轴心在运转,即法律文化的现代化。那么是什么力量推动着这一运动进程,导演着近一个世纪的法律文化的变化和发展?法学家们将此一问题概括为中国法律文化现代化的历史动力。所谓中国法律文化现代化的历史动力,即指那些能够推动中国法律文化由传统形态向现代形态转变的现实的经济基础和政治依据。因此,只有从社会经济形态的转变和政治结构的变革方面去寻找中国法律文化现代化的历史动力,才是一种科学的认识方法。它同马克思关于法律发展理论相吻合。

那么,究竟什么是推动中国法律文化现代化的历史动力？一位法律学者指出:中国法律文化现代化的历史动力"来自于现代商品经济和民主政治建设所形成的强大合力",其理论依据是:"由传统社会向现代社会转变的经济特征,乃是从自然经济半自然经济向商品经济的更替;它的政治特征,乃是从集权政治向民主政治的演变。自然经济与商品经济,集权政治与民主政治,是两种不同的价值体系,它们分别构成了传统社会和现代社会的经济结构和政治结构的基本内容。发展商品经济,建设民主政治,二者共同汇合为当代中国社会改革与发展的主旋律。法律文化的现代化,乃是这一主旋律的强劲回响。因此,离开现代商品经济和民主政治的发展去寻找中国法律文化现代化的动力,是徒劳无益的"[①]。这位学者从社会经济形态和政治形态的变化入手,探讨了一个社会中社会结构的变化对该社会法律文化发展变化所产生的巨大影响,这样的分析使对中国法律文化现代化的历史动力的研究建立在扎实可靠的社会基础之上。

在探讨中国法律文化现代化的历史动力问题时,有必要回顾一下20世纪中国法律文化现代化的宏观历史进程和发展道路,以对这一问题有一个历史的和实证的认识和结论。如果说,1911年孙中山先生领导的辛亥革命开创了20世纪中国法律文化现代化的历史先河,那么,从辛亥革命到迄今为止的80多年间,中国法律文化现代化的历史进程始终同中国社会由自然经济半自然经济向商品经济市场经济和民主政治的历史进程相同步,相伴随。在这

[①] 公丕祥:《中国法律文化现代化的概念分析工具论纲》,《南京社会科学》1990年第1期,第63页。

80多年间的历史中,中国社会经历了许许多多风风雨雨,法律文化现代化的历史进程也经历了许许多多曲折复杂的历程。辛亥革命虽打破了封建的政治法律制度,开创了中国法律文化现代化的历史先河,功不可没。但是,由于辛亥革命的不彻底性,未能实现中国法律文化的现代化;国民党政府统治期间,虽然在法律制度的形式上吸收了一些西方国家现代法制的因素,但在法律文化的内容上却继承和保留了中国封建法律文化的衣钵和成分,尤其是在公法、政治法领域,更是吸收了一些法西斯主义的法律制度,司法操作过程更是采用和表现出了一些野蛮、残酷、非人道的封建主义司法手段,使中国法律文化现代化的历史进程向后倒退了一大步。这是国民党政权在政治上的腐败、反动和反民主所带来的必然结果。

1949年,中国共产党领导的新民主主义革命取得了胜利,使中国社会发生了历史性的巨大变化。社会主义制度的建立,从经济上和政治上为中国法律文化的现代化奠定了坚实的社会基础。革命胜利后的中国,如果能够始终坚持正确的思想路线和指导方针,坚持以经济建设为中心,发展市场经济,推动民主政治建设,定会加速中国法律文化现代化的历史进程和步伐。但是,社会的发展并不取决于人们的良好愿望,而是受各种主客观因素的制约和影响。建国后的30年间,由于指导思想上的严重失误,在忽视经济建设和民主政治建设的同时,也严重忽视和轻视了法制建设,使中国法律文化的进步和发展受到严重影响。尤其是文化大革命,使本来发展较慢的现代法律文化遭到了较为严重的破坏。文化大革命的十年中,中国法律文化现代化的历史进程不但停滞不前,而且后退了一大步,这同建国后30年间的中国经济形态和政治结构不无关系。概括地讲,这期间的中国经济形态是高度集中的计划经济体制,而政治结构则是与高度集中的计划经济体制相适应相配套的高度集权的政治体制。与此相适应,这期间的中国法律文化,自然是与这种政治结构和经济结构相配套的计划经济法律文化体制和形态。这种政治结构、经济结构、法律体制在某种程度上制约和影响了中国社会的进步和发展。

到了20世纪70年代末80年代初,中国社会又经历了一个重大的历史转折时期。文化大革命的结束,标志着一个新的历史阶段的开始。政治的介入显示了它超强的控制能力。党和国家的工作重点转移到以经济建设为中心,中国社会主义现代化建设全面展开,中国法律文化现代化的历史进程又重新开始步入轨道,进入了一个新的历史发展阶段。中国共产党提出的发展社会主义市场经济和社会主义民主政治建设的指导方针,为中国法律文化现代化提供了强大的历史动力。近20年来中国法律文化的进步和发展是极其显著的历史事实。改革开放20年来中国法制的发展是中国历史上法律文化发展最为辉煌的时期,是历史上任何一个时期都无法比拟的新的历史阶段,这一评价,从中国历史的纵向面上看,是毫不夸张的实事求是的评价。

1992年10月,中共十四大果断地提出建立社会主义市场经济新体制,并将此作为经济体制改革的目标;而政治体制改革的目标则是建设有中国特色的社会主义民主政治。历史又一次将与市场经济和民主政治有着天然联系的法治推向了社会的重要地位。中国法制面临着一次挑战,一次全方位的、体制性的"革命",即由传统的高度集中的计划经济法律体制向社会主义市场经济法律体制的过渡和转变。中国法律文化现代化又面临着一个新的历史契机和转折点。社会主义市场经济和民主政治为中国法律文化现代化提供了强大的历史动力,加快了历史进程和步伐。反过来,作为中国法制现代化前提条件的法律文化的现代化,又会推动当代中国社会主义市场经济体制和民主政治体制的确立和完善,促使中国社会的全面进步和发展,加快中国社会的现代化进程。

1996年2月,以江泽民同志为核心的党中央又进一步提出了"依法治国,建设社会主义法制国家"的治国方略,并将此写入了"九五"规划纲要和2010年远景发展目标纲要,经过全国人民代表大会代表的投票通过,成为代表全国人民意志的法律性文件和行动纲领。1997年9月,中共十五大又正式确立了"依法治国,建设社会主义法治国家"的初级阶段政治纲领和发展目标。这标志着我们党对法治重要价值认识的又一次飞跃,标志着治国方式转变的又一次启动。我们应抓住这一难得的历史机遇,促动中国法制和法律文化形态的转型,完成其历史使命。

如果我们对从辛亥革命到迄今为止的80多年间中国法律文化现代化的历史道路和进程作一概要的宏观审视和总结,我们就会看到,80多年间,中国法律文化的进步和发展最为显著最为辉煌的是这后20多年。诚然,历史是不能割断的,后20多年取得的进步与前60年的曲折历史和文化积累是不能分割的。但是,如果我们从阶段论出发,以探求其中的历史经验和教训,这种历史分期方法还是有意义的。这后20多年中国法律文化发展如此之快,进步如此之大,不能不涉及到法律文化现代化的历史动力。社会主义市场经济和社会主义民主政治的建设和发展为法律文化的进步和发展提供了强大的社会历史动力和现实依据。这既是一个理论命题,又是一个经过实践检验的实证性历史结论。只有高度重视经济建设,重视市场经济和民主政治建设,才能推动法律文化现代化的历史进程。反之,则只能使中国法律文化现代化的历史步伐减缓,甚至倒退。

将中国法律文化现代化的历史动力归结为社会主义市场经济和社会主义民主政治建设,其深层的哲学意义还在于,它从法律文化的角度揭示了社会经济关系、政治关系与法律文化之间的内在关系。法律文化作为一种上层建筑,从属于社会经济基础,服务于社会政治的需求。法律文化是社会经济关系、政治关系的一种反映,它只能从现实的各种社会关系中寻找自己的价值对象。正如同马克思当年曾揭示的"权利永远不能超出社会经济结构以及由经济结构所制约的社会的文化发展"一样,法律文化也不能超越特定的现实的社会经济关系和政治关系。当然,我们不是机械唯物论者,而是辩证唯物论者。在坚持法律文化的发展受经济结构、经济关系和政治关系制约的前提下,也应充分重视法律文化对经济关系和政治关系的能动的反作用力。因为法律文化在某种意义上也是政治关系的组成内容。

与社会主义市场经济和民主政治相呼应,中国法律文化现代化的历史动力还有一个很重要的内容,即广大人民群众渴望实现法治的心理需求。也可将此谓之法律文化现代化的文化心理动力。法治,是法律文化现代化的重要价值内涵。法治原则的充分实现,也是法律文化现代化的重要目标和参数。中国人民在经历了几十年的曲折历程之后,逐步认识到了法治对社会进步与发展的重要性。另一方面,社会主义市场经济客观上要求实现商品生产者之间的平等、互利、互惠的交换关系,而社会主义民主政治则要求真正实现人民群众当家作主的根本的民主政治权力和社会主义制度下人与人之间的民主的、平等的人际关系。这一切,都需要有严格的法制,通过对法治原则的贯彻才能真正实现。人民群众渴望法治的这种心理需求,是促使法律文化现代化的重要文化动力。如果说,社会主义法律是代表广大人民群众利益和愿望的法律,那么,人民群众对法治渴望的这种心理需求便会使社会主义法律从创立到实现具有了广泛的社会基础。

研究法律文化现代化历史动力的意义在于从根本上为法律文化的现代化寻找一个坚实可靠的立足点和社会基础,探求法律文化进步和发展的规律性,以便从巩固、完善和发展这种社会基础出发,来推动法律文化现代化的历史进程。如果说"社会主义市场经济和社会主义民主政治是中国法律文化现代化的历史动力"是一个科学的理论命题和实践结论,那么,我们便可以得出这样一个结论:社会主义市场经济和社会主义民主政治越发达、越健全,中国法律文化现代化的历史进程便越快,中国法律文化现代化的价值目标便越早实现。

20世纪中国法律文化现代化进程中面临了诸多问题,其中我认为最值得我们总结思考并需要解决的是中国法律文化现代化与中国传统法律文化之间的关系,以及中国法律文化现代化与西方法律文化的关系之两大问题,因为这两大问题交织、纠缠并渗透在整个世纪性的法律文化现代化的进程中,成为中国法律文化现代化挥之不去,却之不了的相伴相随的问题。因此,要理清中国法律文化现代化的诸多难题,首先应对这两个问题给予理性的而不是情感的回答。下面我将谈谈对这两个问题的思考和观点。

二、中国法律文化现代化与中国传统法律文化

20世纪中国法律文化现代化的历史进程中,无时无刻不受到中国传统法律文化的影响和制约。中国法律文化现代化与中国传统法律文化之间的关系,是每一个研究者都无法回避的问题,中国一百多年来的文化论争,几乎每一次都是围绕着这一问题而展开的。就法律文化的研究而言,中国法律文化现代化与中国传统法律文化这一问题涉及如下两个内容:其一,现代法律文化与传统法律文化的关系;其二,如何实现中国传统法律文化的现代化转换机制。这是两个互相连带不可分割的问题。

现代法律文化与传统法律文化之间的关系是学术界长久讨论的问题。何谓现代法律文化?何谓传统法律文化?它们两者各自有哪些独特的文化价值内涵?这是讨论这一问题的逻辑起点。一般认为,现代法律文化和传统法律文化是两种不同类型和内容的文化价值体系,它们之间客观地存在着较大的差异性。这种差异性同各自所从属的社会形态相一致,并且也主要导源于社会形态的不同。就文化学意义来讲,现代法律文化和传统法律文化的差异性主要表现在两种法律文化的总体精神和价值取向上。否认这一点,我们便等于否认了历史,否认了历史的发展和进步,也就无从谈起法律文化的现代化问题。但是,文化的复杂性往往在于它不像一件简单的物体那样非此即彼。文化作为一种人类历史文明的积累和遗留,它不可能像某些有形的事物那样截然的泾渭分明。在承认传统法律文化与现代法律文化两种文化总体精神差异性的

前提下，我们还应看到两种文化之间的互相渗透和互相包容。现代法律文化中，无疑继承和保留了许多传统法律文化的成分。并且，在经历了以工业化为先导的现代化震荡之后，人们又回过头来对传统法律文化的价值体系进行重新审视，发现其中蕴含着对现代社会有益的价值体系和内容。近些年，在一些现代化程度较高的工业发达国家所兴起的、以"新儒学派"为代表的儒家文化复兴运动，就是一个较为典型的"文化回归"现象的反映。

尽管我们认为传统法律文化和现代法律文化两者之间互相渗透、互相包容，但是，这并不意味着两种不同类型的法律文化可以互相代替。因为毕竟这是代表两种不同社会类型的文化体系。传统法律文化同传统的以自然经济为主的农业文化社会相适应。而现代法律文化则是以现代工业化社会为依据，在传统法律文化的基础上发展起来的一种全新的文化体系。现代法律文化较之传统法律文化，在内容和形式以及价值功用上都发生了巨大的变化，无疑，它更适应于现代社会生活。它由现代社会而产生，为现代社会所需要。

如果对传统法律文化和现代法律文化两种文化作一个概要的区分，那么，传统法律文化是产生和建立在以农业社会为主的自然经济的经济结构之上的一种文化形态，这种文化形态是适应于这种经济结构和政治结构的；而现代法律文化，则是在现代工业化社会的大背景下，以市场经济为基础，为适应市场经济的需要而产生的一种现代形态的法律文化。这种现代形态的法律文化是以现代法制和现代法律价值观为核心内容。社会形态的不同造成了法律文化形态的不同。现代法律文化并不一定就是现代西方法律文化，它并不以西方法律文化为坐标。但是现代西方法律文化中有许多文化内容和形式为现代社会所需要,因而,它是现代法律文化的重要组成部分。此外,现代法律文化也从传统法律文化中吸取了大量有价值的成分。

在研究中国法律文化现代化与中国传统法律文化的关系时,另一个重要的问题是如何实现中国传统法律文化的现代化转换机制。近几年学术界在这方面进行了一些有益的探讨。一种思路是在浩瀚丰富的中国传统法律文化中,挖掘那些对现代社会生活有用的文化价值体系,认为在中国传统法律文化中蕴藏着大量对中国现代社会生活及现代化实践有益的宝贵文化财富;另一种思路则是把中国传统法律文化视为一个不可分割的文化整体,探讨如何使这一文化整体向现代社会转轨,使其原有的作为一个整体的文化形态得以改造,使其顺应社会潮流和社会生活。这实际上反映了对待传统法律文化的两种程度不同的价值观。

我认为,要实现中国传统法律文化的现代化转换,其转换机制必须从中国传统法律文化的结构入手,即通过两种途径和手段:其一,法律制度的不断更新;其二,法律观念的不断变革。只有这样,才能使中国传统法律文化向现代法律文化形态转变。

在法律制度更新方面,中共十四大提出的建立社会主义市场经济和社会主义民主政治为此提供了前所未有的难得的历史机遇。市场经济与计划经济是两种不同的经济形态,反映在法制方面,也要求尽快建立与市场经济相适应的法律体制。经济市场化要求法制尽快地转轨,由过去以计划经济为特征的法律体制过渡到以市场经济为特征的法律体制。这是时代赋予法制的一个历史重任,也是中国法律文化现代化历史进程中难得的契机。如何抓住这个历史机遇,是中国社会的当务之急。当然,这也是一个非常艰巨的历史使命,其间的曲折反复也是难以避免的。

在实现中国传统法律文化的转换机制中,有一个引起法律学者们争议的问题,即在制度更新和观念变革两者之间,哪个更为重要?或者说孰先孰后?理想主义者总是期望两者齐头并进。但法律文化发展的客观现实是:从法律文化发展变化的规律看,法律制度的更新较之法律观念的变革要迅捷些,且较容易些。但是,如果社会成员的法律观念仍停留在传统之中,变化了的法律制度也难以得到良好的实施,取得良好的社会效果。可是,又不可能等到人们的观念变化之后,再去更新法律制度。因此,有的学者主张,可以通过法律制度的变革和实施来促进和强化人们的法律观念的变化,发挥法律的引导功能。这里,似乎存在着一个文化上的"怪圈"。

美国法学家亨利·埃尔曼教授在研究这一问题时,提出了他的见解。他首先介绍了美国最高法院一位助理法官的观点,这位助理法官认为,虽然法律制度具有教育的功能,但在历史上它们对重要的和持久的法律和社会的变化只有微弱的影响,基本的变化只随着社会秩序的变化而发生。亨利·埃尔曼教授在分析这一观点时指出,对于一个关注法律与社会变化的发展中国家来讲,应避免犯两个错误:一个错误是对法律企求过多。当法律规定和根深蒂固的态度及信念之间展开鸿沟时,法律就不能改变人们的行为。规范与行为冲突的结果会危及社会,至少法律不能造成变化。而相反的错误则是夸大矛盾,认为倘忽略习惯和文化(观念)的限制,法律的所有正常变化注定要失败。埃尔曼教授指出,事实显然不是如此。他认为这种观点忽略了这样一个事实,即人们已经发现,在整个历史进程中,法律调整了或规定了社会变化的事实或步伐[①]。埃尔曼教授的上述分析表达了一种颇具辩证色彩的法律改革观。一方面,法律的变化不能过于迅速和频繁。法律的变化要同社会成员的心理、习惯、文化观念等状况有一种基本的接近和适应;但另一方面,又不能墨守成规,消极地等到文化观念变化之后再去变革法律制度,还要充分看到法律制度对于社会关系变化过程的调整和规范作用。要重视法律的作用,通过法律的更新来改变人们的行为习惯和心理观念等等,法律是可以起到这种作用的。同时,我们也不能因此而忽略观念变革的深远意义。从根本上讲,要实现中国传统法律文化的现代化,其转换机制最终还要建立在整个国家、社会、公民的现代法律意识和观念水平普遍提高的基础之上。诚如费孝通先生在40年代就指出的:"法治秩序的建立不能单靠制定若干法律条文和设立若干法庭,重要的还得看人民怎样去应用这些设备。更进一步,在社会结构和思想观念上还得先有一番改革。如果在这些方面不加以改革,单把法律和法庭推行下乡,结果法治秩序的好处未得,而破坏礼治秩序的弊病却已先发生了。"[②]

三、中国法律文化与西方法律文化

在中国法律文化现代化的历史进程中,如何对待西方法律文化,是一个重要的理论和现实问题,也是近百年来文化论争中争论激烈的一个问题。西方法律文化,同中国传统法律文化一样,都有

---

① [美]埃尔曼著:《比较法律文化》,贺卫方等译,三联书店1990年版,第277页。
② 费孝通著:《乡土中国》,三联书店1985年版,第58页。

其漫长悠久的发展历史,是人类法律文化历史宝库中的重要组成内容,他们共同构成了人类文明发展史。尤其是现代西方法律文化,同现代西方工业化社会的发展历史有着密切的内在联系,是现代工业文明的产物,其中蕴含着许多对大工业生产和管理以及科学技术进步和发展有益的经验积累。中国要实现现代化,就不能对这一反映工业文明产物的文化持漠视态度。

相当长一段时间,由于受"左"的思想的影响,在对待西方法律文化的问题上,我们总是自觉或不自觉地持排斥态度,习惯于用不同意识形态和社会制度的标准来判定之。西方的法律思想、法律制度几十年来成为法学批判的对象,人为地为借鉴和吸收西方法律文化设置了一道难以跨越的屏障,用法律的阶级属性代替了法律的多元属性和功能。一般认为,西方法律文化,尤其是其中居核心地位的法律制度是西方政治制度的重要构成,由此便似乎成为社会主义国家天然排斥的东西。这种观点的"逻辑"思路是:西方法律文化就是资本主义法律文化,而社会主义国家对资本主义法律文化根本谈不上吸收和借鉴,只能是批判之。说穿了,就是邓小平同志所揭示的姓"社"姓"资"的观念在作祟。这是一种值得认真深究的观念。其一,西方法律文化并不全是资本主义法律文化;其二,即便是资本主义法律文化,也并不只具有其政治和阶级属性,它们还具有文化属性,也是一种人类文化和文明的表现形式;其三,资本主义法律文化是一个表现为多元性多层性的文化体系,它除了那些表现为较强政治色彩的政治法律制度外,还有大量地表现为社会层面的、带有中性特点的、技术性较强的、为社会发展和社会公共事业服务的法律制度。法律制度并不完全等同于政治制度和社会制度。法律制度是一种既同政治制度和社会制度密切相关又具有相对独立性和自身特点的制度文化体系。对于那些表现为非政治属性和层面的法律制度,社会主义国家是完全可以借鉴吸收,为我所用的。

在对待西方法律文化问题上,另外一个困扰人们思想的障碍就是"全盘西化",似乎一谈到借鉴和吸收西方法律文化,就有"全盘西化"之嫌,因此,在此问题上一直裹足不前,不敢理直气壮地大胆地对西方法律文化吸收和利用。中国近百年来的历史和文化发展的实践史揭示了这样一个被文化学者所论证过的道理:任何一种外来文化传入本土后,都要经历一个本土化(或民族化)的过程,而本土化(或民族化)的过程实际上也是一个对外来文化进行过滤、吸收、选择的过程。适宜的,则生存下来;不适宜的,则淘汰之。法国著名的学者孟德斯鸠在对法律文化的民族性进行研究后得出这样一个结论:既然法必须与一个国家的基本状况相一致,那么,一旦离开创立它的国度,这些法也就没有任何效力。法的精神产生于具体的环境,原因在于法具有不可逆转的民族特性。因此,从文化自身的发展规律看,大胆地吸收、利用和借鉴西方法律文化,并不会导致一种"全盘西化"的局面。之所以这样说,除了中国文化所具有的超强的同化力、包容力外,还在于中国现代化进程中对西方法律文化的吸收和利用从来不可能是"全盘"地吸收和利用,被吸收和利用的大多是那些属于非政治层面的法律文化。

中共十四大提出的建立社会主义市场经济新体制和中共十五大提出的"依法治国、建设社会主义法治国家"的战略方针,为大胆地吸收和借鉴西方法律文化创造了一个良好的社会条件,同时,也打破了在此问题上人为设置的屏障和禁区。市场经济在西方有较为发达的历史,也积累了较成熟的经验,自然地,也有一套较为成熟的适应市场经济机制的法律体制。中国要搞社会主义市场经济,就理应大胆地吸收和借鉴西方成功的经验,其中一个很重要的方面就是西方有关市场经济的法律制度。当然,这种吸收不能是照抄照搬,而应以一种现实主义的开放姿态,采取分析、鉴别、批判、吸收的办法,进行认真的科学的分析和鉴别,选择那些对中国现代化建设有益的内容,并将此作为借鉴和吸收西方法律文化的价值判断标准。

中国法律文化现代化的进程在经历了80多年的曲折之后,历史又一次将它摆到了中国人民的面前,成为中国现代化运动的一个重要组成内容。作为国际社会中的重要成员,中国既不可能游离于世界法律文化现代化进程之外,孤立地实现法律文化的现代化,也不可能完全按照西方法律文化现代化的发展模式去实现中国法律文化的现代化,而必须探索一条符合中国社会主义现代化特点的法律文化现代化的发展道路。

结语　迈向 21 世纪的中国法律文化

法律文化,作为一种社会文化类型,无不受其所处社会的社会结构变迁的影响。20 世纪的中国法律文化,伴随着 20 世纪中国社会的转型,也经历了一个由传统向现代,由封闭向开放,由一元向多元的历史转型和发展时期。在经历了一个世纪的曲折发展之后,中国社会正在向现代化迈进。中国法律文化的发展也在结束了曲折徘徊之后,步入了现代化的正常发展轨道。

古老的"中华法系"曾经在世界法律文化之林中有过辉煌的历史,并成为一些国家效法的楷模,影响了一些国家的法律文化结构体系和法律发展历史。但这种辉煌在近代以来开始衰落了。近代以来,中国法律文化虽然也有一些自身的创造和发展,但基本上经历了一个向西方学习的过程,并且这种学习历程至今尚未结束。这并不意味着一种耻辱,或者一种失落,而是表明我们抛弃了那种夜郎自大的"千年帝国"、"中央大国"的骄妄心态,已经进入了一个理性化思维的时代。

法律文化作为一种实践理性色彩非常浓厚的文化类型,它同其他类型的文化有着一些本质的区别。尽管我们认为每种文化都有其产生、存在的理由和根据,因而我们并不赞成轻率地对某种文化作优劣的判别,但正如我们在分析法律文化基本特性时所指明的:法律文化是一种具有实践性和实用性的社会文化。法律文化的实践性和实用性决定了这种文化必定要经受实践的考验和选择,它的生命力也由此而决定。对实践有用的,有利的,人们则选择之,发展之;对实践无用的,无利的或有害的,人们则弃掷之,淘汰之。实践法则是一个铁面无情的法则,它不在乎人们的主观意愿如何。西方的一些法律文化之所以成为近代以来中国学习的模本,是因为它悠久的发展历史以及在这种悠久发展历史中所反复锻造出来的对实践的有效性和有用性。没有这些,具有高度智慧的中国人也不会不加区别地选择向西方学习其优秀法律文化。

但正如我们反复所强调的那样,在向西方学习其法律文化的历程中,中国人也不是采用一种简单的生搬硬套式的拿来主义,而是融入了自己的创造和智慧。西方的月亮有"圆"的时候,也有"扁"的时候。在学习过程中,我们取其"圆"而弃其"扁",并融入我们自己的"圆"。这固然是一种可以贯通的一般道理。问题的实质在于:孰为"圆",孰为"扁",并没有一个先验的标准和参照,而是一个逐步实践和逐步检验的过程。这方面我们吃的亏不少,付出的代价也不小。过去我们过于夸大了西方的"扁"的一面,而对其"圆"的一面则认识不足,因而付出了昂贵的"学费"。在结束了封闭时代之后,我们才逐渐醒悟过来。

当下,整个世界都在迈向21世纪,迎接着新世纪的到来。在告别本世纪,迎接新世纪的过程中,中国法律文化仍然可能要经历一个相当长的向西方学习的历程。只不过同过去相比,我们自己的创造和贡献可能比过去的时代要多一些,这是因为20世纪整整一个世纪为我们积累了丰富的经验和养料,也因为中国社会发展的特殊性，要求我们更多地立足于自己的社会和国情，而不是简单地模仿西方既成的经验和成例。

在迎接新世纪到来的过程中，世界各国的学者都在对新的世纪进行预测。有的东方学者（包括中国学者）认为：21世纪将是东方文化、中国文化居主导的时代；而有的西方学者则仍然坚持西方文化中心主义的立场，想尽办法献计献策，力图拯救在他们看来已处于衰落的西方文化，恢复西方文化中心主义的辉煌时代。对于这些预言和预测，我在此不想置评。根据我对现时代人类社会发展态势的观察和分析，我认为，21世纪既不可能是东方文化、中国文化居主导的时代，也不会再是昔日西方文化中心主义的时代，在很大程度上可能是多种文化多元并存的时代。因而世界法律文化也自然会呈现为多元并存的局面。

按照中共十五大对中国社会发展目标的设计，中国将在21世纪中叶基本实现现代化。作为中国社会发展目标重要组成内容之一的中国法制发展目标，也同中国社会发展目标和时限相一致。中国将法制发展目标确定为"社会主义法治国家"的形成和建立，这是一个庞大而艰巨的法治系统工程，它同时也是中国法律文化在21世纪的奋斗目标。可以说，中国法律文化现代化实现之日，也就是社会主义法治国家的形成之日。

可以想见，世纪之交乃至21世纪中叶之前，实现中国法律文化现代化仍是中国法律文化的奋斗主题，它将构成中国法律文化运动的主线。这既是今日中国人对前人事业的继承，也将是后人对今人事业的后续和发展。中国的独特经验和创造，会使现代化实现之后的中国法律文化在未来世界法律文化体系中居于重要的地位，成为多元并存的世界法律文化体系中不可忽视的、具有光彩的一支重要文化。

今日,法治对于中国已不再是"纸上谈兵",而已进入实践阶段。让我们迎接新世纪的到来！让我们期待中国法律文化现代化和中国实现法治国家这辉煌时代的到来！

参 考 书 目

一、国内著作

《毛泽东选集》第1—5卷。
《邓小平文选》第1—3卷。
中国共产党第十五次代表大会文件。
费孝通著:《乡土中国》,三联书店1985年版。
李步云主编:《中国法学——过去、现在与未来》,南京大学出版社1988年版。
庄锡昌等编:《多维视野中的文化理论》,浙江人民出版社1987年版。
司马云杰著:《文化社会学》,山东人民出版社1987年版。
《东西文化与中国现代化讲演集》,浙江人民出版社1986年版。
《辞海》(缩印本),上海辞书出版社1979年版。
梁治平编:《法律的文化解释》,三联书店1994年版。
武树臣等著:《中国传统法律文化》,北京大学出版社1994年版。
张文显著:《法学基本范畴研究》,中国政法大学出版社1993年版。
孙国华:《法学基础理论》,北京电大法律教研室1985年编印。
孙国华主编:《法学基础理论》,中国人民大学出版社1987年版。
钱穆著:《从中国历史来看中国民族性及其中国文化》,中文大学出版社1979年版。
钱穆著:《文化学大义》,台湾中正书局印行1981年版。
严景耀著:《中国的犯罪问题与社会变迁的关系》,北京大学出版社1986年版。
葛洪义著:《法理学导论》,法律出版社1996年版。
李鹏程著:《当代文化哲学沉思》,人民出版社1994年版。

武步云著:《马克思主义法哲学引论》,陕西人民出版社1992年版。
董必武:《论社会主义民主和法制》,人民出版社1979年版。
龚祥瑞主编:《法治的理想与现实》,中国政法大学出版社1993年版。
李荣善著:《文化学引论》,西北大学出版社1996年版。
郑永流等著:《农民法律意识与农村法律发展》,武汉出版社1993年版。
王铭铭等主编:《乡土社会的秩序、公正与权威》,中国政法大学出版社1997年版。
瞿同祖著:《中国法律与中国社会》,中华书局1981年版。
梁治平等著:《新波斯人信札》,贵州人民出版社1988年版。
王亚南著:《中国官僚政治研究》,中国社会科学出版社1981年版。
夏勇主编:《走向权利的时代》,中国政法大学出版社1995年版。
闵琦主编:《中国政治文化——民主政治难产的社会心理因素》,云南人民出版社1989年版。
王沪宁著:《当代中国村落家族文化——对中国社会现代化的一项探索》,上海人民出版社1992年版。
公丕祥主编:《法律文化的冲突与融合——中国近现代法制与西方法律文化的关联考察》,中国广播电视出版社1993年版。
张培田著:《中西近代法文化冲突》,中国广播电视出版社1994年版。
郭道晖著:《法的时代精神》,湖南出版社1997年版。
顾准著:《顾准文集》,贵州人民出版社1994年版。
王子琳主编:《法律社会学》,吉林大学出版社1991年版。
阳玕桥编:《中国法学新思维》,陕西人民出版社1989年版。
梁漱溟著:《中国文化要义》,学林出版社1987年版。
沈宗灵等编:《比较法学的新动向》,北京大学出版社1993年版。
廖雅慈:《人工生育及其法律道德问题研究》,中国法制出版社1995年版。
钱穆著:《中国文化史导论》,商务印书馆1994年版。
吕世伦主编:《当代西方理论法学研究》,中国人民大学出版社1997年版。
陈晓枫主编:《中国法律文化研究》,河南人民出版社1993年版。
李述一等著:《文化的冲突与抉择》,人民出版社1987年版。
吕世伦等主编:《现代理论法学原理》,安徽大学出版社1996年版。

罗荣渠著:《现代化新论》,北京大学出版社1993版。
王人博著:《宪政文化与近代中国》,法律出版社1997年版。
赵一凡:《美国文化批评集》,三联书店1994年版。
梁治平著:《寻求自然秩序中的和谐——中国传统法律文化研究》,上海人民出版社1991年版。
张中秋著:《中西法律文化比较研究》,南京大学出版社1992年版。
江必新著:《法文化的建构及法制教育工程》,中国人民公安大学出版社1993年版。
郝铁川著:《市场经济与中国法律文化的变革》,安徽人民出版社1995年版。
郝铁川著:《儒家思想与当代中国法治》,河南大学出版社1994年版。
公丕祥主编:《中国法制现代化的进程》(上),中国人民公安大学出版社1991年版。
费孝通著:《学术自述与反思》,三联书店1996年版。
苏力著:《法治及其本土资源》,中国政法大学出版社1996年版。
吕世伦主编:《西方法律思潮源流论》,中国人民公安大学出版社1993年版。

二、中文译著

《马克思恩格斯全集》若干卷。
《马克思恩格斯选集》第1—4卷。
[美]霍贝尔著:《原始人的法》,贵州人民出版社1992年版。
[法]维克多·埃尔著:《文化概念》,上海人民出版社1988年版。
[法]费尔南·布罗代尔著:《资本主义论丛》,中央编译出版社1997年版。
[日]名和太郎著:《经济与文化》,中国经济出版社1987年版。
[美]本尼迪克特著:《文化模式》,浙江人民出版社1987年版。
[美]克鲁克洪等著:《文化与个人》,浙江人民出版社1986年版。
[英]马林诺夫斯基著:《文化论》,中国民间文艺出版社1987年版。
[美]戴维·波普诺著:《社会学》(上),辽宁人民出版社1987年版。
[日]横山乔夫著:《社会学概论》,上海译文出版社。

[苏]阿列克谢耶夫著:《法的一般理论》,法律出版社1988年版。
[美]阿尔蒙德等著:《比较政治学》,上海译文出版社1987年版。
[美]弗里德曼著:《法律制度》,中国政法大学出版社1994年版。
[日]千叶正士著:《法律多元——从日本法律文化迈向一般理论》,中国政法大学出版社1997年版。
[美]托马斯等著:《不适应的少女》,山东人民出版社1988年版。
[法]勒内·达维德著:《当代主要法律体系》,上海译文出版社1984年版。
[美]博登海默著:《法理学——法哲学及其方法》,华夏出版社1987年版。
[美]伯尔曼著:《法律与宗教》,三联书店1991年版。
[美]波斯纳著:《法律的经济分析》,中国大百科全书出版社1997年版。
[美]布迪等著:《中华帝国的法律》,江苏人民出版社1995年版。
[法]克罗齐埃著:《论法国变革之路》,上海译文出版社1986年版。
[英]哈特著:《法律的概念》,中国大百科全书出版社1996年版。
[日]川岛武宜著:《现代化与法》,中国政法大学出版社1994年版。
[美]布莱克编:《比较现代化》,上海人民出版社1994年版。
[美]图加林诺夫著:《论生活和文化的价值》,三联书店1964年版。
[美]萨托利著:《民主新论》,东方出版社1997年版。
[美]高道蕴等编:《美国学者论中国法律传统》,中国政法大学出版社1994年版。
[美]金勇义著:《中国与西方的法律观念》,辽宁人民出版社1984年版。
[美]本尼迪克特著:《菊花与刀——日本文化的诸模式》,浙江人民出版社1987年版。
[日]山本七平著:《日本资本主义精神》,三联书店1995年版。
[美]诺内特等著:《转变中的法律与社会》,中国政法大学出版社1994年版。
[法]托克维尔著:《论美国的民主》(上、下卷),商务印书馆1988年版。
[苏]彼得·斯坦等著:《西方社会的法律价值》,中国人民公安大学出版社1989年版。
[美]霍伊著:《自由主义政治哲学》,三联书店1992年版。
[美]丹尼尔·贝尔著:《资本主义文化矛盾》,三联书店1989年版。
[德]赖德尔著:《死刑的文化史》,三联书店1992年版。

[美]宾克莱著:《理想的冲突——西方社会中变化着的价值观念》,商务印书馆1983年版。
[法]斯托弟尔著:《当代欧洲人的价值观念》,社会科学文献出版社1988年版。
[美]伯尔曼著:《法律与革命》,中国大百科全书出版社1993年版。
[美]利维著:《法律与资本主义的兴起》,学林出版社1996年版。
[英]詹姆斯著:《法律原理》,中国金融出版社1991年版。
[美]弗·杰姆逊著:《后现代主义与文化理论》,陕西师范大学出版社1986年版。
[瑞士]皮亚杰等著:《结构主义》,商务印书馆1984年版。
[法]西蒙·波娃著:《第二性——女人》,湖南文艺出版社1986年版。
[美]希尔斯著:《论传统》,上海人民出版社1991年版。
[德]斯宾格勒著:《西方的没落》,商务印书馆1964年版。
[美]英格尔斯:《人的现代化》,四川人民出版社1985年版。
[美]费正清等主编:《剑桥中华人民共和国史(1949—1965)》,上海人民出版社1991年版。

三、外文原著

W. Ehrmann: "Comparative Legal Cultures", Prentice – Hall Inc, Englewood Cliffs, New Jersey, 1976.

"Black's Law Dictionary", fifth Edition, West Publishing Co. 1979.

L. B. Curzon: "A Dictionary of Law", Macdonald & Evans Limited, 1979.

Ronald Dworkin: "Taking Rights Seriously", Gerald Duckworth & Co. Ltd, 1994.

M. D. A. Freeman: "Lloyd's Introduction to Jurisprudence", Sixth Edition, Sweet and Maxwell Ltd, 1994.

Edgar Bodenheimer: "Jurisprudence, The Philosophy and Method of the Law", Harved University Press, US, 1981.

四、论文

[美]Susan Finder:《美国的法律文化观点》,《中外法学》,1989年第1期。

[美]范思深:《苏联的法律文化观点》,《中外法学》1989年第2期。

何勤华:《日本法律文化研究的历史与现状》,《中外法学》1989年第5期。

[美]L.S.温伯格等:《论美国的法律文化》,《法学译丛》1985年第1期。

[美]L.S.温伯格等:《论法律文化和美国人对法律的依赖性》,《法学译丛》1987年第1期。

李步云、张志铭:《跨世纪的目标:依法治国,建设社会主义法治国家》,《中国法学》1997年第6期。

李步云:《法律意识的本原》,《中国法学》1992年第6期。

赵震江、武树臣:《关于"法律文化"研究的几个问题》,《中外法学》1989年第1期。

武树臣:《让历史预言未来》,《法学研究》1989年第2期。

刘学灵:《法律文化的概念、结构和研究观念》,《河北法学》1987年第3期。

蒋　迅:《法律文化刍议》,《比较法研究》1987年第4期。

郑成良:《论法律文化的要素和结构》,《社会学研究》1988年第2期。

张文显:《法律文化的释义》,《法学研究》1992年第5期。

慕　槐:《法律文化随感录》,《比较法研究》1989年第2期。

杜万华:《法律文化在立法中的作用》,《学习与探索》1990年第1期。

刘大力:《法律的文化透视——当代西方法学的一个新视角》,《外国法学研究》1989年第2期。

梁治平:《比较法与比较文化》,《读书》1985年第9期。

梁治平:《中国法的过去、现在与未来——一个文化的检讨》,《比较法研究》1987年第2期。

陈学明:《法律文化、法律效果及我国法社会学研究的发展方向》,《未定稿》1989年第3期。

肖宏开:《"法律意识"源流考》,《青年法学》1987年第1期。

刘进田:《法律文化片论》,《法律科学》1991年第1期。

[美]诺内特等:《法律职业的社会学透视》,《法学译丛》1991年第1期。

[苏]卢基扬诺夫:《苏维埃国家七十年》,《法学译丛》1988年第2期。

[美]内桑森:《法律教育中解决问题的作用》,《法学译丛》1990年第3期。

[美]格伦顿等:《比较法律传统序论》,《法学译丛》1987年第2期。
[美]摩根:《为21世纪培养法律学生》,《法学译丛》1988年第3期。
[苏]切乔特:《法律科学、法律教学与实践》,《法学译丛》1988年第2期。
李　岩:《大众传播过程的异化现象》,《中国广播电视学刊》1997年第10期。
公丕祥:《冲突与融合:外域法律文化与中国法制现代化》,《法律科学》1991年第3期。
夏　华:《近代日本法的启示》,《比较法研究》1990年第4期。
公丕祥:《中国法律文化现代化的概念分析工具论纲》,《南京社会科学》1990年第1期。
梁治平:《法治进程中的知识转变》,《读书》1998年第1期。
田成有:《中国农村宗族问题与现代法在农村的命运》,《法律科学》1996年第2期。
吴重庆等:《经济发展与农村社会组织关系的变迁——广东番禺农村社会调查报告》,《开放时代》1997年第4期。
蒋　迅:《中国法律文化的现代化》,《法学》1987年第7期。
武树臣:《中国传统法律意识探索》,《自修大学》1987年第5期。
[英]拉兹:《论法治原则》,《法学译丛》1990年第5期。
[苏]鲍鲍托夫等:《法国模式的法治国家》,《法学译丛》1991年第1期。

后　　记

"商务印书馆"在我心中一直是块"圣地"。自我1979年进入大学以后,就结识了商务印书馆并和她结下了不解之缘。大学读书期间,我像一个婴儿吸吮母乳那样,从商务印书馆奉献给读者的精品——汉译世界学术名著中吸取着精神的营养。通过这些世界学术名著,我结识了柏拉图、亚里士多德、阿奎那、梅因、孟德斯鸠、洛克、卢梭、庞德等等许多历史上杰出的思想家。后来,每次到北京出差,我都要抽时间光顾设在王府井北街口的商务印书馆读者服务部,从那里购回我所需要的商务印书馆新出的书。如今,在我的书架上,商务印书馆出版的有关法学、政治学、哲学、经济学、伦理学等学术名著占了足有四层之多。

未曾想到,20年后,我的这本书也能忝列其中,经由商务印书馆出版。在感到非常荣幸和高兴的同时,也感到惶恐和不安。我总觉得我的这本书尚不具备进入"商务"的资格,总耽心我的这本书有辱于"商务"这块我心中的"圣地"。也许有人认为这是一种作为20世纪末的现代人的"傻痴"。但作为一个读书人,能在心中保留这么一份近于宗教徒般的情感,乃是基于我多年来通过读书而对人类伟大思想的认识和崇敬以及对伟大思想对人类所作的伟大贡献的一个基本价值判断。此前,我也曾出过几本书,都未曾十分满意过,总感觉到未能达到我愿望中的理想程度,包括本书在内。

也许正是这种不满意和不满足,成为激励我不断学习、不断探索、不断提高和不断进步的一个无法替代的精神动力。因此,在本书付梓之际,我首先要感谢本书的责任编辑——商务印书馆著作室的编辑王兰萍女士为本书所做的大量细致而周到的推荐工作和为编辑本书所付出的辛苦劳动。

本书是我的博士学位论文。原名为《当代中国法律文化的理论与实践研究》。改名为《法律文化理论》。本书是我在1992年出版的《法律文化论》一书的基础上,对法律文化基本理论问题所进行的进一步的思考和研究结果。攻读法学博士学位是我长达十年之久的一个梦想。1996年11月,经国务院学位委员会办公室批准,我荣幸地成为中国社会科学院研究生院法学系第一位"以同等学力申请博士学位"的候选人,进入中国社会科学院研究生院攻读法学博士学位,圆了我长久的一个梦想。我衷心地感谢我的导师——中国社会科学院法学研究所法学理论专业博士生导师李步云研究员和韩延龙研究员,以及法学理论专业博士生导师刘瀚研究员、信春鹰研究员,他们在我的候选人资格申报、博士学位课程学习、博士论文写作等过程中,给予我无微不至的支持、关怀、帮助和指导,使我得以顺利地完成了博士学位课程和论文写作。没有他们的关怀、支持、帮助和指导,我是难以顺利完成学业和实现我的梦想的。从他们身上,我不仅学习着知识和智慧,而且也领略着他们儒雅的学者风范和学术品格。特别是我的导师李步云研究员,他在我的博士论文(也即本书)写作中,给我提供了许多详尽、具体、细致而又周到的指导;感谢中国社会科学院法学研究所以所长、博士生导师刘海年研究员为主任的法学研究所学术委员会的各位委员对我的申报给予的大力支持;感谢北京大学法律学系博士生导师饶鑫贤教授,中国政法大学博士生导师张晋藩教授,中国法学会郭道晖教授,中国社会科学院法学研究所博士生导师刘瀚研究员、夏勇研究员和刘兆兴研究员、陈世荣研究员、李林研究员,西北政法学院邵诚教授、王天木教授,他们十位专家作为我的论文评阅人,认真审阅了我的论文,对我的论文给予了充分的肯定,并提出了许多中肯的、有价值的意见,作为我今后继续深入研究此课题的重要启示;感谢北京大学法律系博士生导师赵震江教授、武树臣教授,中国社会科学院法学研究所博士生导师李步云研究员、韩延龙研究员、信春鹰研究员,他们五位专家作为答辩委员,主持了我的博士论文答辩会,给予我的论文以较高评价和鼓励,并顺利通过了我的论文答辩,使我得以顺利获得学位;感谢西北政法学院的领导和《法律科学》编辑部的同事们对我的学习所给予的支持;还要感谢许多在此虽未提到但我却深记在心的师长、朋友和亲人。总之,感谢所有帮助我实现梦想的我所尊敬的人。

学术的道路是一条漫长的路,也可以说是一条无止境的路。我将继续沿着这条路走下去,不断学习,不断前行!

刘作翔

1998 年 12 月 2 日于西安南郊